韬奋基金会、成都市委宣传部指导

国家新闻出版署出版融合发展（四川新华）重点实验室、四川大学出版学院联合组织编写

全民阅读研究
开放课题优秀成果集

（2018—2020）

李怡　主编　　曾元祥　执行主编

四川人民出版社

图书在版编目（CIP）数据

全民阅读研究开放课题优秀成果集：2018－2020／
李怡主编；曾元祥执行主编. — 成都：四川人民出版
社，2023.5
ISBN 978－7－220－12978－0

Ⅰ.①全… Ⅱ.①李… ②曾… Ⅲ.①读书活动－成
果－汇编－中国－2018－2020 Ⅳ.①G252.17

中国国家版本馆 CIP 数据核字（2023）第 015407 号

QUANMIN YUEDU YANJIU KAIFANG KETI YOUXIU CHENGGUO JI（2018－2020）

全民阅读研究开放课题优秀成果集（2018—2020）

李 怡 主编 曾元祥 执行主编

责任编辑	李京京
版式设计	戴雨虹
责任校对	任学敏 朱雯馨
封面设计	张 科
责任印制	周 奇
出版发行	四川人民出版社（成都三色路 238 号）
网 址	http://www.scpph.com
E-mail	scrmcbs@sina.com
新浪微博	@四川人民出版社
微信公众号	四川人民出版社
发行部业务电话	（028）86361653 86361656
防盗版举报电话	（028）86361653
照 排	四川胜翔数码印务设计有限公司
印 刷	成都蜀通印务有限责任公司
成品尺寸	170mm×240mm
印 张	17.25
字 数	250 千
版 次	2023 年 5 月第 1 版
印 次	2023 年 5 月第 1 次印刷
书 号	ISBN 978－7－220－12978－0
定 价	78.00 元

编委会

序言（一）

阅读是一个人获取知识、启智增慧的重要方式，更是一个国家和民族文化传承、文明进步的重要途径，这就是世界各国都高度重视阅读、积极推进全民阅读的重要原因。自2014年以来，"全民阅读"连续十年被写入我国的政府工作报告，全民阅读业已成为我国一项重要的国家战略。2022年，我国更是召开了首届全民阅读大会，号召全社会都参与到阅读中来，形成爱读书、读好书、善读书的浓厚氛围。

深入推进全民阅读，是一项系统、复杂的工程，既需要在实践中不断摸索、寻求突破，也需要从理论上总结经验、给予指导。然而，虽然当前全民阅读活动开展得如火如荼，全民阅读推广研究也很热，但是距离全社会形成爱读书、读好书、善读书浓厚氛围的预期还任重道远，无论是实践上还是理论上都还存在一系列亟待解决的问题。

韬奋基金会长期关注和积极推动全民阅读活动及其研究。在2020年首届全民阅读研究年会上，由韬奋基金会和四川新华出版发行集团等联合发起，中国新闻出版研究院、中国大百科全书出版社、四川大学、电子科技大学、深圳出版集团、青岛出版集团等多家单位共同参与成立了"全民阅读研究基地"（以下简称基地），基地由韬奋基金会全民阅读促进会和国家新闻出版署出版融合发展（四川新华）重点实验室（以下简称重点实验室）联合承担管理运行工作。无论是基地的建设还是年会的举办，一个重要的初衷就是创设学术研究与交流平台，推进全民阅读研究工作，改变全民阅读研究相对薄弱的现状。经过三年的探索发展，基地和年会逐步成为引领全民阅读研究、交流理论研究与实践探索的重要平台。

本书的出版，既是重点实验室 2018—2020 年资助立项的一批全民阅读研究开放课题的优秀结题成果，也是基地打造全民阅读研究高地、推动全民阅读研究成果创新转化的重要体现。书中汇集了关于疫情下的全民阅读实践、全民阅读专业人才培养、全民阅读内容建设、全民阅读"七进"研究以及全民阅读区域实践等内容，既有对全民阅读诸多工作的理论性、规律性的解释，也有对全民阅读实践性、经验性的路径总结，兼具学理性阐释与实践性回答，突出编者与课题组的学术互动，对推动全民阅读工作的深入具有指导意义与现实价值。

本人在担任全国政协委员期间，自 2007 年作为第一提案人提出"在全国开展全民阅读活动"提案，十多年来为推动、研究全民阅读，出版、发表过一些专著和文章，就如何推进全民阅读研究有过一些思考，现在看来，其中一些思考至今仍需切实解决，主要包括以下几点：

一是从哪些方面重点开展全民阅读研究。我们现在对全民阅读的理论研究还远远不够，与日益成为社会热点的全民阅读形势发展很不适应。现在看来，这一研究应该紧紧围绕"深入推进全民阅读"的要求，紧盯构建覆盖城乡的全民阅读推广服务体系的目标，从理论和应用层面推进全民阅读的系统研究，改变当前碎片化、表面化的研究现状。我们既应该观照全民阅读中的活动组织与内容供给等紧迫性问题，更应该深入研究人才培养、效果评估等长期性问题；我们既需要加强对亲子阅读、儿童阅读、特殊群体阅读等独特性问题的研究，也需要加强对完善全民阅读服务体系与常态化工作机制等共性问题的研究；我们既需要从实践入手拓展研究的深度，也需要从跨学科出发丰富研究的广度。

二是如何发展壮大全民阅读研究的学术队伍。学术研究的主体一般是高校和科研机构，但是全民阅读具有很强的实践属性，需要理论和实践结合才能更好地推动解决全民阅读工作中的一系列问题。中宣部印发的《关于促进全民阅读工作的意见》，提到了要"组织引导社会各方力量共同参与"。我以为，不仅是要引导社会力量参与全民阅读服务的提供，也是要引导社会力量参与全民阅读的研究，推进全民阅读更加深入。这本成果集中的课题组，不仅有来自高校和研究机构的研究团队，也有来自行业协会、全民阅读推广组织的人员，还有来自全民阅读相关的企事业单位的团队，他们从不同的角度为全民阅读提供了指导，给出了参考建议，充分体现了全民阅读研究开放课题的开放性，也呈现出了全民阅读研究主体多元化的特点。

三是如何深入推进全民阅读研究。在我国，全民阅读推广工作已经成为一项政府主导、社会参与、全民践行的文化工程和文化活动，得益于此，全民阅读活动的形式日益多样、内涵日渐丰富、书香社会愈显成效。故此，推进全民阅读研究，政产学研用协同是必由之路。重点实验室在韬奋基金会和成都市委宣传部的指导下，联合四川大学出版学院对 2018—2020 年立项资助的全民阅读研究开放课题成果，进行汇编出版，既充分发挥了基地作为全民阅读智库平台的作用，强化了创新成果的应用转化，也是政产学研用结合推进全民阅读研究的一次积极尝试。

"读书不觉已春深，一寸光阴一寸金。"当今社会，阅读已经成为一种重要的能力，阅读的意义愈显重要。国家正在大力推进全民阅读，这是在中国式现代化强国建设中必须保障的公共文化服务权益，让每个人在社会生活中享受阅读，读以致知、读以致用、读以修为和读以致乐，从而加快书香中国、文化强国、学习型强国的建设。然而，全民阅读又是一个静水流深的过程，有很多问题和难题亟待发现、研究和突破，全民阅读研究的难度还相当大。众力并则万钧举，群智用则庶绩康，期待未来有更多的力量和资源投入全民阅读研究中，为深入推进全民阅读作出贡献。如此，书香遍洒九州，将不会遥远。

聂震宁

2023 年 5 月 16 日

序言（二）

《全民阅读研究开放课题优秀成果集（2018—2020）》就要出版了，这本小集，是四川大学出版学院作为学术支持单位，与四川新华出版发行集团及其旗下国家新闻出版署出版融合发展（四川新华）重点实验室进行的一次积极的产学研合作探索——将四川新华资助的全民阅读研究开放课题的结项成果进行精编、出版。成果集的出版，我们深感欣慰，也借此对全社会都越来越关心的"全民阅读"问题谈一点心得。

"全民阅读"最早是由"世界读书日"演变而来。"世界读书日"全称"世界图书与版权日"，又译作"世界图书日"，最初的创意来自国际出版商协会。1995 年正式确定每年 4 月 23 日为"世界图书与版权日"，设立目的是推动更多的人参与阅读和写作。新时期以后的中国，开始重视推动学习活动、阅读活动进入普通百姓的生活之中。特别是新世纪以来，随着国家、社会对精神文化发展的日益重视，全民阅读活动逐渐在全国各地开展起来。2002 年 11 月 8 日至 14 日，中国共产党第十六次全国代表大会在北京举行，会议提出了关于建设学习型社会的要求，中央宣传部、中央文明办和原国家新闻出版总署为了贯彻落实这一重要的任务，开始倡导"全民阅读"计划。2006 年以后，全民阅读活动在全国各地蓬勃发展，活动规模不断扩大，内容不断充实，方式不断创新，影响日益扩大，如今已经成为各级政府、新闻出版单位高度重视的日常工作，以多种多样的形式活跃在全国城乡，也从中创建了许多引人注目的"品牌"。

作为高等院校的社会工作者，传播文明、传承文化乃志业所在。所以，全民阅读的问题一直都是我们关注和思考的重要问题。就是在这样的社会热潮中，我也曾经特别思考过全民阅读的本质、目标、推进方式以及和高等教育的互动关系。

在我看来，全民阅读的意义需要结合阅读的本质来加以理解。我们为什么需要阅读？又为什么要提倡"全民性"的阅读？归根到底，是因为在阅读中人们不仅增长了知识，而且也让自己的梦想得到了满足。通过阅读，我们可以走到更远的地方，见到更多的事物；提出遥远的问题，解答心中的困惑——一句话，让阅读活动的自由想象满足心中的梦想。在某种意义上，这比功利化的学习更能够适应我们内心深处的需求。全民，在一生中的很多时候，需要我们提供这样的"梦想"。

在这个意义上，全民阅读活动的目标也就理所当然地可以表述为：呵护梦想，扩大视野，开启思考。

我们的全民阅读活动应该围绕这一目标加以设计。在我看来，理想的活动设计应该与各级教育机构的功利性训育有所不同。我这样概括活动的思路：克服任务思维，提供心灵服务；降低单向灌输，贡献自由空间；改善教育方式，侧重多维对话；扩宽知识储备，满足全民需求。

今天，"全民阅读"已经成为许多人研究、思考的课题，那么，我们究竟应该怎么研究这一课题呢？或者说最终要研究一些什么内容呢？我认为这里的研究主要不是思想文化的学术研究，而是特殊的知识如何适应人们生活需要的实践性考察。有效的全民阅读应该区别于学校课堂的阅读指导。这里有必要充分注意"全民阅读知识"的特殊性，也就是如何满足普通人的日常生活与精神要求。我们应该努力探索传递知识的多样性，特别要加强对阅读交流过程的效果监测，提供自由的交流可能。

最后，对于长期习惯于高等院校教育的我们而言，更要注意全民阅读与教育系统阅读训练的互动研究。这种研究首先应当承认这两者之间的区别，但也要利用它们在学习过程中的一致性来相互借鉴、扩大联系。作为学院知识分子，我们可以努力探索如何充分调动教育系统的资源为全民阅读服务，但是我们介入活动也要充分理解大众阅读的新特点和新要求，而不是照搬学院教育系统的方法和内容。

作为西部地区一所多学科并存的大学院，四川大学文学与新闻学院很早就将"全民阅读"当作我们自己的学术课题，也积极介入各级政府及新闻出版部门的全民阅读事业，这本成果集就是我们"积极介入"实践和学术思考的反映。2022年7月，在中宣部、四川省委宣传部及四川大学的大力支持下，我们成为国内首批共建的五所出版学院之一，产学研深度融合加强新时代出版学研究是我们的重要思路，对全民阅读问题的深入探索更成为我们"重任在肩"的历史使命。相信这一成果集的出版，只是出版学院一系列重要学术研究工程、产学研合作项目的开始，在不远的将来，我们有决心、有毅力深入推进出版与阅读的各种研究，为建设中国一流、国际有影响的出版学院而持续奋进。

李怡

2023 年 3 月 27 日

目　录

第一部分　专题研究

第三部分　区域实践探索研究

第一部分

专题研究

自 2014 年以来，"全民阅读"被连续写入政府工作报告，全民阅读工作已成为我国一项重要的国家战略，"十四五"规划和 2035 年远景目标纲要把"深入推进全民阅读、建设'书香中国'"纳入宏伟蓝图。首届全民阅读大会，号召全社会都参与到阅读中来，形成爱读书、读好书、善读书的浓厚氛围。

　　全民阅读，重在其基本性。强调全社会基本阅读需求的满足，既要包括传统的阅读需要，也要涵括数字化阅读的需要；既要满足获取知识信息的阅读需要，也要满足提升思想道德素质和科学文化素质的阅读需要。全国国民阅读调查报告结果显示，我国成年国民图书阅读率虽然逐年上升，但是人均购书量仍不理想，全民阅读推广工作仍任重道远。实现阅读的均等化、全民化，涉及方方面面，既要推进文化企事业单位参与阅读推广，也要加强全民阅读人才队伍建设；既要关切新冠肺炎疫情、乡村文化振兴等重要时代背景下全民阅读的紧迫性工作，也要重视优质内容提供等全民阅读的长期性工作。本专题围绕当前新冠肺炎疫情背景下的全民阅读推广工作、全民阅读人才队伍建设、乡村阅读推广工作、全民阅读内容体系建设等论题，审视我国全民阅读推广工作的成效与问题，尝试探索促进全民阅读工作的可能路径。

新冠肺炎疫情背景下的
全民阅读实践及出版转型研究

张志强　尹召凯　任同①

编者按： 全民阅读是一项长期性、持久性工作，自 2006 年启动以来，全民阅读活动就在全国各地如火如荼地开展起来，为全社会带来了满满的书香气。但是由于 2020 年的新冠肺炎疫情，持续推进了十多年的全民阅读活动摁下了"暂缓键"，全国各地线下阅读活动的举办受到了不同程度的影响。一方面，疫情居家期间阅读兴趣得到激发、阅读需求得以培育、阅读习惯发生重塑；另一方面，疫情防控常态化下，如何满足全社会正在增长和重塑的阅读需求，考验着全民阅读工作。张志强等人的报告，及时观照了这一问题，可谓正当其时，更为可贵的是，他们从出版业的视角，在基于大规模网络问卷调查描绘疫情期间全民阅读图景与困境的基础上，探讨出版业的应对之策，更具有现实的借鉴意义。

摘　要： 阅读与出版共生发展，新冠肺炎疫情暴发使得出版业遭受重创，是否也同时使阅读式微？作为出版产品接触终端的阅读，在疫情影响下呈现出何种特征和趋势？后疫情时期出版业的决策该如何锚定？本报告通过网络大规模的问卷调查试图描绘疫情期间的阅读全景图，基于问卷调

---

① 张志强，南京大学信息管理学院教授、出版研究院常务副院长；尹召凯，南京大学信息管理学院、出版研究院助理研究员、博士；任同，南京大学信息管理学院、出版研究院博士生。

查的结果，为后疫情时期出版业的转型发展路径提供相关意见和建议。

关键词：新冠肺炎疫情；全民阅读；阅读推广；阅读调查；出版业

"倡导全民阅读，建设书香社会。" 2022 年，推动全民阅读第九次被写入政府工作报告。2019 年 8 月 21 日，习近平总书记在考察读者出版集团时强调，"要提倡多读书，建设书香社会"①。从国家到地方的阅读推广逐步提升了阅读的社会关注与价值认同，多读书、读好书已成为普遍共识。在全球媒介化日益加深的今天，电子书阅读、社交媒体阅读、听书阅读、短视频阅读等多元化阅读方式相继涌现，不断重塑阅读的形态，拓宽阅读的边界。作为爱好的阅读，也逐渐变成一种生活方式，成为一种社交网络连接的中介②，或是一种"身体的实践"③。

2020 年新年伊始，一场突如其来的新冠肺炎疫情暴发，国家经济运行、社会秩序以及人民生活方式都受到不同程度的影响。疫情防控期间，中国出版界坚守文化使命，及时推出线上抗疫主题出版物，开放电子书、有声读物来助力疫情阻击战④，开放电子教材协同在线教育；普通社会公众，"宅"在家里，静心阅读，让阅读成为"随身携带的避难所"⑤，消解了焦虑与恐慌情绪。然而，疫情对出版产业也是"来者不善"，出版生产发行链受到阻滞，现金流部分中断，线下店面全线瘫痪，产业格局面临再次洗牌。对于疫情背景下的阅读现状以及对出版界采取抗疫行动后的公众感知等一

---

① 习近平. 要提倡多读书，建设书香社会［EB/OL］. （2019 - 08 - 22）［2020 - 04 - 20］. http://www.xinhuanet.com/politics/2019 -08/22/c_ 1124906453.htm.

② 拜厄姆. 交往在云端：数字时代的人际关系［M］. 董晨宇，唐悦哲，译. 北京：中国人民大学出版社，2020：序言.

③ 崔波. 阅读具身认知转向与阅读研究的未来［J］. 编辑之友，2020（4）：14 -19.

④ 梁言顺.2020 年世界读书日寄语［N］. 中国新闻出版广电报，2020 - 04 -23.

⑤ 毛姆. 阅读是一座随身携带的避难所［M］. 罗长利，译. 北京：北京联合出版公司，2017.

系列相关问题①，目前已存在很多主观判断，但缺乏明确的数据调查支撑。

鉴于此，本报告结合疫情造成物理空间区隔的实际情况，通过全国网络问卷调查的方式，试图借助数据描绘疫情期间的阅读全景图，剖析疫情之下全民阅读推广的困境及转机，探寻优化阅读推广的路径，可能对后疫情时期出版业的决策有所裨益，且不啻于此。本报告主要采用大规模网络问卷调查法，与传统调查方法相比，它在调查范围、调查对象、人力资源、成本、时间、数据输入及计算机分析等方面具有优越性。②③ 课题组根据本次调研的主要目标，编制"疫情期间的阅读及在线教育相关情况调查"问卷，在预调研基础上，问卷题项最终确定为条目 41 项。正式调查时间始于2020 年 4 月下旬，通过社交媒体进行网络滚雪球抽样，为了防止重复填写，设定同一手机、电脑只能作答一次，同一 IP 地址只能作答一次；至第一阶段征集结束，共收回有效问卷 8198 份。此次调查问卷涉及的核心内容：被调查者的个人社会特征、平时阅读情况认知和疫情期间的阅读现状调查。同时，结合公开发布的各类阅读调查报告，在对调查数据进行统计、分析的基础上形成本次研究的主要发现。

一、新冠肺炎疫情背景下国民阅读现状

阅读是个人学习知识和提高素养的重要途径，也是提高道德水平和认知能力的关键手段。阅读是一种从书面语言和其他书面符号中获得意义的

① PETTIT E. A Side Effect of the COVID-19 Pandemic? Reading Got a Lot Harder ［EB/OL］. （2020 － 04 － 20） ［2020 － 04 － 21］. https：//www. chronicle. com/article/A － Side － Effect － of － the － COVID-19/248568.
② 布拉德伯恩，等. 问卷设计手册：市场研究、民意调查、社会调查、健康调查指南 ［M］. 赵锋，译. 重庆：重庆大学出版社，2010.
③ 郁伟龙. 网络调查对传统调查的挑战 ［J］. 情报杂志，2001（11）：26 － 27.

社会行为、实践活动和心理过程。① 技术发展到今天，阅读的客体已经不再是书报刊等一元纸质的形态。在数字时代，纸书、屏幕和智能设备成为阅读的新形态。② 为了测量的易得性，必须将概念进一步下沉，本报告将阅读的内容界定为纸质书报刊，电子书刊，有声书，互联网（社交媒体）的文章、新闻资讯，知识类短视频等。

为展现项目研究主要成果，这里将对读者（被调查者）的个人基本信息、阅读内容、阅读媒介、阅读行为、阅读效果等 5 个部分依次进行分析。

（一）读者群体分析

本部分重点关注了读者群体的自然特征，包括性别、年龄、职业、受教育程度、所学专业类型、个人收入及地区等信息。

表 1　样本基本情况汇总

	性别		年龄（岁）					
	男	女	≤17	18—29	30—39	40—49	50—59	≥60
N	3487	4711	42	3783	2135	1459	699	80
%	42.53%	57.47%	0.51%	46.15%	26.04%	17.80%	8.53%	0.98%

	职业				
	学生	教师	事业单位/公务员/政府工作人员	出版单位工作人员	创业工作者、个体工商业者（商人/雇主）
N	2938	1127	707	1676	219
%	35.84%	13.75%	8.62%	20.44%	2.67%

① 王余光，徐雁．中国读书大辞典［M］．南京：南京大学出版社，1999：350.
② 王鹏涛．纸书、屏幕和智能设备：数字时代人类阅读活动的走向和归宿［J］．中国出版，2017（10）：39－42.

续表

职业					
普通职员（除上述外的企业、银行、律师类、艺术类从业者等）	工人（工厂工人、建筑工人、环卫工人等）	医护人员	自由职业者或无业	农民	其他
N	788	77	95	319	18	234
%	9.61%	0.94%	1.16%	3.89	0.22%	2.85%

受教育程度						
小学及以下	初中	高中	专科	本科	硕士研究生	博士研究生
N	36	80	242	562	4180	2435	663
%	0.44%	0.98%	2.95%	6.86%	50.99%	29.70%	8.09%

所学专业类型			
人文社科类（哲学、经济学、法学、教育学、文学、历史学、管理学）	理工农医类（理学、工学、农学、医学）	艺术类	其他类（军事等其他专业）
N	5052	2137	339	312
%	61.62%	26.07%	4.14%	3.81%

个人税后年收入（万元）					
无收入	<5	5—10	10—20	20—50	>50
N	2627	1092	1982	1702	649	146
%	32.04%	13.32%	24.18%	20.76%	7.92%	1.78%

注：存在调查对象对某些人口学特征未做填答的情况，故各人口学特征样本总数或与有效问卷数量有所出入。

数据显示，本次调查男女比例相对均衡；以成年读者为主，年龄主要集中在18—40岁之间，占比72.19%，属于主要的阅读群体；职业基本涵盖各类读者群体，为研究所需，学生、教师、出版单位工作人员、医护人员等群体已单独列出，为进一步研究特殊样本群体的阅读情况做准备；在受教育程度方面，本科教育程度居多，占总样本的一半；专业类型方面，人文社科类专业人数居多，这与其涵盖的专业数量丰富有关；从年收入来看，32.04%为无收入群体，与35.84%的学生群体相比表现合理，其他各收入分布情况表现符合实际；读者所在地区已覆盖全国（图略）。有效样本在性别比例、年龄分布、职业、所在地等人口统计学特征上基本符合国内读者分布的整体特征，具有一定的代表性，样本数据可基本反映读者群体的行为特点。

（二）阅读内容分析

在疫情背景下，调查读者的阅读类型偏好，能较好地体现未来阅读内容的趋势。本次调查借鉴当当网的图书类型分类方式，如表2所示，可以看出最受欢迎的依旧是文艺类和人文社科类的读物，分别占比57.26%和57.18%；在疫情时期，喜欢阅读励志类读物的读者占比14.60%，表现不如预期。经进一步统计，在选择教育类型读物的调查对象中，学生与教师群体占比72.91%，依旧是消费主力。性别在各个类型都表现出显著差异，男性群体偏爱人文社科、科技、经管类读物；女性群体更爱童书、教育、文艺、励志、生活类读物。

表2 读者阅读类型汇总

阅读类型	N	%
童书（婴儿启蒙、儿童文学、绘本等）	864	10.54%
教育（大中小学教辅、英语四六级、考研、公务员、工具书等）	1889	23.04%
文艺（小说、文学、传记、青春文学、动漫/幽默、艺术、摄影、偶像明星等）	4694	57.26%
人文社科（哲学、宗教、历史、军事、政治、文化、社会科学、古籍、法律、心理学等）	4688	57.18%
励志（励志/成功、心灵修养职场、人生哲学、人际交往、口才演讲等）	1197	14.60%
生活（两性、休闲、旅游、美食、美妆、运动、保健、育儿等）	1957	23.87%

续表

阅读类型	N	%
经管（经济、管理、投资理财、股票、金融、互联网经营管理、会计等）	1004	12.25%
科技（计算机/网络技术、医学、科普、自然科学、工业、建筑、农业、林业等）	1348	16.44%
其他	237	2.89%

（三）阅读媒介分析

媒介接触时间。主要分为接触纸质图书、报纸、期刊的时间和接触手机、电脑、iPad 等电子产品的时间。从图 1 和图 2 可以看出，纸质媒介接触时间集中在 2 小时以内，数字媒介接触时间则集中在 2—6 小时。

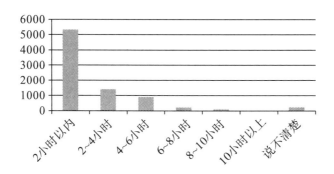

图 1　纸质图书、报纸、期刊的接触时间

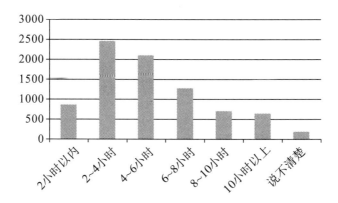

图 2　手机、电脑、iPad 等电子产品接触时间

媒介接触类型。从表3中可以看出，读者媒介接触的类型从多到少分别为：电子书、纸质图书、社交媒体平台（微博、微信等各类社交 App，不包含短视频）、短视频平台（如抖音、快手、火山等）、资讯聚合为主的平台（如学习强国、今日头条、ZAKER 等）、有声书或有声读物、电子期刊、纸质杂志、纸质报纸、其他。

书刊的类型选择。从图3中可以看出，54.01%的人看电子书刊多一些，25.10%的人选择纸质书刊多一些，15.75%的人看纸质书刊和电子书刊一样多。阅读电子书刊成为主要的方式，但纸质书刊阅读依旧占有一定比例。

表3　读者媒介接触类型分布

媒介类型	纸质图书	纸质杂志	纸质报纸	电子书	电子期刊	有声书或有声读物
N	5433	1911	1052	5592	2389	2722
%	66.27%	23.31%	12.83%	68.21%	29.14%	33.20%

媒介类型	社交媒体平台（微博、微信等各类社交 App，不包含短视频）		短视频平台（如抖音、快手、火山等）	资讯聚合为主的平台（如学习强国、今日头条、ZAKER 等）	其他
N	5246		3369	2880	131
%	63.99%		41.10%	35.13%	1.60%

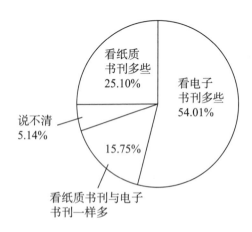

图3　纸质书刊与电子书刊的类型选择

（四）阅读及消费行为分析

阅读的动因。经过调查发现，内在提升式阅读成为主要的阅读动因，"与其空闲不如丰富下自己的学识"占比48%，"读完以前想读的书"占比42%，"受目前社会生活的突发事件和状况影响"占比16%，而社交需求占比不高。可以看出，除了备考、学习等带来的"功利性阅读"，休闲式阅读、"补救式"阅读、资讯索取成为主要的动因（见图4）。

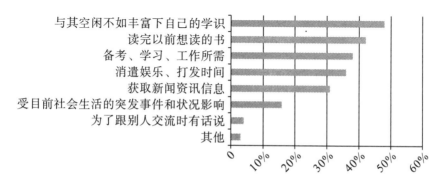

图4 疫情期间的阅读动因选择分布

阅读书籍数量。针对疫情期间读者阅读数量，这里主要指纸质书、电子书、有声书，不包括浏览网页和社交媒体的新闻资讯及单篇文章，从调查结果来看，标准差较大，说明数据波动较大，相对平均值，使用中位数"4本"描述整体水平更适合，通过统计亦可以发现，阅读3本的样本数量最大，占比18.47%。由此推测疫情期间，读者平均阅读书籍数量为3—4本。

表1 阅读书籍的数量统计

	N	最小值	最大值	平均值	标准差	中位数	众数
阅读书籍数量	8198	0	90	5.457	6.732	4	3

阅读方式选择。根据表5可以看出，疫情期间，阅读方式选择偏好依次为：通过手机阅读文章与书籍、阅读纸质图书/报刊、通过电脑阅读文章与

书籍、通过电子书阅读器阅读文章与书籍、通过平板阅读文章与书籍、将电子资料打印下来阅读、其他。通过手机阅读文章与书籍已成为主流选择，阅读纸质图书、报刊也是一半以上读者的重要选择。

表 5　阅读方式选择统计

阅读方式	阅读纸质图书、报刊	通过手机阅读文章与书籍	通过电子书阅读器阅读文章与书籍	通过电脑阅读文章与书籍	通过平板阅读文章与书籍	将电子资料打印下来阅读	其他
N	5150	6666	2789	3064	1781	937	87
%	62.82%	81.31%	34.02%	37.37%	21.72%	11.43%	1.06%

阅读消费类型。疫情期间，就是否有阅读有关的消费的问题调查中，如表 6 所示，可以看出半数样本群体购买过纸质图书，其次是购买电子书、在社交媒体平台付费阅读、购买有声读物等。

表 6　阅读消费类型选择统计

消费类型	购买过纸质图书	购买或订阅过纸质杂志	购买或订阅过纸质报纸	购买过电子书	购买过电子期刊
N	4262	1088	592	2986	894
%	51.99%	13.27%	7.22%	36.42%	10.91%

消费类型	购买过有声读物（包含在这期间充值会员）	在社交媒体平台（如微信、微博、抖音等社交 App 等）上付费阅读	在社交媒体平台（如微信、微博、抖音等社交 App 等）上阅读后打赏
N	1458	1752	1066
%	17.78%	21.37%	13.00%

消费类型	在知识服务类平台（如得到、学术志等）订购付费专栏、付费教程，购买会员等	其他与阅读有关的消费	以上都没有
N	1256	216	1185
%	15.32%	2.63%	14.45%

阅读消费途径。消费途径是阅读驱动消费变现的观测通道。可以看到，疫情时期电商购买成为主要的渠道，实体书店购买仍占五分之一，可能与疫情"解封"后的"报复性"消费有关。而在电商平台的购买中，读者最多选择的是直接购买，其次是通过阅读类、知识类 App 到电商平台购买，从社交媒体广告及推送文章到电商平台购买，在直播平台通过直播带货到电商平台购买等，值得注意的是，与目前大环境下的直播带货相比，在阅读消费上还需要进一步观察（见表7）。

阅读消费数额。针对疫情期间读者阅读消费数额，从调查结果来看，标准差较大，说明数据波动较大，相对平均值，使用中位数描述整体水平更适合。通过统计，疫情期间整体消费人均约为100元，从未消费的人群占比15.85%，与没有任何消费类型和没有消费途径所得结果基本吻合，可以推出疫情期间阅读零消费群体约占15%。

表7 阅读消费途径选择统计

消费途径	实体书店购买	电商平台直接购买	从社交媒体广告、推送文章到电商平台购买	在直播平台通过直播带货到电商平台购买	
N	1705	4874	1284	671	
%	20.80%	59.45%	15.66%	8.18%	
消费途径	通过阅读类、知识类 App 到电商平台购买		外卖平台购买	其他途径	以上途径都没买过
N	2052		410	206	1389
%	25.03%		5.00%	2.51%	16.94%

表8 阅读消费数额统计

名称	样本量	最小值	最大值	平均值	标准差	中位数	众数
人均消费（元）	7844	0	32690.00	211.47	624.10	100	0

（五）阅读效果分析

阅读满意程度。通过表9可以看出，一半读者群体对自身阅读情况感觉"一般"，非常满意的仅占2.49%。通过表10可以看出，受教育程度不同的读者对于自身阅读满意程度差异显著，小学/初中和博士研究生读者群处于受教育程度的两端，属于满意度最高的群体。

表9　阅读满意程度统计

	非常不满意	较不满意	一般	较满意	非常满意
N	435	1439	4245	1875	204
%	5.31%	17.55%	51.78%	22.87%	2.49%

表10　阅读满意程度在受教育程度上的差异

受教育程度（平均值±标准差）							F	p
小学及以下（$n=36$）	初中（$n=80$）	高中（$n=242$）	专科（$n=562$）	本科（$n=4180$）	硕士（$n=2435$）	博士（$n=663$）		
3.33±1.15	3.02±0.67	2.98±0.84	3.05±0.82	2.97±0.85	2.98±0.84	3.17±0.86	7.088	0.000**
$*p<0.05$ $**p<0.01$								

对疫情期间抗"疫"出版的感知效果。疫情期间出版业界积极作为，出版了大量的新冠肺炎疫情防控主题图书，一些出版商开放了电子书下载、免费听有声书或数据库免费下载，对此，读者群体的感知情况如何？通过调研我们发现：在"疫情期间，您有没有看过出版的与新冠肺炎或流行病相关的图书（含电子书，不包括各种网络文章）？"一问中，51.38%的人表示看过，68.70%的人表示听说过开放了电子书下载、免费听有声书或数据库免费下载；大学教师听过的最多，这说明受教育程度越高，听过的概率越大；67.15%的人表示在疫情期间下载过免费的电子书或论文，以学生群体为主。

二、新冠肺炎疫情背景下的国民阅读特征

调查发现，在疫情背景下，我国国民阅读呈现如下特点：

（一）读者深度阅读时间增加，阅读满意度有所提升

在阅读时间的调查中发现，66.80%的人认为阅读时间比以前增加了，22.74%的人认为阅读时间没有变化。在亚马逊最新发布的《2020 全民阅读报告》调查中，有超过七成读者反馈自己在疫情防控期间的阅读量相较平日有所增加，与我们的调查结果相近；此次满意度调查与第十七次全国国民阅读调查结果相比，表示较满意和非常满意的总占比略有提高，表示一般的占比也有所增加。

（二）书屏并重，电子书和纸质书依旧是阅读的主要选择

电子书和纸质书依旧是读者接触最多的阅读媒介；社交媒体平台依旧是半数以上读者阅读的主要渠道，短视频占比四成，不容小觑，已经超过有声书或者有声读物的接触占比；纸质报纸在疫情特殊时期接触面较小。在疫情期间，数字阅读依旧是主要的形式选择。第十七次全国国民阅读调查显示：2019 年，43.5%的成年国民倾向于"手机阅读"，10.6%的国民倾向于"网络在线阅读"，7.8%的国民倾向于"在电子阅读器上阅读"，而倾向于"拿一本纸质图书阅读"的比例则不到四成，从 2018 年的 38.4%下降到了 2019 年的 36.7%。① 而我们的调查显示：在阅读方式上，62.82%的人通过纸质书报刊方式阅读，81.31%的人通过手机阅读，手机成为阅读的重要窗口，而居家抗"疫"期间纸质阅读依然受到欢迎，呈现读书与读屏并

---

① 中国新闻出版研究院．第十七次全国国民阅读调查成果发布．［EB/OL］．（2020 - 04 - 20）［2020 - 04 - 21］．https：//mp．weixin．qq．com/s/gr1X91YFWNw2yffVHCAyrg．

重的状态。

（三）技术推动新的阅读选择和消费涌现

互联网技术急速变革迭代，一系列新的阅读方式产生，除了传统的纸质和电子书阅读外，社交媒体阅读依旧是重要的方式，短视频平台、资讯聚合平台的接触面逐渐提高，甚至超过有声书，阅读选择从文字到声音再到影像，出现了混合共生的局面。新的消费的类型也开始涌现，在社交媒体平台（如微信、微博、抖音等社交 App 等）上付费阅读、阅读打赏，购买有声书、有声读物，在知识服务类平台（如得到、学术志等）订购付费专栏、付费教程和购买会员等方式已经有一定的用户市场。

（四）电商平台是阅读消费的主要渠道，直播带货还处于萌芽期

疫情期间因为"宅"在家里，电商平台成为主要的购书渠道，在电商平台直接购买依旧是主流，消费路径也呈现多渠道的平台汇流，四分之一的人由阅读及知识类 App 平台导流到电商平台，表现出疫情期间的阅读及知识类 App 已具备一定的读者认可度和较好的变现能力。对出版业来说，直播带货卖书尚处于萌芽期，仍须进一步观望，而随着疫情期间用户网络购买习惯的培养，做好电商平台营销已成为必要的选择。

（五）抗"疫"出版的社会效益提升

此次抗"疫"期间，出版机构积极、快速响应，刘兵、隋人在 2020 年 1 月 21 日至 3 月 16 日，对各类出版机构、网络售书平台、版本数据库进行检索，筛选出与抗击新冠肺炎疫情主题相关的图书选题共计 570 种。[1] 本次调查显示，一半的读者样本群体看过出版的与新冠肺炎或流行病相关的图

---

① 刘兵，隋人. 深入剖析 570 种抗疫图书选题．［EB/OL］．（2020－04－13）［2020－04－21］. https：//mp. weixin. qq. com/s/pv5KdqPY0lBTz7U4qW4lOQ.

书，主要集中在医护人员、出版单位工作人员、教师群体和事业单位/公务员/政府工作人员等，近六成的读者样本群体表示听说过电子书开放下载、免费听有声书或免费数据库，提升了出版业的社会效益。与非典时期的非典相关图书出版相比①，显然提供数字化、多元化的知识服务才是出版业应对新形势的应有之义。

三、后疫情语境下的出版转型路径

阅读与出版共生发展。考察疫情时期的阅读现状既是在常量中发现特殊阶段的变量，也是通过关注具有代表性的变量，为出版业的未来发展提供增量参考。后疫情时期的出版工作该如何锚定，我们通过需求侧的表现特征尝试给出以下建议：

（一）内容：面向读者需求侧做出未来选题响应策略

渠道和内容轻重之争一直存在。在经济下行的压力下，对于出版人、书店从业者来说，迎合读者需求侧做出未来选题响应策略是短期的"急救策略"，也是长期的"稳定策略"。休闲打发时间及"补救式"阅读成为疫情时期的阅读主要动因，文艺类（小说、文学、传记、青春文学、动漫/幽默、艺术、摄影、偶像明星等）和人文社科类（哲学、宗教、历史、军事、政治、文化、社会科学、古籍、法律、心理学等）是疫情期间最受读者欢迎的阅读类型。一批"速成"抗"疫"出版物雷同重复发行，质量参差不齐，造成资源配置浪费，但与抗"疫"及流行病主题有关的经典文艺类、人文社科类读物重新进入长尾效应的"头部"，在未来一段时间内，依旧会受到读者的欢迎。

① 方舒阳，张志强. 非典类图书出版的分析与思考［J］. 出版广角，2003（6）：41 - 43.

（二）渠道：出版市场的线下重启与线上转移并重

疫情对出版业的影响是"危"也是"机"。在此期间读者阅读时间的增加和对自身阅读满意度的提高为后疫情时期的出版市场带来了一定安抚作用，稳中有升的阅读需求是最好的现金流。经过一段时间的消费习惯培养，线上阅读的消费比例大幅提高，后疫情时期的线上经营成为重心，出版社需要建立数字档案①，做好网店的发行工作，步步深耕目前较火的自媒体流量平台，根据出版物自身定位选择合适的营销推广方式。目前讨论较多的短视频和直播营销，要在控制成本的基础上渐进性尝试，切不可盲目跟风，"赔本赚吆喝"。读者对于纸质书报刊的接触和需求可能在疫情后出现线下的"报复性"消费，未来时期应及时谋划重启线下渠道的运营，及时响应读者的主题偏好。

（三）产品：从读书到读屏加速数字化形式转型

通过手机阅读仍然是疫情时期阅读的主要方式，数字阅读习惯逐步培养使得数字出版物权重增加，也会加速出版产品的数字化形式转型。每次出版技术的变革，改变的仅是出版形态或出版方式，并促进了内容的廉价与普及，而并没有使出版业自身走向消亡。② 疫情期间电子书出版以内容更新的速度和阅读的可得性见长，依旧是未来数字化转型的主要领域。此外，在线上阅读的新版图中，有声读物、社交媒体平台、知识服务平台等新的产品形态，正倒逼数字出版产品进一步重视知识服务和社交阅读，在场景化、平台化、沉浸式方向上做出更大创新。

---

① 汤普森. 文化商人：21 世纪的出版业［M］. 张志强，等译. 南京：译林出版社，2016：245－291.
② 芮哲非. 谷腾堡在上海：中国印刷资本业的发展（1876—1937）［M］. 张志强，等译. 北京：商务印书馆，2014：369.

（四）运营：短期自救与长期谋划并存

从短期看，实体书店回款难已成为出版业的常态，为盘活现金流需要采取多元化联动策略；进一步优化整合资源；寻求政策支持；针对固定客户进行会员充值等现金"预支"；开展现场"读书"活动争取流量变现等。多种方式并存，进行短期自救。但从长期来看，需要出版行业协同发展，实行差异化战略，减少资源错配，共建出版业自己的电商平台，形成合力来抵御外部平台较高的利润分成，持续不断地推进全民阅读战略。尤其在疫情特殊时期，更要持续多举措引领、推动全民阅读文化发展，实现市场效益和社会效益的双赢局面。

参考文献：

[1]　PETTIT E. A Side Effect of the COVID-19 Pandemic? Reading Got a Lot Harder [EB/OL]. (2020-04-20) [2020-04-21]. https://www. chronicle. com/article/A-Side-Effect-of-the-COVID-19/248568.

[2]　布拉德伯恩，等. 问卷设计手册：市场研究、民意调查、社会调查、健康调查指南 [M]. 赵锋，译. 重庆：重庆大学出版社，2010.

[3]　崔波. 阅读具身认知转向与阅读研究的未来 [J]. 编辑之友，2020 (4).

[4]　陈洁，吴申伦. 顺应知识与阅读需求的兴与变：新中国编辑出版学70年 (1949—2019) [J]. 新闻与传播研究，2019，26 (12).

[5]　毛姆. 阅读是一座随身携带的避难所 [M]. 罗长利，译. 北京：北京联合出版公司，2017.

[6]　拜厄姆. 交往在云端：数字时代的人际关系 [M]. 董晨宇，唐悦哲，译. 北京：中国人民大学出版社，2020.

[7]　聂震宁. 新时代：阅读与出版共生发展 [J]. 编辑之友，2020 (4).

［8］ 斯蒂芬·冯·霍尔茨布林克：研究阅读趋势，并将之运用于出版
［N］. 国际出版周报，2019-09-02.

［9］ 郁伟龙. 网络调查对传统调查的挑战［J］. 情报杂志，2001
（11）.

［10］ 王余光，徐雁. 中国读书大辞典［M］. 南京：南京大学出版
社，1999.

［11］ 王鹏涛. 纸书、屏幕和智能设备：数字时代人类阅读活动的走向和
归宿［J］. 中国出版，2017（10）.

［12］ 习近平. 要提倡多读书，建设书香社会［EB/OL］.（2019-08-
22）［2020-04-20］. http：//www. xinhuanet. com/politics/2019-
08/22/c_ 1124906453. htm.

［13］ 张志强，朱宇. 聚焦高质量，开启新时代：2019年中国出版回顾
［J］. 编辑之友，2020（2）.

［14］ 张志强，杨阳. 新中国成立70年来出版形态变迁［J］. 编辑之友，
2019（9）.

［15］ 梁言顺. 2020年世界读书日寄语［N］. 中国新闻出版广电报，2020
-04-23.

全民阅读人才队伍建设研究

胡易容　康亚飞　杨红①

编者按：广泛、深入推动全民阅读工作，关键在人，在全民阅读专业人才队伍尚未形成体制化建设、建制性培养的当下，亟待建设一支精干、高效的人才队伍。通过越来越多的全民阅读人才，深入社区、走进校园、走近群众，推广阅读、指导阅读，让阅读蔚然成风，全民阅读才能真正普惠人民。培养怎样的全民阅读人才、如何培养全民阅读人才，是当前全民阅读的一大"痛点"，也是极易被忽略的方面。全民阅读人才队伍建设，从学科专业的建制化、体系化培养是一条路径，通过社会培训系统发展一批全民阅读推广人，调动社会力量广泛参与则是另一条可行路径。胡易容等人撰写的报告《全民阅读人才队伍建设研究》，从学科专业建设的维度，尝试对这一问题进行梳理，呈现了当前人才队伍建设的基本面貌，也给出了解决的方法。

摘　要：基于出版从业人员满意度和出版专业学生专业认同度的问卷调查、全民阅读从业者及学生的深度访谈，清晰呈现当前全民阅读人才队伍建设现状，据此总结存在的问题并提出针对性的提升思路。

---

① 胡易容，四川大学文学与新闻学院（出版学院）教授；康亚飞，西南政法大学新闻学院讲师、四川大学符号学－传媒学研究所成员；杨红，四川大学文学与新闻学院（出版学院），"全民阅读与人才队伍建设"课题研究助理。本成果四川大学文学与新闻学院（出版学院）硕士生曾奕雯、徐丁一、刘爽亦有贡献。

关键词：全民阅读；人才培养；满意度调查；现状

党和国家对全民阅读十分重视：2014 年，"全民阅读"首次被写入政府报告中；2020 年，中宣部印发《关于促进全民阅读工作的意见》，以深入推进全民阅读。在国家和社会力量的大力支持和动员下，全民阅读活动影响广泛，并取得了一些实质性进展：越来越多的读书活动如火如荼地开展起来，相关的基础设施建设愈加完善，城市书房、图书馆等数量明显增多，书籍资源也较之前丰富，读者群体不断壮大等。随着信息时代的到来，全民阅读活动的推进出现了新挑战，也带来了新机遇。第十八次全民阅读调查结果显示①，数字化阅读率逐年上升，说明我国公民已越来越倾向于选择数字阅读方式来替代传统的纸质阅读。公众的阅读介质趋向于电子化设备，这不仅是个人的倾向性选择，更是社会整体技术生态的变迁。由此可推知，当数字阅读的市场扩大后，对数字技术人才的需求也会随之扩大。这不免引发我们的反思，当前高校的全民阅读人才培养模式是否能够适应新时代的技术要求？这也是本调研报告要解决的核心问题。

一、全民阅读人才培养现状：
基于出版从业人员满意度调查

实现新时代全民阅读大计，离不开一支符合当下时代要求、满足文化发展需要的高素质从业人员队伍。出版业在全民阅读中肩负重任，出版从业人员亦是全民阅读人才队伍的重要力量。现有的关于全民阅读人才队伍的文献大多集中在人才队伍发展历程和人才现状研究中，但在从业人才队伍蓬勃发展之后，如何让高素质人才留在出版行业之中，相关研究却相对

---

① 国家新闻出版署. 第十八次全国国民阅读调查成果发布. ［EB/OL］（2021 - 04 - 26）
［2021 - 12 - 13］. http：//www. nppa. gov. cn/nppa/contents/280/75981. shtml.

较少。鉴于此，本部分试图从出版从业人员的从业满意度视角出发，调研当下出版行业从业人员工作状态和影响其工作满意度的因素等，从而为高素质人才进入出版行业，建设更好的从业环境给出合理建议。

（一）研究设计

1. 理论视角

美国学者赫伯克（Hoppock）于 1935 年最早提出"员工的工作满意度"这一概念，从员工角度出发，量化员工对工作环境的感受以及工作带来的生理和心理上的满足程度。工作满意度考评，已经广泛应用于各类机构探索完善人才管理机制、优化人才管理方式。职业承诺，最初起源于贝克（Becker）于 1960 年提出的"组织承诺"（organizational commitment）概念，随着在职业心理学领域的广泛应用而逐步发展出诸如专业承诺、岗位承诺及职业承诺等概念。职业承诺是个体对职业的情感依附，包含个体情感、经济、社会规范等多个维度的综合性概念——个体与职业间的"心理契约"。职业承诺主要分为情感承诺、继续承诺、规范承诺三个方面：情感承诺侧重考察从业者因对现从事职业的喜爱和心理依赖而倾向于继续从事现有职业；继续承诺是指因顾及离开现有职业而承担的经济损失（包括对现行职业的长期投入沉没成本和寻找替代性工作的机会成本）而倾向于继续从事现有职业；规范承诺则侧重于考察对现有职业的社会责任感而倾向于继续保持现有职业。现有研究认为，职业承诺受从业体验、职业志向、职业期望价值等因素影响，可以直观反映从业人员对现从事职业的满意度。

2. 研究工具

本报告采用职业承诺（occupational/career commitment）模型，设计调查问卷调研从业者的从业生活体验和事业满足感两个方面的评分，直观得到从业人员对现从事职业的满意度。职业承诺分为情感承诺、继续承诺和规范承诺，三者直接影响着从业人员是否选择继续从事现有工作。

调查问卷包括一般资料调查表和从业满意度及职业承诺量表。一般资料调查表对人口基本情况和工作基本情况开展调查，包括性别、年龄、工作地区、受教育程度、婚姻状况、编制状况、所在单位出版物类型、职务等；从业满意度及职业承诺量表采用李克特量表，测量职业满意度（分别从工作满足感和现有职业的生活体验两个方面测量）、职业承诺情况（从情感承诺、继续承诺和规范承诺三个方面测量）。所有条目均分小于 3 分为职业承诺水平较低，均分处于 3—4 分之间为中等水平，大于 4 分为高度水平。

3. 研究对象

本报告以出版相关从业人员为调查对象，随机发放问卷 103 份，收回有效问卷 97 份，有效率 94.17%，覆盖我国华南、华北、华东、中部、西南及西北地区图书出版机构，涵盖期刊、学术专著、儿童读物、教材、医学科技、美术、地方志、金融、文学等多个图书类型的从业人员。

首先，通过问卷星在线平台编制电子问卷（https：//www.wjx.cn/ jq/ 63148704.aspx）并生成问卷二维码；其次，采用方便抽样和滚雪球抽样结合的方式，通过多家编辑出版公司内部工作群、小红书、微博及豆瓣社群发放问卷二维码，由其自愿填写。问卷所有题目均设置为必答题，每个 IP 地址均限制填写一次，以保证手机资料的完整性与准确性。

4. 基本数据描述

如表 1 所示，97 份有效问卷中，男性有效问卷 39 份，女性有效问卷 58 份，男女性别比约为 4：6。从业人员年龄覆盖 20—59 岁年龄段区间，集中在 30—39 岁（45 人，占比 46.39%）。受教育程度以大学本科（43 人，占比 44.33%）和硕士研究生（42 人，占比 43.3%）为主。有编制人数为 31，无编制人数为 66，有无编制人数比例约为 7：3。

表 1　人口基本信息统计表（N＝97）

样本属性	类别	频数	百分比	样本属性	类别	频数	百分比
性别	男	39	40.21	工作地区	华南	9	9.28
	女	58	59.79		华北	22	22.68
年龄	20—29	21	21.65		华东	6	6.19
	30—39	45	46.39		中部	21	21.65
	40—49	22	22.68		西南	27	27.84
	50—59	9	9.28		西北	12	12.37
受教育程度	大学专科	5	5.15	婚姻状况	未婚	32	32.99
	大学本科	43	44.33		已婚	65	67.01
	硕士研究生	42	43.30	编制情况	无事业编	66	68.04
	博士研究生	7	7.22		有事业编制	31	31.96

从事业满足感和生活体验两个方面衡量从业人员对现在工作体验满意度，得到中等水平满意结果（M＝3.40，SD＝1.00），如表 2 所示，编辑出版行业从业人员的从业满意度有待提升。

表 2　从业体验水平测量（N＝97）①

样本属性	题目	M	SD	S	P
从业体验满意度（M＝3.40，SD＝1.00）	目前工作能给我带来事业满足感	3.49	0.95	−0.92	0.41
	目前工作有益于生活体验	3.31	1.04	−0.65	−0.23

职业承诺水平测量结果中（见表 3），继续承诺分值最低（M＝3.49，SD＝1.00），其次是情感承诺（M＝3.56，SD＝1.00），最高的是规范承诺

---

① 表格中 M 指均值；SD 指方差（标准差）；S 指偏度；P 指峰度。

（M＝3.68，SD＝1.00）。反映出，当前从业人员对于职业准则认知水平较高，但是对是否选择继续从业态度不明甚至是持否定态度。

表3　职业承诺水平测量（N＝97）

量表矩阵	题目	M	SD	S	P
情感承诺 （M＝3.56， SD＝1.00）	我非常喜欢现从事职业	3.57	0.90	−0.86	0.73
	我对于编辑出版职业 充满热情	3.58	0.99	−0.78	0.35
	我一直很庆幸选择了 现在的职业而非其他	3.32	1.09	−0.47	−0.26
	我愿意为了编辑出版的 职业发展而努力	3.79	0.97	−0.91	0.79
继续承诺 （M＝3.49， SD＝1.00）	离开目前职业， 意味着此前努力白费	3.47	1.00	−0.18	−0.80
	离开目前职业， 我将付出很大代价	3.51	1.02	−0.31	−0.61
	改变现有职业对我很难	3.51	0.98	−0.42	−0.40
规范承诺 （M＝3.68， SD＝1.00）	我认为自己有责任 继续从事出版的职业	3.63	1.02	−0.68	0.16
	我认为自己能在出版 职业中发挥相较其他 职业更大的价值	3.57	1.01	−0.65	0.38
	我认为现有职业是我 职业生涯中的重要内容	3.84	0.96	−0.94	0.91

（二）结果分析

1. 从业满意度对职业承诺并无显著影响

在本次调研中，从业满意度选择采用职业承诺水平测量与从业体验满意度测量结合测评。职业承诺水平测量结果显示，职业承诺水平整体大于从业体验满意度，但仍居于中等水平（各项承诺得分均值都在3—4分区间内），可见，出版行业从业者从业体验虽较一般，但对职业仍有较高认同。究其原因，从现有测量数据来看，支持从业者继续留在现有职位的原因主要集中在"对现有职业的社会责任感"。这意味着，相较于从业体验，出版业从业者拥有更高的职业承诺水平，从业满意度对职业承诺并无显著影响，改善我国出版行业从业人员从业体验，进一步保证出版行业人才队伍稳定发展尚有很大可作为空间。

2. 编制正向影响从业满意度

在编辑出版从业满意度调查中，有编制的人数为 31 人（占比 31.96%），无编制人数为 66 人（占比 68.04%）。在有编制的从业人员中，女性人数 19 人，男性 12 人；年龄集中在 40—59 岁区间，占比 67.74%；大专学历 3 人，本科学历 12 人，硕士研究生学历 10 人，博士研究生学历 6 人。

编制情况与从业体验呈正相关关系。从表 4 可知，拥有编制身份的从业者从业体验水平均值为 3.45（SD = 0.99），高于无编制身份从业者（M = 3.38，SD = 1.01）。这反映出编制情况影响从业者从业心态，从而造成有编制的从业群体从业体验水平整体高于无编制人群。

表 4　编制情况与从业体验水平（N = 97）

——	M	SD	S	P
有编制	3.45	0.99	− 1.13	0.60
无编制	3.38	1.01	− 0.64	− 0.14

编制情况与职业承诺呈负相关关系。表 5、表 6 结果显示，无编制的从业者职业承诺各项水平均高于有编制身份的从业者。这说明，有编制与否，与从业人员是否会选择继续留在现有行业并无明显关系，关键还是从业认同感。

表5　有编制与职业承诺水平（N=31）

——	M	SD	S	P
情感承诺	3.48	1.02	−0.71	0.20
继续承诺	3.19	1.05	0.18	−0.82
规范承诺	3.61	0.97	−0.77	0.66

表6　无编制与职业承诺水平（N=66）

——	M	SD	S	P
情感承诺	3.6	0.99	−0.76	0.30
继续承诺	3.64	0.94	−0.53	−0.18
规范承诺	3.71	1.02	−0.75	0.29

3. 从业满意度存在性别差异

本次出版行业从业满意度调查中，男性人数39人，占比40.21%；女性人数58人，占比59.79%。

从性别角度看出版行业从业满意度（见表7），性别不同在出版行业"工作是否能带来事业满足感"的评价区别较大。如表7所示，总体上男性拥有更好的从业体验满意度，均值为3.46（SD=0.94），略高于女性的3.36（SD=1.04），但女性群体内部从业体验满意度评价分化较大，男性群体给出的评价数据更加趋同。

表7　性别与从业体验（N=97）

性别	M	SD	S	P
男	3.46	0.94	−0.28	−0.45
女	3.36	1.04	−1.01	0.08

在出版行业从业满意度调查中发现，男性呈现出更高的职业承诺水平。从表8、表9可见，在职业承诺的三个维度中男性均高于女性，这反映出在

编辑出版行业男性相较于女性拥有更高的从业体验满意度和职业承诺水平。在职业承诺测量中，女性各项方差数据平均高于男性各项方差数据，也呈现出女性内部评价差异大于男性的数据特点。在职业承诺测量中，女性拥有和男性相当的继续承诺水平，但在情感承诺和规范承诺测量中都低于男性，女性从业者在出版行业工作中与男性相比得到的情感支持和责任推动更少。造成女性从业满意度更低的原因有待做进一步调查研究。

表8　男性职业承诺水平（N = 39）

——	M	SD	S	P
情感承诺	3.62	0.97	− 0.46	− 0.22
继续承诺	3.50	0.92	− 0.33	− 0.49
规范承诺	3.71	0.96	− 0.53	0.18

表9　女性职业承诺水平（N = 58）

——	M	SD	S	P
情感承诺	3.53	1.02	− 0.89	0.45
继续承诺	3.49	1.05	− 0.29	− 0.73
规范承诺	3.66	1.03	− 0.85	0.42

4. 受教育程度情况与从业满意度呈现正相关关系

调查发现，受教育程度情况与从业满意度呈现正相关关系，受教育程度越高，从业体验水平越高。如表10可见，大专学历、本科学历、硕士研究生、博士研究生学历的从业者从业体验满意度均值呈现出由低到高的水平趋势。

表10　受教育程度与从业体验满意度（N = 97）

——	M	SD	S	P
大专	3.30	1.16	0.34	− 1.23

续表

——	M	SD	S	P
本科	3.34	0.99	−0.73	−0.03
硕士研究生	3.46	0.94	−1.06	0.59
博士研究生	3.50	1.34	−0.89	−0.14

但是，受教育程度对从业满意度的影响，在各类承诺中呈现较大差异。如表11所示，在职业承诺中，高学历（硕博研究生）从业者显现出更高的情感承诺和较低的继续承诺，本科学历从业者测试出现最高水平职业承诺。在职业承诺测量中则呈现更复杂的情况，本科学历从业群体在各学历群体中职业承诺水平排序第一，规范承诺均值达到3.83，是各项测量中的最高数值。其次是硕士研究生学历从业者和专科学历从业者，而博士学历从业者呈现最低的职业承诺水平，其中博士学历群体继续承诺均值为3.19，是各项测量中的最低数值。高学历人群择业出版业更多出于情感驱动，比如，自身热爱出版工作、工作环境适宜等，而又因为拥有较高学历，可供选择的工作范围较广，并不用局限于出版工作，故呈现出更低的职业承诺水平。

表11　受教育程度与职业承诺（N＝97）

	M	SD	S	P		M	SD	S	P
情感承诺					**规范承诺**				
大专	3.20	1.01	0.94	0.02	大专	3.47	1.19	−0.50	−0.26
本科	3.59	1.00	−0.70	0.34	本科	3.83	0.94	−0.64	0.16
硕士研究生	3.60	0.94	−1.02	0.82	硕士研究生	3.58	0.98	−0.82	0.55
博士研究生	3.46	1.29	−0.64	−0.64	博士研究生	3.48	1.29	−0.72	−0.07
继续承诺									
大专	3.40	1.06	0.30	−0.96					
本科	3.64	0.94	−0.31	−0.76					
硕士研究生	3.40	0.98	−0.32	−0.50					
博士研究生	3.19	1.29	−0.08	−1.04					

二、全民阅读人才培养现状：
基于出版专业学生满意度调查

编辑出版专业学生是编辑出版行业的后备人才，是未来行业发展的主力军。人才培养问题成为行业发展的重中之重，在技术革新的背景下，传统的人才培养模式已经不能满足行业发展的要求。高校纷纷调整编辑出版的专业设置、创新培养计划，培养复合型人才，以满足数字出版行业对人才的新要求。由此，本报告以编辑出版专业学生为研究对象，采取问卷调查法收集数据，并结合当前高校的专业设置情况对收集到的数据进行分析，旨在从学生角度出发，探讨高校相关专业设置、培养方式的现状和问题，以期为编辑出版人才培养改革提供思路，以促进人才培养为进路推动全民阅读事业。

（一）研究设计

1. 研究视角

满意度是消费心理学领域中的一个重要概念。满意度指用户期望值与实际价值之间的匹配程度，常被用于衡量商品、服务的效用，即用户的需求在多大程度上得到了满足。针对本报告的调查对象，我们选取了专业满意度这一概念，进行问卷设计。在教育部印发的《普通高等学校本科教育教学审核评估实施方案（2021—2025 年)》中，学生和用人单位的满意度是衡量教育教学的质量保障能力的一项重要指标。由此，本研究采用专业满意度概念具有可行性。

结合本研究的研究目的，我们剔除掉学校形象、后勤保障、人文环境等维度，关注与人才培养专业能力相关的四个维度，即专业发展平台、专业实践支撑、教师专业素质和专业课程教学。由此，对专业满意度进行如下定义：专业满意度指所就读专业的专业发展平台、专业实践支撑、教师专业素质和专业课程教学在多大程度上满足于学生的需求和期待。报告参考"美国大学学生满意度调查问卷"①，自编"编辑出版学生专业满意度量表"。问卷一共设有13个题项，采用5级评分，要求被试分别判断自己对每个题项的满意程度。

职业认同是自我认同中的重要部分，影响着个人的职业发展道路。从业者职业认同的建立有利于增强从业人员的群体归属感、凝聚力，对行业发展的可持续性和稳定性尤为重要。编辑出版专业的学生是行业的后备人才，他们的职业认同观念受到校内专业教学、校外实践和媒体报道的影响。本研究将职业认同定义为个人对职业的接受、认可的心理状态，并参考丁汉青和王军拟定的职业认同量表②，将职业认同分为职业认知认同、职业情感认同和职业行为认同三个维度进行测量③。

职业认知认同是指个体关于编辑职业对社会及自身重要性的认识，其中对社会重要性的认知主要根据编辑的社会功能，采用5级李克特量表拟定题项进行测量；对自身重要性的认知，主要通过职业地位、职业需求判断两个题项进行测量。职业情感认同指个体对编辑职业所拥有自豪感、归属感等情感的认同，职业行为认同则指个体对自身完成编辑职业工作内基本职责和任务的意愿和实际行为的判断等，对二者的测量都参考了魏淑华等人开发的我国中小学教师职业认同量表④，并根据本研究的调查对象进行了适应性改造。

---

① 荣茂佳. 美国"全国大学生满意度调查"研究［D］. 四川外国语大学，2018：4 - 8.
② 丁汉青，王军. 冲突与协调：传媒从业者后备军职业认同状况研究——以北京某高校新闻学院在校生为例［J］. 国际新闻界，2019（2）：113 - 131.
③ 魏淑华，宋广文，张大均. 我国中小学教师职业认同的结构与量表［J］. 教师教育研究，2013（1）：55 - 75.
④ 魏淑华，宋广文，张大均. 我国中小学教师职业认同的结构与量表［J］. 教师教育研究，2013（1）：55 - 75.

由此，本研究制定了研究问卷，并对问卷内容进行试填。根据试填阶段被试的反馈修改了表意含混的题项，对问卷进行了改进。

2. 基本数据描述

此次调查活动历时 3 个月，共回收问卷 173 份。为保证数据质量，填答时间未超过 2 分钟或大幅度重复选择单一选项的问卷被判定为无效问卷，并剔除。最终，本调查共回收有效问卷 143 份，有效填答率为 82.66%。参与调查的高校覆盖了安徽大学、北京大学、北京印刷学院、河南大学、湖南大学、湖南师范大学、华南师范大学、华中科技大学、金陵科技学院、南京大学、青岛科技大学、山东大学、山西传媒学院、山西大学、山西师范大学、四川大学、武汉大学、湘潭大学、浙江传媒学院、中国传媒大学、中南大学等 21 所开设了编辑出版学专业的院校。

信效度分析结果显示，问卷的整体信度系数 α 达到 0.943，处于良好状态；职业认同部分量表的效度系数 KMO 值为 0.873，专业满意度的效度系数 KMO 值为 0.928，sig 值均小于 0.05，符合效度要求。

（二）专业满意度与职业认同感分析

1. 专业满意度

调查结果显示，编辑出版专业在校生群体的专业满意度的平均得分为 3.920 分，偏度系数为 -0.649，小于 0，即数据的概率分布图左偏。这意味着 143 个样本中，大部分样本的职业认同得分集中在 3 至 5 分。峰度系数为 0.063，接近于 0，即数据的概率分布图接近于正态分布。具休而言，编辑出版专业的在校生群体对教师专业素养的满意度最高，其次对专业发展平台和专业课程教学的满意度较高，对专业实践支撑的满意度最低（详见表 12）。

表 12　专业满意度的描述统计（N＝143）

	M	SD	S	P
专业满意度	3.920	0.826	−0.649	0.063
教师专业素质满意度	4.080	0.861	−0.966	0.931
专业课程教学满意度	3.860	0.897	−0.484	−0.149
专业实践支撑满意度	3.692	0.991	−0.421	−0.430
专业发展平台满意度	3.995	0.909	−1.008	1.008

2. 职业认同

调查结果显示，编辑出版专业在校生群体的职业认同的平均得分为 3.683 分，偏度系数为 −0.443，小于 0，即数据的概率分布图左偏。这意味着 143 个样本中，大部分样本的职业认同得分集中在 3 至 5 分。峰度系数为 0.084，接近于 0，即数据的概率分布图接近于正态分布。具体而言，编辑出版专业的在校生群体的职业认知认同水平最高，而职业情感认同和职业行为认同则相对较弱，职业情感认同水平最低（见表 13）。

表 13　职业认同的描述统计（N＝143）

——	M	SD	S	P
职业认同	3.683	0.678	−0.443	0.084
职业认知认同	4.184	0.835	−1.759	4.078
职业情感认同	3.404	0.872	−0.504	0.205
职业行为认同	3.462	0.800	−0.698	0.614

（三）职业认同影响因素分析

本次调查访问了被调查者的性别、学校、年级等人口统计学因素，进一步探究这些人口统计学变量与职业认同、专业满意度等因素的内在联系。

1. 性别与职业认同水平、专业满意度水平

本研究对性别与职业认同水平、性别与专业满意度水平进行独立样本 T

检验，分析男性、女性是否在职业认同、专业满意度有显著差异。结果
显示：

职业认同存在性别差异。T 值为 - 2.117，sig 值为 0.036 < 0.05，可以
认为性别在职业认同具有显著差异（α = 0.05）。男性的职业认同均值为
M = 3.471，女性的职业认同均值为 M = 3.7492，说明编辑出版专业在校生
群体中，女性的职业认同平均水平高于男性。其中，中度职业认同水平组
中，男性认同高于女性，而高度职业认同水平组别的结果则相反（如图 1
所示）。

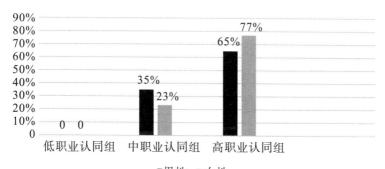

图 1　性别与职业认同（N = 143）

性别对专业满意度不存在显著影响。对性别、专业满意度进行独立样
本 T 检验，结果显示，T 值为 0.040，sig 值为 0.968 > 0.05，没有通过显著
性检验（α = 0.05）。关于其原因，调查结果并未清晰呈现，有待后续进一
步探究。

2. 年级与职业认同水平、专业满意度水平

本报告对年级与职业认同水平、年级与专业满意度水平进行相关分析，
分析受编辑出版教育的时长与职业认同水平、专业满意度水平是否有相关
关系。

首先，我们去除掉异常数据，对年级、职业认同进行双变量相关分析，
结果显示，皮尔逊相关系数为 0.155，sig = 0.065 > 0.05，在 α 为 0.05 的水

平上没有通过显著性检验；其次，我们去除掉异常数据后，对年级、专业满意度进行双变量相关分析，结果显示，皮尔逊相关系数为 0.242，sig = 0.004 < 0.01，在 α 为 0.01 的水平上相关关系显著。相关关系系数为 0.242，属于正向低度相关，即受编辑出版教育的时长越长，专业满意度水平越高。根据专业满意度的得分，将 143 个样本分为低专业满意度组（得分低于 1.67）、中专业满意度组（得分在 1.67 至 3.4 之间）和高专业满意度组（得分高于 3.4）。如图 2 所示，我们可以看到年级与专业满意度的交叉关系。

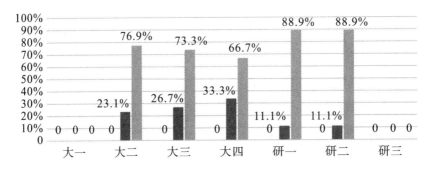

图 2　年级与专业满意度（N = 143）

3. 地域与职业认同水平、专业满意度水平

本研究根据被调查者所在高校的地理位置，区分为东北地区、华北地区、华中地区、华东地区、华南地区、西北地区、西南地区等七个地域。对地域与职业认同水平、年级与专业满意度水平进行方差分析，分析不同地域的学生在职业认同、专业满意度上是否具有显著差异。

首先，我们对地域、职业认同进行方差分析，结果显示，F 值为 1.370，sig = 0.2555 > 0.05，在 α 为 0.05 的水平上没有通过显著性检验。其次，我们对地域、专业满意度进行方差分析，结果显示，华中地区的专业满意度的平均值最高，为 4.294；其次是西南地区，专业满意度平均分为 4.2840；专业满意度最低的地区为华东地区和华北地区，平均分分别为 3.7908 和

3.5144。方差分析结果显示，F 值为 8.378，sig = 0.0001 < 0.01，在 α 为 0.01 的水平上相关关系显著。这意味着地域在专业满意度上的差异具有统计学意义上的显著性。

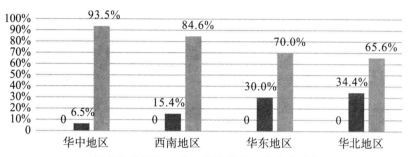

图3　地域与专业满意度（N = 143）

三、全民阅读人才培养的问题：
结合深度访谈的分析

为对问卷调研进行补充，深入研究当前出版专业课程、能力提升、专业实践等问题，报告对全民阅读从业者和学生进行了深度访谈，访谈对象见表14，以期为全民阅读人才队伍建设提供针对性的优化升级方案。

（一）专业认知度低，缺乏专业选择指导

当前，普通高等院校招生普遍为大类招生，以加强通识教育。也即按照相同或相近学科人类下（通常是同院系）的专业合并，进行招生，大一新生入学后先统一进行基础培养，一两年后再根据兴趣和双向选择原则进行专业分流。因此，对专业的认知与所受指导，对专业选择影响很大。

表 14　被访谈者身份信息表

编号	姓名	年龄	性别	职业	学历	访谈时长	访谈时间
1	丁××	31	女	高校教师	硕士	35 分钟	20220111
2	张××	33	男	出版社编辑	硕士	65 分钟	20220111
3	雷××	24	女	在校学生	硕士	40 分钟	20220120
4	陈××	24	女	在校学生	硕士	40 分钟	20220120
5	张××	21	女	在校学生	硕士	30 分钟	20220121
6	张××	22	女	在校学生	硕士	80 分钟	20220121
7	丁××	23	女	在校学生	硕士	80 分钟	20220120
8	胡××	22	女	在校学生	硕士	80 分钟	20220120
9	李××	25	女	在校学生	硕士	45 分钟	20220123
10	徐××	24	女	在校学生	硕士	45 分钟	20220123

根据访谈对象描述，在选择专业时，主要出现了三种动因：首先，身边榜样的力量，比如亲戚、师长等有人是编辑出版专业出身或从事相关出版工作，自己也无形中对此专业产生了好感；其次，认为该专业有较强前景，"未来十年乃至二十年的发展还是比较稳定的"；最后，出于对自身兴趣的考量，比如爱好写作、策划，或者对阅读感兴趣等。

受访谈者表示，在就读之前，对该专业的了解是十分片面的，大多来自网络上的只字片语，学校缺乏针对性的指导。专业选择更多是一种感性的想象，因此，就读后感到困惑的情况就时常发生。

（二）职业评价虽高，但专业认同偏低

通过对出版从业人员及出版专业学生的问卷调查分析可知，从业人员对现在职工作体验满意度处于中等水平，且职业承诺水平高于其从业体验满意度（表3、表4）；在校学生对出版专业的满意度整体处于中等偏上水平，且职业认知认同水平高于职业认同与专业满意度的整体水平（表12、表13）。这说明，无论是从业人员还是在校学生，职业评价与认知均高于对

专业的认知与认同。

访谈也发现，编辑出版专业的在校学生，对从事编辑出版工作的意愿较低；同样，在编辑出版从业人员中，编辑出版专业出身的也不多：可见学生对专业的认知与认同较低。究其原因，在校学生对编辑出版职业本身评价较高，学生选择编辑出版专业，除了兴趣外，更多的是出于社会责任感的考量，但对行业由于缺乏了解，满意度并没有那么高，情感认同也偏低。问卷调查结果显示，当问及"如果再来一次，我还会选择编辑出版专业"这一题项时，最终综合得分较低，可见，编辑出版专业在校生对专业认同较低，但是存在地域差异，比如华中地区的专业满意度的平均值最高（4.294），其次是西南地区（4.2840），华东和华北地区均处于中等水平（分别为3.7908和3.5144）。这启示我们，人才培养过程应根据区域特点，考虑区域化、个性化的人才培养模式。

（三）人才培养模式有待优化

出版行业尤其是编辑岗位，对人才学历层次要求较高，普遍为硕士研究生以上，故而本报告深度访谈对象均为硕士学历（见表14）。当前国内大多数高校对出版专业学生硕士阶段的培养模式，分为两种——专硕和学硕。前者重在培养实践应用型人才，课程设置中也有3—6个月的实践环节；后者重在理论和研究型人才的培养。从问卷调查及深度访谈结果看，普遍反映，当前在专业认知指导、课程设置方面存在问题。

一是对专业与职业规划认知不足，缺乏指导。出版专业学生对于该专业的就业前景和行业状况缺乏了解，这就造成了在进行职业规划时，有相当一部分学生并未将出版行业作为其择业首选，但具体选择什么职业，也无从下手，而是决定先随大溜考公务员。这就造成了偏差，即学校培养的出版人才并未输送到出版行业中，出版行业高层次人才也在一定程度上得不到满足。

二是课程设置存在不合理之处。对于现有的课程设置，在受访者看来，课程存在如下几点不合理之处：第一，硕士课程基础理论缺乏，或缺少体系性，这对于本科跨专业的学生来说，接受起来往往十分困难。当被问及"什么课程收获最大"时，除了经营管理、出版法规等课程外，大多数受访者认为从数字出版类课程所获较大。第二，业界导师缺乏或发挥的作用不够，并未和学生形成良性互动或提供真正的指导。业界导师较多是以开讲座的形式出现，而这并不利于对学生的个性化学习需求展开指导。第三，专业实践不够，或是实践机会未被充分利用，未真正做到与学生兴趣匹配。学生普遍认为，虽然学校有社会实践环节，但仍觉实践存在诸多问题，比如课堂和实践的结合度较低、在实践中并没有真正对行业有较多了解等。此外，根据受访者所述，让他们感到困惑的是，学硕和专硕的课程虽然做了区分，但是在毕业要求上并未清晰区别，这就造成了课程设置和毕业要求相分离的情况。

四、全民阅读人才培养的提升思路

前文以从业人员为例，对全民阅读的人才队伍建设进行了调研，最后发现：传统的人才建设模式存在一些问题，如课堂和实践脱节、教学和行业分离，以及存在专业人才择业困难但行业缺乏人才的悖论等。原因是复杂的，有专业发展的原因、人才培养的问题以及学科建设的困境等。基于此，本报告以问题为导向，提出了"以数字人文为支撑，以融合为核心要义"的新型现代全民阅读人才队伍建设模式，融合学科建设促进人才培养的升级，如图4所示。

"融合"理念主要应用于五个方面：第一，产学研融合；第二，教学实践融合；第三，技术融合；第四，师资融合；第五，优势学科融合。由此，全方位地将人才培养从单一的教学中解放出来，面向行业和新技术，培养实践性、专业性、特色性人才。其中，技术融合主要是指用数字技术赋能社会实践、课堂教学和实验平台，促进传统技术升级，从而回应技术现实，与社会接轨。在具体落实时，从三个板块展开：人才培养模式、学科设置、师资建设。

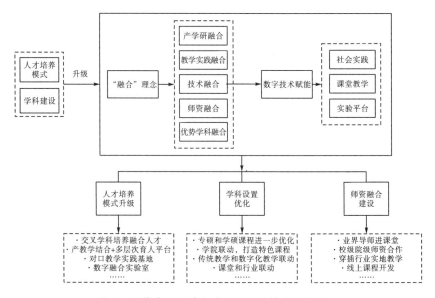

图4　现代全民阅读人才队伍建设模式升级图

（一）人才培养模式升级

坚持以"产教学结合"的融合培养模式为支撑，以数字试验平台建设和教学实践基地推进人才共育，打造高水平国际化课程体系，产学研联动融入"应用能力和职业能力"课程体系，突出面向地域优势特色的现代全民阅读人才的培养。具体如图5。

1. 多层次育人平台

从传统的统一化、标准化的人才培养模式中跳出来，对学生进行分层次培养，一则，充分利用互联网优势，进行资源整合；二则，最大限度地发挥学生的特长，根据其职业选择有针对性地培养人才，避免人才浪费；三则，根据学校自身的地域、学科状况进行特色平台打造，为人才培养提供最优发展助力。

线上线下分层：线下课程以趣味性、操作性、创造性、互动性为主，线上课程则以通识理论为主，从而融合不同学科的优势课程，给学生提供更多的资源，实现"1+1>2"的效果。

优势区域分层：结合独特地缘与区域文化特点，与区域内的出版企业、公共文化机构合作，打造产学互动优势平台，为地方全民阅读事业输送更多高层次、专业性人才。

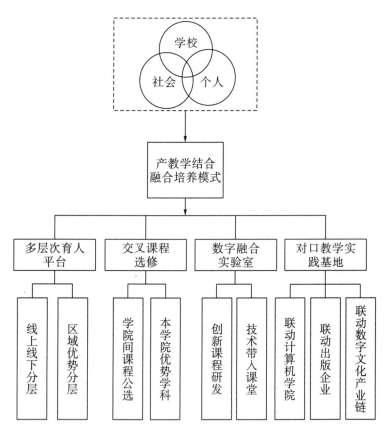

图 5　人才培养模式图

2. 交叉课程选修

学院间课程公选：虽然很多学校都开设了公选课程，但是在执行时，却由于一些烦琐的程序而将学生拒之门外。真正开放学院间课程公选，提升通识课程教育,培养学生人文科学整体素养,对于学生今后从事阅读推广工作至关重要。

学院内特色课程打造:组建院内融合的一流师资团队,构建形成共建共享、线上线下同步的特色性全民阅读推广课程体系,包括文学鉴赏课、中华文化课、阅读素养课、阅读技能课等。

3. 科教融合实验室

通过人文与技术交叉融合,打造科教融合的实验平台,建立数字融合实验室,加强师资的数字化推广研究能力与人才培养数字化基础建设。数字融合实验室主要有三个板块:数字技术入课堂:将数字技术实践带入课堂,让学生在学习理论的同时,也了解到数字阅读、数字书香社区建设等的技术发展前沿;创新课程研发:组建专业团队,在授课的同时,也研发创新课程;数字化平台:除了课程研发和技术实践外,学校特色化教材和典籍资源积累,也是人才培养可持续发展的重要一环,通过该平台,学生可以就地取材,作为学习资源使用。

4. 对口教学实践基地

全民阅读推广,是理论与实践兼具的社会活动。因此,学校和社会共建对口教学实践基地,保证课程实训有效有序进行,学生真正从实践中获益,仍是需要继续考虑和关注的问题。如与全民阅读推广活动机构合作,让学生进入实训,了解总体状况,也为行业输送专业人才打下基础。

(二)融合师资的建设

打破学院和专业的藩篱,以"充分融合现有师资,战略补充不足师资"为核心,全方位调动学校、学院的优势师资,对全民阅读相关专业人才进行指导,确保学生能最大化利用学校资源,在实践和理论上打好基础,同时突出学科优势,打造特色人才。

图6　师资融合思路图

1.双导师制："学校—社会"融合

由来自本校的导师和文化领域企事业单位具有丰富实践经验的专家（产业导师）组成，培养单位统一聘请外校或相关工作单位中有较高理论造诣和丰富实践经验且具有高级技术职称的人员作为产业导师，以提高学生的理论和实践能力。校外导师则坚持本地化，加强与本地文化机构联系，便于实践指导。

2.校内联合培养："学科—学科"融合

立足学校资源及其他学科资源，进行跨学科、跨单位的师资整合，校内校外联合建设案例库，为人才培养扩展师资资源。一则，不同学院间的老师，可联合开设组合课程，围绕共同的主题和目标，以不同的形式和内容，分阶段地传授知识；二则，开放不同学院的选修课程，为学生提供更灵活的学习资源；三则，组建跨学院和学科的专家小组，对全民阅读课程进行研发和案例分析，以协调课程设置，与社会接轨；四则，将区域优势师资以线上融合课程的形式呈现出来，以期更广泛、长久和便利地保存和传播专业知识。

参考文献：

[1]　陈皓.物联网环境下公共图书馆社区服务发展路径研究[J].图书馆学刊，2020，42（9）.

[2]　成爱萍.新媒体时代高校图书馆数字阅读微媒体推广研究[J].图书与情报，2015（2）.

[3]　丁娜.全民阅读推广力量的角色构建[J].图书馆论坛，2014，34（2）.

［4］ 范并思. 公共图书馆阅读推广的发展趋势［J］. 图书馆杂志, 2015, 34 (4).

［5］ 高雅平, 詹华清. 基于人工智能的图书馆建设研究［J］. 数字图书馆论坛, 2020 (11).

［6］ 洪文梅. 公共图书馆在全民阅读活动中的作用与对策探讨［J］. 图书馆理论与实践, 2009 (7).

［7］ 胡蓉, 朱庆华, 赵宇翔, 等. 基于全民阅读理念的移动阅读平台三维服务框架构建［J］. 图书情报工作, 2015 (9).

［8］ 吉宇宽. 图书馆数字阅读服务中的著作权侵权规避策略研究［J］. 2020 (10).

［9］ 柯平. 数字阅读的基本理论问题［J］. 图书馆, 2015 (6).

［10］ 李国新. 现代公共文化服务体系建设与公共图书馆发展:《关于加快构建现代公共文化服务体系的意见》解析［J］. 中国图书馆学报, 2015, 41 (3).

［11］ 李显志, 邵波. 国内智慧图书馆理论研究现状分析与对策［J］. 图书馆杂志, 2013, 32 (8).

［12］ 李新祥. 数字时代我国国民阅读行为嬗变及对策研究［D］. 武汉大学, 2013.

［13］ 李玉萍. 新媒体环境下全民阅读策略研究［D］. 安徽大学, 2014.

［14］ 刘志坚. 基于5G技术的图书馆移动数字阅读推广服务研究［J］. 图书馆学刊, 2020, 42 (9).

［15］ 卢宏. 近五次我国全国国民阅读调查综述［J］. 图书情报知识, 2014 (1).

［16］ 陆婷婷. 从智慧图书馆到智能图书馆:人工智能时代图书馆发展的转向［J］. 图书与情报, 2017 (3).

［17］ 茆意宏, 朱强, 王波. 高校图书馆数字阅读服务现状与展望［J］.

大学图书馆学报, 2017, 35（1）.

[18] 彭薇. 基于动态精准画像的高校图书馆数字阅读推广服务模式研究
［J］. 图书馆学刊, 2020, 42（9）.

[19] 任宝旗, 江澜. 智慧化公共阅读空间构建路径探究［J］. 编辑之友,
2019（8）.

[20] 孙金香, 刘海霞, 周天旻, 等. 国内社会化阅读研究的热点主题与
前沿分析［J］. 图书馆学刊, 2020, 42（9）：6.

[21] 王磊, 丁振伟. 全民阅读活动中激励策略之运用［J］. 图书情报工
作, 2015（5）.

[22] 王世伟. 未来图书馆的新模式：智慧图书馆［J］. 图书馆建设,
2011（12）.

[23] 吴燕, 张志强. 泛在智能与图书馆的未来发展［J］. 情报科学,
2007（1）.

[24] 夏立新, 李成龙, 孙晶琼. 多维集成视角下全民阅读评估标准体系
的构建［J］. 中国图书馆学报, 2015, 41（6）.

[25] 谢蓉, 刘炜, 赵珊珊. 试论图书馆阅读推广理论的构建［J］. 中国
图书馆学报, 2015, 41（5）.

[26] 徐同亮. 全民阅读背景下我国公共阅读服务体系建设探究［J］. 图
书馆论坛, 2014, 34（8）.

[27] 杨沉, 张家武, 黄仲山. 全民阅读视角下新媒体阅读生态重构研究
［J］. 图书情报工作, 2017, 61（12）.

[28] 易图强. 国内全民阅读研究的量化分析与研究建言［J］. 图书情报
知识, 2014（6）.

[29] 张怀涛. 阅读推广的概念与实施［J］. 河南图书馆学刊, 2015, 35（1）.

[30] 张琼, 景艳梅. "全民阅读"背景下基于微信小程序的图书社交平台
设计及实现［J］. 图书情报导刊, 2020, 5（10）.

［31］ 张秀华．"智能＋"时代图书馆智慧生态系统的研究与构建［J］．图书馆学研究，2020（22）．

［32］ 张萱．以培养阅读习惯为核心的知识传播空间：智能时代下实体书店作为公共阅读空间的发展路径［J］．出版广角，2019（8）．

［33］ 张韵．微传播环境下的全民阅读推广策略研究［D］．暨南大学，2014.

［34］ 赵阳．智能时代实体书店的转型升级发展［J］．出版广角，2019（9）．

新时代乡村文化振兴背景下
阅读推广志愿服务人才培养机制研究

屈明颖　韩婧　胡敏①

编者按：实现乡村振兴，文化振兴是"魂"；乡村文化振兴，全民阅读推广是"翼"，借助全民阅读塑造和培育乡村文化，助推乡村振兴。我国乡村地区地域辽阔，土地面积占全国总面积超九成，居民人口数量占近四成，这对乡村的全民阅读推广工作无疑提出了巨大挑战。同时，乡村地区的阅读需求长期得不到满足，缺乏有效的指导，很多读者不知道如何读书、读什么、怎样读，亟须阅读推广人的参与和指导。然而，当前我国服务广大乡村地区的阅读推广人还很缺乏，加强这支阅读推广人队伍建设，需要调动社会广泛参与。正是基于这样的背景，屈明颖的研究报告《新时代乡村文化振兴背景下阅读推广志愿服务人才培养机制研究》，以新时代乡村文化振兴工作为背景，以阅读推广志愿服务人才为对象，审思乡村阅读推广志愿服务人才培养机制问题，其中提到的基于"乡贤"培育"内生"型乡村阅读推广志愿服务人才的建议思路，颇具启发意义。

摘　要：以新时代乡村文化振兴为研究背景，将全民阅读与志愿服务相结合，借鉴志愿服务理论的研究成果，以全民阅读推广志愿服务人才建设为重点，将乡村阅读推广人队伍纳入文化志愿服务体系，将乡村阅读推

---

① 屈明颖，中国新闻出版研究院副研究员；韩婧，《科技与出版》杂志社编辑部主任、副编审；胡敏，北京航空航天大学出版社总编室主任。

广志愿服务人才建设作为推动城乡阅读服务均等化的有机组成部分，在此视角下，对乡村阅读推广志愿服务及其人才培养的实践逻辑、主要困境、现实审思、培养路径等进行多学科、多角度的分析。

关键词：新时代；乡村振兴；阅读推广；志愿服务者；人才培养机制

伟大的事业需要强大的精神力量。一个国家、一个民族的思想基础和核心价值体系建设离不开书香文化的支撑，中华民族伟大复兴中国梦的共有精神家园建设离不开全民阅读活动潜移默化的影响。全民阅读是一项国家战略，必须常抓不懈、绵绵发力、久久为功。

进入新时代，习近平总书记多次就志愿服务与雷锋精神发表重要讲话，明确"志愿服务是社会文明进步的重要标志"，强调"广大志愿者、志愿服务组织、志愿服务工作者立足新时代、展现新作为，弘扬奉献、友爱、互助、进步的志愿精神"。志愿服务凝聚社会正能量，推进社会道德进步和融合。在全民阅读和志愿服务都成为我国普遍认同的国家战略的大背景下，将两者进行结合是本报告的创新之处。借鉴志愿服务理论的研究成果，以全民阅读推广志愿服务人才建设为重点，将乡村阅读推广人队伍纳入文化志愿服务体系，突破行业界限，将全民阅读文化志愿服务体系视作我国志愿服务建设的有机组成部分，进而壮大全民阅读推广人才队伍。

本报告以新时代乡村文化振兴为研究背景，将阅读服务视为公共文化服务的重要组成部分，视为"全民阅读"战略下的民心工程，将乡村阅读推广志愿服务人才建设作为推动城乡阅读服务均等化的有机组成部分进行定性分析。多学科、多角度进行综合研究，主要采用文献分析、个案调研、历史分析等方法，将理论研究与实例相结合，对乡村阅读推广志愿服务及其人才培养的实践逻辑、主要困境、现实审思、培养路径等进行研究。

一、乡村阅读推广志愿者的概念阐释与实践逻辑

乡村阅读推广本质上是以农民为受众的传播活动，目的是要改变农村读者的阅读观念。在乡村振兴战略背景下，乡村阅读推广既是政府和文化部门的职责，也是社会组织、出版企业、高校等机构以及以"新乡贤"为代表的阅读推广个人的社会责任。

（一）乡村阅读推广志愿者的概念

全民阅读推广人队伍是一支多元化的队伍，由于队伍构成的社会性和复杂性，无法简单地对全民阅读推广人队伍进行概念上的区分。本报告按照社会人力资源的引入机制将全民阅读推广人划分为志愿型全民阅读推广人和非志愿型全民阅读推广人。① 本报告"乡村阅读推广志愿者"的界定，是在对志愿型全民阅读推广人及其志愿者属性进行探究的基础上展开的。

1. 乡村阅读推广志愿者是全民阅读推广人的重要构成

伴随全民阅读工作的深入开展，"阅读推广人"这一角色也逐渐为国家所重视。《全民阅读促进条例》第十六条明确要求："各级人民政府应当建立阅读推广人队伍，鼓励和支持教师、公务员、大学生、新闻出版工作者等志愿者加入阅读推广人队伍，组织开展面向各类读者群体的专业阅读辅导和推广服务。"阅读推广人走进大众视野，逐渐为大众认知和认可。

关于"阅读推广人"的准确概念和身份界定，一直处于讨论之中。紧随国家步伐，有关省市和机构也陆续对"阅读推广人"这一角色进行了定义。深圳市公布的《深圳经济特区全民阅读促进条例》在第35—39条对阅读推广人的建立、权利、使用和志愿者队伍建设进行了界定，并专门制定

---

① 徐益波，万湘容．社区与乡村阅读推广——阅读推广人系列教材：第三辑［M］．北京：朝华出版社，2020.

了阅读推广人管理办法，这也是我国第一个专门的阅读推广人队伍建设管理办法。[①] 中国图书馆学会在 2014 年阅读推广人培育行动中对"阅读推广人"作了定义：具备一定资质，能够开展阅读指导、提升读者阅读兴趣和阅读能力的专职或业余人员。

基于此，报告课题组认为"阅读推广人"更应该被称为"全民阅读推广人"。全民阅读推广人具备一定的能力素养和相应资质，包括各级各类政府部门、图书馆以及教学、科研等相关企事业单位人员，出版发行机构等文化类企业从业人员，民间阅读推广机构（包括各类读书公益组织、社会组织、绘本馆、图书营销商等）工作人员以及大众媒体从业人员，是一支推广、指导阅读的队伍。全民阅读推广人的职责是促进民众阅读，传递正确的阅读价值观，其专业水准的高低将直接影响阅读推广活动的效果。

全民阅读推广人与乡村阅读推广志愿者的职责和职能在本质上都是促进民众阅读，乡村阅读推广志愿者本质上是全民阅读推广人的一部分，而且属于志愿参与乡村地区全民阅读推广事业的社会人员。

2. 乡村阅读推广志愿者应当归属于文化志愿者行列

首先，文化志愿者与乡村阅读推广志愿者的内涵高度一致。文化志愿者的概念，强调不以物质报酬为目的，利用自己的时间、文艺技能等，自愿为社会和他人提供公益性文化艺术服务。[②] 结合文化志愿者及全民阅读推广人的内涵，报告课题组认为，全民阅读推广人应该归属于文化志愿者的范畴，乡村阅读推广志愿者本质上作为全民阅读推广人，也应当归属于文化志愿者。作为文化志愿者的组成部分，二者都为包括全民阅读推广活动在内的公共文化活动提供了强劲动力，发挥了重要作用。

其次，乡村阅读推广志愿者与文化志愿者在本质上具有一致性。一是

① 司新丽. 全民阅读推广路径研究［M］. 北京：首都经济贸易大学出版社，2018.
② 王方园. 国内外图书馆文化志愿服务研究述评［J］. 图书馆学刊，2016，38（12）：130-134.

二者都以参与者发自内心的公益热情和社会担责意识为基础，具有明显的自愿特征；二是参与者以追求自我人生价值的实现为纽带，二者都不图物质报酬，不以经济上的回报为驱动力，奉献他人的快乐和自我实现的价值感是这两项事业参与者获得的最大回报；三是二者均以践行公益、服务大众为目的，都是将"自我付出"的劳动与努力转化为"服务大众"的发展过程；四是二者都以获取社会认同感和群体归属感为连接，文化志愿者和阅读推广人通过自治组织奉献自己的力量，在此过程中逐渐产生连接感和归属感，并最终推动社会产生向善的正向力量。

综上，本报告将乡村阅读推广志愿者的含义界定如下：乡村阅读推广志愿者是指不以物质报酬为目的，具备一定阅读能力素养或资质，利用自己的时间面向农村居民开展阅读指导、提升农民阅读兴趣和阅读能力的专职或业余人员。乡村阅读推广志愿者要熟悉并理解农民群体，引导、辅助农民获取自身所需要的信息、知识和思想，促使农民形成现代化观念。

（二）乡村阅读推广志愿服务的实践逻辑

乡村阅读推广志愿者是全民阅读推广人中的重要一类，也应归属于文化志愿者队伍的行列。目前，我国志愿服务事业正处在蓬勃发展的过程中，志愿服务事业健康发展的重要保障则是要建立涉及政府、社会、组织机构和公民个人的文化志愿服务体系。因此，课题组认为，乡村阅读推广志愿服务作为文化志愿服务体系的一部分，在乡村振兴战略背景下，将阅读推广与乡土背景相结合，在本质上是以农民为受众的传播活动，其目的是要改变农民的阅读观念，促使农民以积极的态度开展阅读活动，从而让农民有能力获取、理解所需要的信息、知识和思想。围绕这一目标而开展的活动，统称为乡村振兴战略下的乡村阅读推广活动。

1. 乡村振兴战略背景下乡村阅读推广的实践逻辑

乡村阅读推广的地点——中国广阔的农村地区；

乡村阅读推广者——政府文化部门、社会组织、个人等；

乡村阅读的被推广者——长期居住在乡村的居民读者；

乡村阅读的推广途径——在乡村振兴战略背景下构建社会联动的乡村阅读推广模式；

乡村阅读推广的目标——在拓展阅读影响范围和力度的同时，培养农民的阅读习惯，提升农民的阅读能力，拓展农民获取信息的渠道，提升农民对知识、理论的吸收与实践水平。

2. 乡村阅读推广志愿服务体系应涵盖五个方面

基于阅读推广的社会公益性特点，乡村阅读推广志愿服务要坚持开放、平等、非盈利的原则，以谋求文化传播、知识服务的社会效应为目的，并有必要面向有阅读意愿和阅读困难的重点群体输送服务。乡村阅读推广活动的具体实施，可以分为：

事前——结合农村实际，制订活动方案，对阅读活动的程序、形式、内容等做出具体规划，以便整个活动有章可循；

事中——组织实施活动，乡村阅读推广志愿者向农民推荐优秀阅读资源、解析阅读作品、指导阅读方法等，以及采用灵活的授课时间和授课方式培训农村教师、乡贤等；

事后——活动总结反馈，可将农民参加活动情况纳入村庄评优评先考核以及农村阅读之星、书香家庭等评选中。

通过一系列阅读指导和培训，让农民具备阅读所应有的态度，获得必需的阅读知识、技能，进一步提升农民的阅读素养。具体而言，乡村阅读推广志愿服务体系应涵盖五个方面：一是涵盖志愿者、志愿者组织、志愿服务项目以及专业服务组织等多方面；二是进行顶层设计，如明确领导机构主体、政策方向的引领等；三是明确组织实施办法，如制订动员、招募、管理、培训、考核、激励志愿者的具体办法等；四是确定服务的方式，如呼吁、鼓励或倡导等；五是提供乡村阅读推广志愿服务的保障机制、治理机制等。

由此，能有效发挥全民阅读的辐射功能和促进全民参与的功能，能有效扩大乡村文化惠民工程的覆盖面，这是乡村阅读推广志愿服务推进基本公共文化服务向乡村延伸的重要手段，也是促进城乡公共文化服务体系一体化建设以及促进基本公共文化服务标准化、均等化的重要手段。同时，通过志愿服务活动将全民阅读推广向乡村纵深推进，既能极大地丰富广大农民的精神文化生活，又可以不断提升乡村居民的科学素养，从而为乡村振兴战略实施提供强有力的精神动力。此外，还可以有效拓展乡村文化的传播渠道和传播路径，为打造精品乡村文化创造条件，引导、鼓励农民积极、主动地参与到乡村振兴的实践中来，促进乡村振兴。

二、乡村阅读推广现状及阅读推广志愿服务的主要困境

当前，乡村阅读推广尽管在某些农村地区已具备了基本的现实条件，但是，农民的阅读现状依然不容乐观，阅读推广效果有待进一步提升，其所存在的问题对于阅读推广志愿服务形成了抑制作用。

（一）乡村阅读推广的现状

农民的阅读困境是影响农村阅读推广的关键。数字时代，移动互联网和数字阅读实现快速发展，在这一发展浪潮中农民的阅读方式、阅读习惯不断被重塑。依据中国新闻出版研究院全民阅读调查课题组发布的 2020 年度《中国农民阅读调查报告》[①] 和 2022 年 4 月 23 日发布的第十九次全国国民阅读调查成果，农村居民阅读的现状主要表现为：一是农村成年居民书报刊阅读率、阅读量和数字化阅读方式接触率均低于城镇居民，2021 年我

---

① 文华. 农村阅读与农家书屋："拾人谈" 世界读书日论坛节选 [J]. 新阅读，2020
（6）：49－53.

国城镇居民的图书阅读率为 68.5%，农村居民的阅读率为 50.0%，低于城镇 18.5 个百分点；二是未成年人的阅读调查数据，城乡差距更为突出，2019 年 0—13 周岁喜欢阅读、经常看书儿童比例指标中，城镇是 46.2%，农村是 37.4%，农村是整个全民阅读的短板，而农村阅读的关键在未成年人；三是农村数字化阅读迅速发展，农民青睐手机阅读且使用频率高；四是农民对阅读活动有较高诉求，但对阅读重要性认知有限。

结合当前乡村阅读的基本特点，我国乡村阅读推广的现状表现为如下几个方面：

1. 农家书屋工程的建设保障了农民的基本文化权益

政府是乡村阅读推广的引领者，也是促进城乡文化一体化发展，有效保障农民阅读权利的主要推动力量。农家书屋是我国出版业实施公共服务的重要载体，是由政府主导建设的公共文化惠民工程。这项工程自 2005 年试点，2007 年全面推开——对农家书屋建设进行总体规划始于 2007 年 3 月 6 日原新闻出版总署等八个部门联合印发《"农家书屋"工程实施意见》。该意见明确了"农家书屋"工程的主要任务和目标，强调了政府在书屋建设中的职责，为农家书屋的建设提供了政策指引。随着城镇化进程的加快，一些书屋转化为社区书屋，还有一些书屋合并。近几年农家书屋重在提质增效，以数字化为中心进行升级提档，通过宽带互联网、移动互联网、广播电视网、卫星网络等技术手段，我国农家书屋数字化建设取得显著成效，基本形成了以卫星数字农家书屋建设为主体，以互联网书屋建设为补充的良好格局。

经过多年努力，目前建设完成 60 多万个农家书屋，覆盖了我国具备基本条件的绝大多数行政村。数字农家书屋占比稳步提升，配书更加合理，使用更加方便。各地还依托农家书屋，开展了丰富多样的阅读实践活动，特别是农村少年儿童阅读实践活动，在保障农民基本文化权益、丰富农民群众文化生活、提高农民科学文化素质和增强农民科技致富本领方面发挥了积极作用。2016 年，中央财政设立中央补助地方公共文化服务体系建设专项资金，将农家书屋等项目资金统筹使用，国家新闻出版广电总局专门印发了《关于用好公共文化服务体系建设专项资金保障农家书屋出版物补充更新的通知》，具体落实农家书屋补充资金，保证了农家书屋图书的合理更新和必要补充。2019 年 2 月，中宣部等十部门联合印发《农家书屋深化改革创新提升服务效能实施方案》，推动农家书屋和基层图书馆互联互通，指导新华书店将农村发行网点建设与农家书屋管理使用相结合。将农家书屋阅读活动纳入文明实践系列活动，拓展农家书屋阅读活动的组织形式，创新农家书屋宣传内容和方式，有力地发挥了农家书屋的作用，促进乡村阅读深入开展。

2. 上下联动乡村阅读活动的开展，在一定程度上促进了乡村良好阅读风气的形成

自 2014 年开始，在《关于开展"我的书屋·我的梦"农村少年儿童阅读实践活动的通知》指导下，地方政府结合当地的实际情况，也开展了形式多样的主要面向儿童的乡村阅读推广活动。2019 年，中宣部和农业农村部联合下发《关于开展 2019 年"新时代乡村阅读季"活动的通知》，决定于当年 9 月至 12 月组织开展以"新时代 新乡村 新阅读"为主题的"新时代乡村阅读季"活动。除此之外，一些省份结合本省实际，开展省、市、县、乡、村五级联动的主题阅读活动。例如，山东省 2020 年"新时代乡村阅读季"暨农家书屋万场主题阅读活动，通过在全省开展读书打卡、视频分享、图书捐赠、朗读大赛等九大活动，将农家书屋深度融入新时代文明实践中心建设，以文明实践志愿服务队伍为主体力量，线上线下共同发力开展活动。

上下联动的乡村阅读活动激发了社会的关注和农民参与的积极性，增强了农民的阅读兴趣和阅读能力，在一定程度上促进了乡村良好阅读风气的形成。

3. 新闻出版行业提供优质的阅读内容

随着全国农家书屋的建成，近年来"三农"图书出版活动较为活跃，相关出版机构把服务"三农"作为自己的目标，出版了大量的优秀"三农"读物，不仅为乡村阅读推广奠定了内容基础，还积极探索数字阅读的技术创新，拓展农民获取信息的渠道，为农民提供数字阅读技术支持，在农民阅读群体中树立了良好的品牌形象。新闻出版行业积极为全民阅读活动提供优质的阅读内容。

4. 积极开展乡村学校阅读推广公益事业，推动乡村阅读发展

着力改善乡村学校阅读现状的公益实践，近年来已日趋增多。针对乡村儿童缺乏阅读引导陪伴，乡村学校图书室利用率低、图书更新不及时等问题，北京彩虹公益基金会、广州满天星公益、深圳爱阅公益基金会等一批长期关注儿童阅读的社会组织纷纷推出各自的解决方案。专业志愿者培训与陪伴体系以及乡村阅读室、推荐书单、融合式儿童公共空间等应运而生，并且一些项目已经在全国各地形成网络。结合政府投入建成的阅读室、图书室，推动了乡村阅读发展。

5. 社会各方合力推动乡村留守儿童阅读推广志愿服务持续升温

目前，我国各级政府广泛开展了面向社会力量购买公共文化服务的工作，为解决广大留守儿童阅读难题加大了财政资金投入力度，制定了具体的实施意见。政府政策激励、财政支持，激发了更多的社会力量参与到乡村阅读推广中来。例如，浙江省不仅出台农村留守儿童关爱政策，鼓励和规范社会力量举办农村留守儿童托管服务机构，还按规定落实税费优惠政策。比如，依托农村文化礼堂、"春泥计划"实践点，为留守儿童提供临时托管、课后辅导、兴趣指导等关爱保护服务。同时，政府部门积极联合公共图书馆与社会力量（社会组织、企业、个人等）开展乡村阅读推广服务，包括建设阅读基础设施、购置图书资料设备、举办丰富多彩的阅读活动等。社会知名人士、企业家、民间阅读推广人等社会精英在情感和政策的激励

下，通过捐献图书、建设校舍、资助公益活动等也自觉参与到乡村阅读推广服务中来。

（二）乡村阅读推广志愿服务的主要困境

结合前述我国乡村阅读及乡村阅读推广现状的分析可以发现，当下，全民阅读推广活动主要力量来自政府部门自上而下的推动，乡村阅读推广是短板。面向农村地区的阅读推广人和志愿者在"质"和"量"上均得不到保证，一些活动开展浮于表面，这是乡村阅读推广存在的困境。

1. 多层级政策法规的引领不够，经费保障不足

当前在各地农村地区，尤其是居民阅读状况相对滞后的农村地区，阅读推广志愿工作缺乏科学系统的顶层设计。一是缺乏乡村阅读推广志愿服务的相关立法，无法以法律法规形式强化农村基层政府责任，政策、资金等方面很少为乡村阅读推广志愿工作提供支持；二是没有将乡村阅读推广的成效纳入乡镇干部绩效考核、职级晋升等体系之中，农村干部对乡村阅读推广志愿工作不够重视，乡村阅读推广得不到可靠保障；三是没有成立专业统一的志愿服务领导机构，以协调各方资源，制订全民阅读推广工作规划；[1] 四是缺乏经费保障，阅读活动的开展、阅读推广志愿队伍的发展、基层公共阅读服务设施的建设和维护，均离不开多部门的协作，更离不开财政部门的统筹规划和科学投入。

2. 乡村阅读推广志愿服务组织临时化，人才队伍结构单一，专业化不足

当前，乡村阅读推广组织存在以下突出问题：

首先，人才储备不足，外部引进和内部培养结构上严重失衡。一方面，专兼职人才总量不足，也缺乏公共阅读服务体系的专职管理人员，很难形

---

① 宁爱媛，郑学远. 乡村振兴战略下乡村阅读推广体系的构建研究：以江西省乡村为例 ［J］. 智库时代，2018（40）：5-6.

成传帮带效应，直接影响人才队伍效能的发挥；另一方面，结构不合理，严重缺乏当地培育和挖掘的乡土文化人才。这一结构性问题直接影响人才队伍的稳定性。课题组在调研中了解到，仅有少数乡村组织了以党员、团员等为主体的党员志愿服务队、青年志愿服务队，但仍存在人员结构单一、行政化色彩较浓郁等问题，很难支撑起乡村阅读推广志愿服务。

其次，现有人员专业性欠缺，服务内容和服务水平发挥有限。乡村阅读推广志愿服务不专职、不专业、不专心的"三不专"现象突出。① 其一，具有高级职称的专业人才极少，且大多数专业不对口，在服务细节和专业性方面，有长短不齐的疏漏，大多数志愿者的服务还停留在体力服务，智力服务较少。其二，既懂专业又有管理技能的专职管理人才与团队还是凤毛麟角。以农家书屋管理员和农村图书馆馆员为例，农家书屋管理员和农村图书馆馆员作为与农民直接对接的工作者，在阅读推广方面素质参差不齐，且整体的专业性较弱，缺乏阅读服务意识。其三，兼职人员知识更新较慢，培训机会较少，缺少足够的志愿服务专业经验。由此，严重影响了乡村阅读推广服务供给的效率和质量，制约了服务水平的发挥。

最后，乡村阅读推广志愿服务组织临时化，激励机制不完善。乡村志愿服务多为临时化组织，服务开展更多借助行政力量，志愿者、社会组织、政府之间协作效能发挥有限，制约了民间志愿组织的发展，使其很难实现常态化运行。农民群众对志愿服务认知度不高，再加上当前乡村阅读推广志愿服务组织并不能及时了解乡村的发展状况，较为片面地采用"运动式""下乡式"等服务形式，与民众需求不符，导致志愿服务很难深入群众中。同时，受农村环境制约，活动持续性上也不足，有效的志愿服务激励机制难以建立，导致志愿服务人员流失。

---

① 龙旺. 农村公共文化服务的人才保障建设研究［D］. 湘潭大学，2018.

3. 乡村阅读推广志愿服务体系不健全，志愿活动的"质""量"均无法保证

乡村阅读推广志愿服务是一项系统而复杂的工作，需要健全和完善机制来有效化解乡村阅读推广中的各种难题。目前，县一级的文化部门对乡村阅读推广重视度普遍不够，不能从上到下进行统筹和指导。一方面，基层各级政府尚未联合建立包括资源、制度、平台、信息共享等推广保障机制，导致不能对阅读推广工作进行深入调研，无法调节农家书屋现有资源，无法真正满足乡镇的现实需求等问题；另一方面，基层文化部门没有组织形成常态化的乡村阅读推广活动，并建立有效的阅读推广评价体系。此外，在乡村阅读推广志愿活动开展数量上存在频次少、覆盖面窄的问题，部分地区的活动开展因策划、宣传、引导工作不到位，导致农民参与度和热情度均不高，活动局限于挂条幅、拍照和媒体报道等方面，形式主义较严重，活动效果较差。

4. 对农民阅读引导和需求调研不足，志愿服务发挥作用有限

长期以来，由于缺乏对乡村阅读情况的深入调研，阅读推广志愿服务人员在开展活动时偏离了农民阅读群体的实际情况，信息传播效能较低，无法引起农民的共鸣。从乡村阅读推广现状来看，政府、企业和社会面向农民的阅读推广活动形式较为单一，而且缺乏与农民的交流以及对农民反馈信息的收集。此外，农民对借助网络终端获取数字阅读资源的需求非常大，但真正掌握数字阅读资源获取方式的农民很少。对农民来说，相比于阅读兴趣的激发，他们更需要的是阅读引导，而阅读推广主体缺乏主动服务的意识，很难开展图书推荐、阅读引导、阅读兴趣激发等方面的工作。大部分阅读推广公益活动只能对某一区域的乡村产生短暂的影响，而农民阅读素养和阅读意识的提升是一个长期的过程。

5. 社会力量参与乡村阅读推广志愿服务和设施建设力度还有待进一步激发

当前，大部分社会阅读组织都将城市作为阅读推广的主阵地，而农村志愿服务受政策、环境、经费等多方面的制约，开展起来困难重重。《中国儿童阅读领域公益组织发展研究报告》① 显示，目前，国内阅读公益组织大多集中在东南部地区和北京，但阅读推广项目实施整体呈现向教育资源更为匮乏的农村地区倾斜的态势，公益组织的项目实施地区主要集中在福建、湖南、四川、北京、贵州、河南等省份，均比仅占30%。

从公共阅读设施数量上看，城镇成年居民经常使用的公共阅读设施包括公共图书馆、社区阅览室和报刊栏3种，而在农村普及度较高的公共阅读设施只有农家书屋。有些农家书屋虽然定期开放，但其选址偏离村民生活区，不在村民日常活动的范围内，而是处于村民"生活盲区"。目前，乡村阅读的阵地基本限于农家书屋，开展的乡村阅读推广志愿服务大都是流动式志愿服务，无法形成规模化、常态化的志愿服务阵地。除依靠政府的主导作用外，不论是公益性全民阅读设施还是商业性设施，都没有充分动员社会力量参与建设、运营。

三、乡村阅读推广志愿服务人才培养的现实审思

乡村振兴离不开文化的引领，乡村阅读推广本质上就是以促读为手段，全面提升乡村居民的文化素质和道德修养，然而当下存在乡村文化供给结构失衡的矛盾，即乡村文化供给出现错位与失衡，数量与质量明显不足，缺乏显著的差异性。此外，供给机制的缺陷和供给效能的低下影响了乡村

---

① 儿童阅读领域公益组织发展研究报告出炉，阅读推广向农村倾斜［EB/OL］.（2021 - 04 - 26）［2022 - 07 - 13］. https：//www.163.com/dy/article/G8H4HHNJ05129QAF.html.

文化供给侧改革的基本方向和思路。① 乡村文化治理，特别是乡村文化的供给侧改革是进行乡村文化振兴的重要途径。按照 2019 年 6 月印发的《关于加强和改进乡村治理的指导意见》，推动志愿服务制度化、常态化，支持农村社会工作和志愿服务发展成为加强和改进乡村治理的重要任务。② 然而，目前我国乡村阅读推广志愿服务意识、人员素质、人才储备和评价激励机制等方面的不足，严重制约了乡村阅读推广志愿服务真正担负起缩短公共文化服务"最后一公里"的使命。如何加强乡村阅读推广志愿服务人才培养，值得深思。

（一）国外乡村文化振兴的经验借鉴

国外乡村文化治理方面，西方发达国家较早地开启了乡村文化的振兴之路。如，美国的乡村"巧发展"战略，农村在基础设施建设、环境改造、空间规划等方面，尤其是乡村文化得到了城市文化的直接反哺和辐射，使得乡村经济和文化一起得以振兴和发展。20 世纪 90 年代，美国城乡共生型模式以遵循城乡互惠共生为原则，通过城市带动农村、城乡一体化发展等策略来推动乡村社会的发展，最终实现工业与农业、城市与农村共同发展的双赢局面。

德国的乡村治理遵循循序渐进型模式并融入更多的科学生态发展元素，将乡村的文化价值、休闲价值和生态价值提升到和经济价值同等的重要地位。

瑞士的乡村治理遵循生态环境型模式，强调将乡村社会的文化价值、休闲价值、生态价值、旅游价值以及经济价值相结合，从而改善乡村生活

---

① 甘代军，周茂春，胡守勇．乡村振兴战略背景下乡村文化供给的问题与对策分析 ［J］．成都大学学报（社会科学版），2020（3）：11 - 20.
② 胡元姣．新时代文明实践中心建设背景下乡村志愿服务长效机制研究［J］．改革与开放，2019（14）：83 - 85.

质量，满足地方发展需求。

韩国的新村运动采取自主协同型模式，政府在各个乡镇和农村建立村民会馆，通过开展国民精神教育活动，创造性地让农民自己管理和建设乡村。

这些国家的乡村治理模式有自上而下进行的，也有上下结合驱动的，有外生型也有内生型，尽管类型多样，特点也各异，但充分体现了多中心治理理论的思路，也发挥了政府部门、农民协会、乡村精英、普通村民以及城市、企业、高等院校、金融机构等各类参与主体的功能作用和内在价值，从而实现了乡村社会的稳定、繁荣和发展。

（二）乡村阅读推广志愿服务人才建设的制度保障

借鉴国外经验，我国乡村阅读推广志愿服务主体应该是多元化的，盘活当地的人才资源，联合基层各级政府和文化部门构建顶层设计、加强制度建设、完善制度保障，聚集一批能切实满足农村地区阅读需要的阅读推广志愿服务人才。

1. 构建现代化人才保障体系，强化乡村阅读推广志愿服务的协同性与效能性

针对乡村阅读推广志愿服务人才队伍建设存在的主要问题，需要加大对农村公共文化服务人才的培养力度，推动培训教育走向常态化、制度化与规范化，全面提升培训效能。努力建立良好的人才服务环境，保持与政府人才管理职能协同发展。乡村阅读推广志愿服务人才政策保障应以实施人才强国战略为指引，以服务国家大局为前提，坚持国家顶层设计与地方经济和社会发展实际相结合，确保各项政策都发挥出应有的功效，增强政策的协调性，提升政策效能。需要明确的是，人才保障政策的制定，要将广大农民的利益诉求放在首位，拓展信息渠道来源，全面、客观地了解农村人才队伍建设情况，多听取人民群众的呼声，增强政策的协调性和有效性。

2. 构建专兼结合、结构合理的人才队伍，确保志愿服务人才建设的稳定性

以培育和挖掘当地公共文化人才为基础，坚持外部人才引进和本土内生培养相结合。一方面，培育挖掘当地乡土文化人才，强化内部层面培养培育乡村内生型志愿服务人才。内生型志愿服务人才包括扎根乡村的村民组长队伍、返乡农民工、大学生村干部、乡村教师、农家书屋管理员等，以及广大乡贤和农村文化传承人。大力加强乡村公共文化志愿服务队伍建设的同时，积极引导乡村基层文化工作者加强自身修养，努力成为优秀文化的提供者和传播者。另一方面，让更多的社会人士参与阅读推广志愿服务，鼓励各地面向机关、群团组织、企业、图书馆、学校、出版发行单位、基层阅读组织等，招募全民阅读推广志愿者并进行有针对性的培训，缩小城乡阅读差距，推动城乡阅读服务均等化。通过打造专兼结合、结构合理的人才队伍，不断满足农村广大群众的公共文化需求。①

3. 以激励机制为动力，强化志愿服务人才的积极性

调动志愿者参与全民阅读推广志愿服务的积极性，应建立健全乡村阅读推广人才志愿服务激励机制，增强志愿者归属感，激发志愿服务内生动力。包括建立健全乡村阅读推广志愿服务激励形式、建立乡村阅读推广志愿服务的个人信用激励、完善服务时长记录制度、激发乡村阅读推广志愿者的自我认可和激励等手段。② 对在志愿服务工作中做出较大贡献的志愿者给予一定形式的认定、荣誉和回馈。在美国，政府不仅通过相关立法和政策优惠来大力支持志愿者和志愿服务，还通过专门部门对志愿者开展系统的效率评估，给予专项资金奖励、学分加分，提供升学就业和晋级优惠政策。这些举措都极大地推动了美国慈善事业的发展。这在推动我国乡村阅读推广志愿服务发展的过程中，是值得我们借鉴的。

---

① 龙旺. 农村公共文化服务的人才保障建设研究［D］. 湘潭大学，2018.
② 汤紫媛. 志愿服务制度化研究［D］. 上海师范大学，2020.

4. 推进志愿服务制度化建设，切实保护志愿者的合法权益

现有的各地方志愿服务条例尚不能全面维护和实现志愿者的权益，且还存在地区差异。广东省青年志愿者协会研究中心公布的《广东省志愿者事业发展状况调查》显示，有20%的受访志愿者表示曾在服务活动中受到不同程度的身体伤害，而有23.9%的受访志愿者表示遭到过不同程度的精神伤害。但对志愿者在社会志愿服务中造成自身人身伤害或财产损失时，应该由谁来承担赔偿责任这一问题，尚无统一规定。① 此外，志愿组织资金不足，缺少相关经费保障，也是值得关注的问题。就此，一方面，需要建立全社会资金成本分担机制与风险分担机制，国家和政府为志愿服务设立专项储备基金，提供相应的经费保障；另一方面，需要完善志愿者保护制度，为志愿者提供保险保障。如，成都市为抗"疫"青年志愿者购买保险②，河南省漯河市连续两年为全市近22万登记在册的志愿者购买保险③。上述例子，都是对于志愿者权益维护所做的新举措，值得其他城市借鉴。

四、优化乡村阅读推广志愿服务人才培养的路径

乡村阅读推广志愿服务体系建设的重要一环是志愿服务人才队伍的专业化建设。"人"的空缺是制约发展的短板，是农村全民阅读工作难以落到实处的关键所在。

---

① 任园园，眭国荣．中外志愿服务法律保障制度对比分析［J］．吉林省教育学院学报（下旬），2012，28（7）：112-114．
② 王鑫昕．成都共青团为抗疫青年志愿者赠送保险服务［EB/OL］．（2021-11-22）［2022-07-13］．http://news.cyol.com/gb/articles/2021-11/22/content_ eEPA8H4PV.html．
③ 王宏伟，刘蕾．漯河：河南省首家为志愿者购买保险　为志愿者保驾护航［EB/OL］．（2020-04-23）［2022-07-13］．http://hn.cnr.cn/hngbwh/20200423/t20200423_ 525064326.shtml．

（一）以阅读立法和政策保障阅读推广人才队伍建设的合法性

第一，进一步完善各地阅读立法，在法律层面保障乡村阅读推广志愿服务有法可依。我国现已具有相当数量的省级层面的全民阅读法制规范，但各省全民阅读立法进程存在差异，尚有部分省份未制定相关法规。因此，仍须进一步加强地方立法和法制规范的有效落实。

第二，进一步完善各地在全民阅读制度设计、中长期发展规划、实施方案等方面的政策，保障乡村阅读推广志愿服务有序开展。明确将促进乡村阅读纳入国民经济和社会发展规划，可根据各地方实际需要，发挥各部门合力作用。

第三，逐步推进乡村阅读志愿服务的保障类法规的制定，切实保护志愿者的合法权益。建立合理的激励约束机制、志愿服务制度评估与监督机制，由政府牵头联系专业部门组织志愿者权益保障服务，开展有效监督和评估。

第四，构建现代化人才政策保障体系，强化乡村阅读推广志愿服务的协同性与效能性。针对乡村阅读推广志愿服务人才队伍建设存在的主要问题，充分发挥公共政策的导向功能，尽快出台并完善相关人才保障政策，提供政策支撑。乡村阅读推广志愿服务人才政策保障应以实施人才强国战略为指引，以服务国家大局为前提，坚持国家顶层设计与地方经济和社会发展实际相结合，确保各项政策发挥出应有的功效，增强政策的协调性，提升政策效能。

（二）以志愿服务信息化平台建设带动乡村阅读推广志愿服务供需对接

建立志愿服务应用平台，健全科学化、现代化、效率化、人性化的志愿者活动长效管理机制。① 通过志愿服务应用平台，应该能够实现：其一，志愿者注册管理、队伍建设的信息化管理，调动志愿服务者自我学习、自我管理、自我提升，加强互动联系，提升志愿服务的主动性、预见性；其二，志愿服务项目供需对接和信息化管理，志愿活动可以及时发布需求，实现项目管理信息化，需求与服务及时对接；其三，城乡阅读推广志愿服务人才交流与评估，实时统计总结阅读推广人服务工作情况，记录并每年反馈每位阅读推广人的服务时长、服务情况，并据此进行评星评级表彰，调动阅读推广人的积极性。② 提升全民阅读推广志愿服务信息化管理水平，能够实现志愿者活动信息在志愿者活动管理层面和操作层面之间的无缝连接。

（三）培育"内生"型乡村阅读推广志愿服务人才发挥乡土文化乡村文化振兴的引领作用

1. 培育乡村教师成为学生阅读的引导者、农村居民的阅读推动者

英国图书馆学会"法吉恩奖"获得者钱伯斯提出了"阅读循环圈理论"，指出儿童应是阅读的主体，有经验的成人则应该成为儿童阅读过程中最有力的引导者与推动者。③ 乡村教师既是乡村儿童阅读的重要伴读者，也具有较高的阅读素养与技能，可以也理应成为农村儿童阅读推广的重要参与者，同时指导家长阅读，引导学生家长营造家庭阅读氛围。由此，需要在相关政策的引领下，鼓励乡村教师加入阅读推广人队伍之中，让乡村教师成为阅读推广人队伍中稳定的组成部分，积极参与乡村社区文化建设，在课堂教学中融入乡土文化，充分挖掘乡土文化的教育价值，为乡村儿童

---

① 王鑫. 高校志愿者服务长效机制构建探究［J］. 南昌教育学院学报 高等教育，2013，28（1）：76 - 78.

② 唐雨桐. 招募志愿者参与图书馆阅读推广活动的实践与思考：以厦门市图书馆为例［J］. 福建图书馆学刊，2019（3）：8，24 - 26.

③ 朱淑华. 儿童阅读推广研究［J］. 新世纪图书馆，2012（3）：88 - 90.

学生提供生命滋养，使其养成良好的阅读习惯。

2. 发挥农家书屋管理员在乡村文化振兴中的中坚作用①

农家书屋是乡村文化集散中心，作为农家书屋志愿服务系统的管理者和服务者，农家书屋管理员有义务担当乡村阅读推广志愿服务的中坚力量。对此，农家书屋管理员可结合农村居民公共阅读的总体特征，开展形式新颖的阅读推广活动，提升农村居民公共阅读获得感。一是完善阅读服务供给和阅读场景营造，提升农村居民阅读认知，培养阅读习惯，如举办朗诵、情景剧表演等阅读活动；二是增加阅读宣传推广，提高农村居民公共阅读的参与率和参与度；三是采取差异化和针对性策略提升不同群体的公共阅读获得感，如依托农家书屋适度增设流动服务站点、增加数字阅读设备和渠道，补充适合农村流动居民群体的阅读资源，提高他们的公共阅读参与便利性和可获得性等。

3. 发掘乡贤和乡村文化传承人阅读推广的新动能

本土内生的乡贤和农村文化传承人与生俱来的乡熟人际沟通特质，使他们不仅极易得到当地人的认同，而且也是乡村发展的领头人、排头兵。如浙江省台州市路桥区横街镇坦田村文化礼堂，在乡贤的赞助下开设了"耕读馆"，购置了各类图书，"耕读馆"通过开展读书分享会等丰富多彩的活动，带动了全民阅读。乡村阅读推广利用乡熟文化，可以盘活当地的人才资源，充分发掘乡村文化传承人对于乡土文化传承强烈的文化自觉使命感，为乡村振兴集聚新动能，形成新时代"乡贤兴乡村""乡村文化传承人兴村"的工作新局面。通过"乡贤+"模式，鼓励乡贤参与共建农家书屋、新时代文明实践站等文化阵地，是值得推广的乡村阅读志愿服务经验。如湖南省株洲市攸县谭家垅村在过去几年里，在基层党组织的带领下，通过设置村规民约，开设"乡贤文化馆""农家书屋""村民文化课堂"，充分

---

① 陈庚，邱晶钰. 农村居民公共阅读获得感及其影响因素［J］. 图书馆论坛，2022，42（7）：103－112.

发挥了乡贤的独特优势，是"乡贤＋乡风文明"工作模式的典范。

（四）鼓励专业人员积极投身乡村阅读推广志愿服务拓展新模式

首先，鼓励公务员、科技能人、科技特派员、律师等专业人员积极投身乡村文化志愿服务。比如，相关专业技术骨干和科技人员向农民传授农村经济发展和新农村建设所需的实用科技信息、经济发展信息。再如，农学专业的专家、教授、专业教师组成团队，结合农村实际情况举办各类线上线下培训班，组建微信社群，向农民教授新知识、新技能，解决科学种田中遇到的实际问题。

其次，鼓励出版发行机构、文化服务供应商依托强大的资源优势，为乡村阅读提供大量阅读资源和服务。比如，商务印书馆从 2016 年开始联合多家单位在河北、天津、山西、安徽、四川等地建设"乡村阅读中心"。为加强对乡村教师的阅读培训和指导，以专家资源做支撑，尝试派出编辑到乡村阅读中心支教，用教育、阅读和文化带动乡村发展。同时，依托学校资源和场地，整合农村和城市社区公共阅读服务资源，探索以学校辐射村镇的乡村阅读推广新模式。

最后，鼓励大学生开展支教和阅读推广志愿服务，推进高校积极助力乡村阅读教育事业的发展。当代大学生的文化知识与综合素质普遍较强，越来越多的大学生志愿投身乡村支教，他们在服务社会、了解国情的同时磨炼品格、增长才干，更为人才匮乏、师资薄弱的乡村教育注入了新鲜活力。

（五）引导推动民间公益组织助力乡村阅读推广培育社会新力量

民间阅读组织是乡村阅读推广工作的有生力量，包括热心、积极推动阅读的非政府组织（NGO）、民间读书会和沙龙、民间基金会、志愿者团体等，其组织结构灵活、内容丰富、形式多样、覆盖范围广。民间阅读组织的专业志愿服务人才参与乡村阅读推广志愿服务，在一定程度上改善了农村阅读推广的落后现状。如，满天星青少年公益发展中心、担当者行动、北京西部阳光农村发展基金会等，这些民间公益组织里热衷公益事业的志愿者多年来持续关注乡村儿童阅读助学领域。

报告组在调研满天星青少年公益发展中心时了解到，满天星公益项目主要基于阅读循环圈理念来打造阅读推广项目和图书馆建设运营模式，并一直在持续研发新产品和服务。① 基于此，报告组认为，要大力加强乡村阅读推广志愿服务队伍建设还应扶持一批活跃于本乡本土的乡村阅读推广志愿服务组织。首先，组建本乡本土的专业乡村阅读推广组织；其次，积极引导乡村基层文化工作者加强自身修养，组建志愿服务组织，成为乡村优秀文化的提供者和传播者。

（六）整合县级以上图书馆资源，推动"图书馆＋"志愿服务向农村地区延伸

目前，公共图书馆主要在县级以上地区，乡镇图书馆非常少，农村地区的图书室、书店更是匮乏，而已设立的农家书屋、乡镇图书室等公共阅读场所也存在图书老旧、更新慢、开放时间短等问题。课题组建议，通过整合县级以上图书馆资源向农村地区延伸服务。课题组调研了解到，一些省份县级以上公共图书馆已为农村地区延伸开展过一些阅读服务项目。例如，向农村图书室赠送科技图书，以实现农村居民的生产阅读需求；部分市级图书馆购置电子图书借阅机，放置在乡镇醒目位置，以满足农村居民阅读的便捷性；流动图书车提供流动车内图书馆借阅、浏览，还包括随行图书馆管理员提供的借阅证办理服务，服务区域正逐渐从城市社区向县、乡（镇）扩展等。

目前，县、乡、村三级覆盖的新时代文明实践站、点，通过整合各省、

---

① 资料来源于课题组对满天星青少年公益发展中心创始人梁海光的访谈。

市一级的图书馆资源，每年为农家书屋新增一定数量的高质量期刊、图书。定期利用流动书车在农村赶集日组织读书活动，推荐好书、分享阅读心得，带动群众养成爱读书、读好书的习惯。

（七）以专业化培训规范乡村阅读推广志愿服务开展

1. 积极开展阅读推广志愿服务人才的专业培训

我国乡村迫切需要一支数量更多、类型丰富、素养专业的庞大的阅读推广志愿队伍。阅读推广是具有专业化特征的职业行为，在乡村阅读推广过程中，只有高质量的全民阅读推广人才能保证阅读推广活动的质量，应从宏观视角（即不同层次、不同水平、不同类型、不同地域）和微观视角（即不同角色、不同作用等）分层培训，这样才更具针对性，才更加科学。

2. 加强专业教育和理论研究，提升阅读推广志愿服务的理论引导

《全民阅读"十三五"时期发展规划》鼓励和支持高校教师和大学生等加入阅读推广人队伍，鼓励和支持高等院校和科研单位进行阅读研究，加强阅读学科建设。发展阅读推广专业教育和理论研究对提高阅读推广人才队伍的质量具有重大意义。广泛开展全民阅读推广人才的专业教育，建议高校增设阅读推广专业课程教育，设立阅读推广专业、建立系统科学的课程体系、编制理论和实践指导相结合的专业教材。虽然我国目前还未开设专门的阅读推广专业，但也有他山之石可以借鉴：美国在 20 世纪初就在大学开设名著阅读课程；西班牙巴塞罗那自治大学教育学院和巴塞罗那大学图书馆学与信息科学学院联合开设学校图书馆与阅读推广硕士专业学位，经过数年的发展，截至 2018 年，研究数据显示已培养 159 名阅读推广专业硕士。对此，建议我国高校依托图书馆情报学、编辑出版学、新闻传播学等相关专业下设阅读推广专业方向，依托师范类高校和幼教专业设立阅读推广专业；建立科学的课程体系，包括教育学、心理学、人文素养、阅读与方法、活动策划与推广等；编制理论和实践指导相结合的专业教材，加

强理论研究，适时推出与专业课程配套的教学用教材以及与继续教育培训体系配套的培训教材等。①

---

① 中国新闻出版研究院编 . 2019 中国新闻出版研究院优秀科研成果汇编：我国阅读推广人才培养机制研究 ［M］. 北京：中国书籍出版社，2020：1－116.

全民阅读优质内容建设研究

刘大年　宋思佳　刘广东①

编者按：推进全民阅读工作，核心是内容供给，是否具有充足、优质的内容满足全社会的阅读需求，决定了全民阅读的成效。中宣部印发《关于促进全民阅读工作的意见》，提出了包括加大阅读内容引领、加强优质阅读内容供给等全民阅读工作的重点任务。全民阅读优质内容建设需要政府、出版文化机构、社会等广泛参与及良性互动，全民阅读优质内容供给能力的提升，是健全全民阅读工作机制的重要任务。刘大年等完成的《全民阅读优质内容建设研究》报告，以技术为内在理路，梳理了技术变革下阅读内容生产的变迁历程，及其在互联网技术的影响下全民阅读内容建设呈现的新特征、面临的三重困境，提出了技术赋能全民阅读内容建设的路径。技术成为当下全民阅读内容建设的内生变量，除了思考技术如何赋能全民阅读优质内容建设，内容供给的精细化、个性化、智能化、场景化等，也应是内容建设研究的重要面向。

摘　要：优质的内容供给是开展全民阅读工作的基石。本报告通过系列的理论研究和实证调查，从技术视角回顾阅读内容生产的变迁历程，在此基础上剖析我国全民阅读内容建设在内容供给对象、生产边界、阅读体验方面呈现的新特征及其面临的认识、生产、生态三重困境，提出如何

---

① 刘大年，中国传媒大学教授，博士生导师；宋思佳，中国传媒大学博士，中信出版集团编辑；刘广东，中国传媒大学博士，北京印刷学院教师。

积极利用技术变量探索全民阅读内容建设的路径，从而更有效地促进全民阅读工作的开展。

关键词：全民阅读；内容体系；优质内容建设；技术赋能

2006 年，在中宣部、中央文明办等部门的共同倡导下，全民阅读活动正式开展。2012 年，"开展全民阅读活动"写入党的十八大报告，成为建设社会主义文化强国的一项重要举措。2014 年，"全民阅读"被写入政府工作报告。历经十余年的发展，全民阅读活动规模不断扩大，内容不断充实，方式不断创新，影响日益扩大。全国各地开展了主题鲜明、内容丰富、形式多样的阅读推广工作，社会影响日益深远，全民阅读蔚然成风，取得了一定成效。北京、深圳、湖北、江苏等地都推出了阅读活动，像"书香中国·北京阅读季""书香荆楚""深圳读书月"等，使阅读成为城市一道亮丽的风景线。

这其中，优质的内容供给是开展全民阅读工作的基石。对全民阅读的内容建设进行系统、深入的研究，是有效推动新时代全民阅读工作高质量发展的重要命题。本报告针对全民阅读的内容建设进行探讨，试图通过一系列的理论研究和实证调查，从技术和社会视角厘清我国全民阅读内容建设的现状和存在的问题，并积极利用技术变量探索全民阅读内容建设的路径，从而更有效地推进全民阅读工作的开展。

本报告在厘定全民阅读内容建设本质的基础上，从技术视角出发，采用理论思辨、案例调研、文本分析、田野观察与深度访谈等研究方法，首先对技术引发全民阅读内容建设革新进行历史考察，进而观照现实，描述当下全民阅读内容建设的整体面貌和具体特征。最后结合实证调研分析，发现当前存在的现实困境，并积极探索科学的内容建设路径。

一、技术革新推动阅读内容生产的变迁

人类社会阅读内容的生产，总是伴随着技术的发展而不断发生变迁。俞晓群指出，人类历史上曾经历过三次阅读革命：第一次革命以15世纪古登堡活字印刷机的发明为标志，纸质书阅读开始走向大众化；第二次革命以19世纪电报机的发明为标志，电子传播开始进入人类阅读生活；第三次革命是20世纪以来，伴随着互联网的出现与快速发展，网络阅读正在覆盖人类的生活。①

回顾人类历史上的几次阅读革命，都是以技术变革为起点而引发的，给人类文明和社会的发展带来了深远影响。第一次阅读革命，古登堡新的印刷技术的发明提高了印刷的质量和效率，信息得以大量迅速复制，以便向广大受众传播。同时，原本局限于宗教内容的印刷品，也因为廉价的印刷成本而逐渐向哲学、文学、自然科学以及教科书等方面扩散，阅读群体从贵族、宗教群体逐渐扩展到普通民众，知识出现了一种民主化的发展趋势。这一变革深刻地改变了阅读内容生产传播的方式，实现了阅读的大众化，影响了人类的精神文化生活。

第二次阅读革命，标志性的衍生品是电报、电影、广播乃至电视机的产生。电子媒介的出现，降低了阅读的门槛，转移了读者的视线。电子媒介的特性推动了大众传播的发展，也改变了印刷时代的传统阅读格局。尤其是逐渐普及的电视，迅速成为人们获取外界信息的主要手段和日常生活娱乐的主要提供者。读者的眼球更多地被大众媒介符号化、时尚化的内容产品所吸引，对广播、影视等大众媒介的使用倾向逐渐超越了印刷媒介。

第三次阅读革命则是由于互联网的高速发展，它产生的影响渗透到文

① 俞晓群.阅读的三次革命［J］.意林，2020（17）：32.

本、作者、读者等各个方面。网络时代改变了阅读文本的载体形式，计算机、电子阅读器、手机等媒介以其便携、储存量大、视觉效果丰富等特点，吸引人们放下手中的书本，转向屏幕，形成了新的阅读方式。计算机免除了手稿时代作家的誊抄之苦，信息的海量存储和易于获取提升了写作效率和质量。随着网络阅读形式的出现和网络阅读习惯的养成，潜移默化中，读者培养了新的审美趣味和倾向。这种审美倾向在群体中迅速扩散，形成了网络阅读的群体现象，并持续至今。

二、全民阅读内容建设呈现新特征

自 1994 年我国全面接入互联网以来，互联网的影响逐渐深入到社会各个角落，在经历了以信息系统、基础建设、垂直领域和虚拟经济等为核心发展的"上半场"，并转入到以人工智能、云计算、区块链、5G 技术为核心的"下半场"，网络对社会的渗透更加全面。一方面，人通过互联网扩展了思维和感知能力，增强了对社会的控制力；另一方面，人也被包裹在连接万物的互联网中，对网络的依赖性和依附性日益强化。互联网"下半场"的到来使媒介生态发生深刻变化。彭兰指出，人工智能技术与社会化媒体、大数据、物联网、VR/AR 等各种技术相互呼应、共同作用，正在带来新闻生产、传播、消费的各个环节的一些变化。例如用户分析的场景化、精准化与智能化，新闻生产的机器化、智能化与分布式，新闻分发的社交化、个性化，新闻体验的临场化，互动反馈的传感化与智能化。① 从这个视角观察全民阅读内容建设，可以发现融媒体时代其呈现出一些新的特征。

---

① 彭兰．更好的新闻业，还是更坏的新闻业？——人工智能时代传媒业的新挑战［J］．中国出版，2017（24）：3．

（一）内容供给对象更加多元

互联网技术的发展和应用，在一定程度上弥补了传统阅读时代的"信息鸿沟"。据第49次《中国互联网络发展状况统计报告》，2021年城乡上网差距继续缩小。我国农村网民规模已达2.84亿，农村地区互联网普及率为57.6%，较2020年12月提升1.7%，城乡地区互联网普及率差异缩小0.2%。同时，老年群体加速融入网络社会。截至2021年12月，我国60岁及以上老年网民规模达1.19亿，互联网普及率达43.2%。① 由此可见，在信息获取方面，城乡差异、年龄差异逐渐缩小。随着信息可获得性的提高和全民阅读活动的深入开展，其内容供给对象呈现出更加多元的特点。

全民阅读内容供给对象，从年龄上看，覆盖各年龄段人群；从职业类型上看，包括国家机关和企事业单位工作人员、专业技术人员和广大农民群体等。全民阅读内容供给对象呈现多元化特点，就需要有针对性地供给优质内容。观察目前全民阅读内容建设的现状，主要的内容供给类型有如下几类：

一是家庭亲子阅读。在各类阅读推广活动中，少儿群体始终是被关注的重点对象。近年来，随着教育理念的发展，一些专门针对亲子阅读的书店和读书会大量涌现。前者如蒲蒲兰绘本馆、文轩儿童书店，后者如悠贝亲子图书馆、三叶草故事家族等。同时，各类亲子阅读大赛也在蓬勃开展，如"妈妈导读师"等。相应地，在图书出版市场上，儿童图书是增长最快的一个板块。

二是校园阅读。"十三五"以来，教育部等部委印发意见，要求加强我国中小学图书馆建设，加强全国高等学校校园书店建设。在此背景下，书

① 中国互联网络信息中心. 第49次《中国互联网络发展状况统计报告》［EB/OL］（2022－02－25）［2022－11－13］. http：//www. cnnic. net. cn/n4/2022/0401/c88－1131. html.

香校园迎来了建设高潮，各地教育系统纷纷制订相关规划，组织了多种多样的阅读活动，校园阅读组织快速发展。

三是农村阅读。基于我国城乡发展仍不均衡的基本国情，农村人口的文化生活仍相对匮乏。2007年3月，我国开始实施农家书屋工程，以切实解决广大农民群众"买书难、借书难、看书难"的问题。截至2020年底，全国共建设农家书屋58.7万家，覆盖了全国有基本条件的行政村，累计配送图书超过12亿册，进行数字化建设的农家书屋达到16.7万家。① 作为一项重要的公共文化惠民工程，农村书屋的建设，使农村阅读得以持续有效开展。

四是社区阅读。近年来，社区阅读正在成为社区工作的重要内容之一。各地积极开展书香满社区活动，致力于打造"书香社区"，提升社区居民的生活满意度。例如北京一起悦读俱乐部长期扎根社区，开展阅读活动，取得了良好的社会效益。

五是特殊群体阅读。"十三五"以来，我国特殊群体的阅读需求基本上得到了有效满足，这得益于媒介技术的进步、公共服务政策的倾斜和政府资金的持续投入等。2017年，我国正式启动"盲人数字阅读推广工程"。一是构建"盲人阅读融合出版与传播平台"，生产精准化的电子盲文、数字有声读物；二是依托全国400家设有盲人阅览室的公共图书馆，免费向盲人出借20万台具备上网功能的智能听书机；三是依托全国100所盲人教育机构，免费向盲生出借1000台盲文电脑和盲文电子显示器。② 这些举措在更大程度上保障和满足了这一特殊群体的阅读权益，提升了公共文化服务水平。

---

① 汇聚乡村振兴的精神力量 ［EB/OL］ （2022 - 04 - 07） ［2022 - 11 - 13］. https：//baijiahao. baidu. com/s？ id = 1729395951086710084&wfr = spider&for = pc.
② 中宣部等五部门启动盲人数字阅读推广工程：共享阅读 引领光明 ［EB/OL］. （2017 - 09 - 15） ［2022 - 11 - 13］. https：//baijiahao. baidu. com/s？ id = 1578559029041664067&wfr = spider&for = pc.

（二）内容生产范围不断拓宽

1. 生产主体多元

如前所述，15 世纪德国人古登堡发明的铅活字印刷术，极大地推动了西方文艺复兴、宗教改革、工业革命的进程。著名传播学家麦克卢汉甚至认为："现代生活几乎都是古登堡发明活字印刷术的直接结果。"此后，传统出版经历了漫长的发育期和相对短暂的成熟期，而其所导致的主要结果之一，就是形成了以出版机构为核心的出版产业链条。然而互联网的出现打破了这一秩序，越来越多的内容生产者加入了阅读内容产品开发阵营，并带来了新的模式、逻辑、规则，搅动了传统出版原有的稳定场域。

第一，图书馆、大学、科研机构等在学术出版领域影响日盛。以高校图书馆为例，其在国外已发展出一套较为成熟的学术出版模式，被定义为"以图书馆为主体，借助其自主搭建的出版平台，以数字化的产品完成知识资源的传播和交流的一种服务模式"①。具体包括与出版社合作、与专家学者合作、成立独立的出版社、图书馆与出版社一体化等，承担着学术出版以及相关的学术联系、传播、评价等职能。

第二，自出版快速发展。自出版是指在没有出版商参与的情况下，由作者出版图书的新兴出版业态，2008 年，美国历史上首次出现了自出版图书品种数量超越传统图书品种数量的现象。② 作者通过以 Amazon Kindle Direct Publishing 和 Lulu. com 等为代表的自出版平台，可以绕开传统出版商，直接进行内容出版。自出版这场有关出版的媒介赋权运动，向传统出版提出了严峻的挑战。与此逻辑一脉相承的是近年来影子图书馆（shadow library）和网络百科全书的兴起，这些非官方的出版主体，同样代表了知识生产的一种取向。

---

① 范家巧. 高校图书馆学术出版服务研究［J］. 现代出版，2019（1）：34.
② 刘蒙之. 美国图书出版业"自出版"现象初探［J］. 编辑之友，2012（7）：123.

第三，MCN 成为优质内容产出的重要主体。MCN（Multi‐Channel Net-work，多频道网络）最初是 YouTube 平台和视频创作者之间的中介机构，它通过连接作者和平台，保障内容的持续稳定产出，沟通了内容的生产和传播环节，扮演了新型出版机构的角色。作为一种内容筛选、制造、包装机制，MCN 整合了 UGC（用户生产内容）、OGC（职业内容生产）两种模式，在垂直领域深度拓展，具有显著的信息价值和效率价值。在社交媒体崛起的当下，从市场反馈来看，MCN 正在获得受众和广告主的认可，将发展为垂直化账号的矩阵聚合体。MCN 在重构内容产业生产逻辑的同时，也因其与出版近似的"经纪人"属性而客观上给出版带来了新的市场启示。

2. 生产范式转换

在融媒体时代，不同于传统的印刷出版范式，"用户生成内容""机器生产内容"等新的内容生产方式诞生于互联网技术。互联网特别是移动网络数字技术极大地延伸了人们获取信息和表达自我的能力，阅读内容的生产者根据读者的需求设计出版内容和形式，然后寻找作者，作者按照出版者的要求进行创作，最终编辑成稿、制作生产，通过各种渠道推向阅读市场，满足读者需求，从而引领阅读方向。

具体而言，阅读内容产品的生产范式呈现出一些新的特征。

一是融合出版。从产品策划之初，内容生产者就要树立融合出版的观念。内容生产者可以通过有效整合各种媒介资源和生产要素，实现多形态、多媒介开发和全版权、多对象运营，打造不同形态的内容产品。例如，中文在线在国内率先提出采用全媒体出版方式，在出版的内容、渠道、功能层面进行全方位、立体化的整合，满足任何人在任何时间、任何地点，以任何方式获得任何内容的需求，实现"一种内容、多种媒体、同步出版"。

二是开放性。互联网技术的迅猛发展，降低了内容生产的门槛，提升了大众参与内容创作的积极性，使得人人成为内容生产者。去中心化、开放性的内容传播，使传播者由"垄断"走向"分权"，由封闭走向开放，这对阅读内容产品形态的演变产生了重要影响。开放性这一特点还体现在读者对阅读内容的获取上。例如，今日头条的新闻分发，就是基于大数据算法的个性化推送，为读者提供了更多的获取便利。

3. 内容产品更加丰富

在技术催生的新的生产方式作用下，除了传统的纸质版、电子版书报刊以外，出现了知识付费、有声阅读、网络文学、自媒体平台等以手机为主要阅读载体的数字阅读内容产品。

一是读书类 App。各种装载于智能手机内的读书类 App，是移动阅读的主要产品。从移动阅读商业市场的视角观察，可将读书类 App 按运营主体分为互联网头部企业推出的移动阅读产品、通信运营商制作的移动阅读产品、垂直类的数字出版公司开发的移动阅读产品、电商平台图书板块生产的移动阅读产品、传统门户网站开发的移动阅读产品等，这些产品都探索出了差异化的发展方向。

二是有声读物平台。有声阅读已经成为社会关注的热点，全国国民阅读调查对我国成年国民听书介质的考察发现，有伴随性的移动有声 App 平台已经成为听书的主流选择。这些平台可细分为综合性音频平台、垂直类听书平台、知识付费平台的听书板块、读书类平台的听书频道等，总体而言，综合性音频平台、垂直类听书平台和知识付费音频平台是读者主要选择的有声读物平台。

三是新媒体平台阅读产品。微信、微博、今日头条、百度百家号等新媒体平台阅读产品的出现，是移动新媒体时代"人人都是传播者，人人都是受传者"的传播革命的现实表征。与知识付费类有声读物的内容创作体系类似，新媒体平台的内容生产主体也包括个人、机构、企业组织等。这些创作者在各类新媒体平台上开设公众账号，读者通过手机 App、搜索引擎和社交软件等渠道获取文本进行阅读，并可以通过转发、评论、点赞、在看、打赏等网络行为表达阅读感受、延伸阅读效果。

各式各样的新兴内容产品网罗了大量读者，并通过用户日渐固化的新媒介使用习惯，改变着读者的阅读心理和阅读习惯。可以说，在线数字内容生产体系正在不断发展，走向成熟。

4. 内容供给不平衡

据第49次《中国互联网络发展状况统计报告》，截至2021年12月，我国网民规模达10.32亿，互联网普及率达73.0%。在互联网中，各类内容生产者每时每刻都在生产、传播着海量信息，供给量远大于需求量，从而增加了读者的接受难度。对于读者而言，一个人在一定时间段内可以接收、处理的信息是有限的。面对海量的阅读内容，人们很容易迷失在大量无效内容、虚假内容、"碎片化"内容中，在导致内容超载、无效供给的同时，也消耗了人们阅读的时间和精力，甚至导致很多不确定性和压力，这些都会给人带来内容阅读焦虑。

（三）内容阅读体验更加丰富

1. 交互式体验

移动互联网的核心本质是社交，人的社会属性空前激发，社交成本无限降低，而这也将使内容生产发生颠覆性的变化。在数字阅读内容产品开发中，便捷的互动功能已成为基础配置。微博、微信的转发、评论、打赏、点赞，网络读书社群、移动阅读App的笔记、标注、打赏和弹幕等，各种各样的社交互动功能丰富了读者的阅读体验。对文本相关话题进行有价值的讨论，能够提升阅读效果，进而形成阅读阐释群体，培育精准的社群文化。

以微信为代表的社交媒体，既是一种社交工具，同时也引领了一种社会化取向的阅读体验。微信中的各种文章通过朋友圈的分享、阅读、评论、点赞，从而完成一个社交化阅读的过程。这种以个人兴趣为中心、以互动分享传播为核心的阅读方式，更加注重阅读的交互性，以互动阅读、交流分享为特点，是一种典型的社交化阅读方式。

2. 多重感官体验

多媒体技术在阅读内容生产中的应用，使读者可以在传统纸质阅读的视觉、触觉体验之外，增加新的感官体验。在数字阅读产品中，除了传统的文字、图片，可以加入音频、视频、游戏、虚拟现实场景等。这些个性化的阅读功能，可以充分调动读者的视觉、听觉、触觉、嗅觉、味觉，从而实现沉浸式阅读体验。科技手段与交互场景相结合，使读者专注于当下的虚拟情境，并产生愉悦与满足。

童书领域一直是设计试探实体书边界的先锋，各种颠覆传统平面书的形式层出不穷。翻翻书、洞洞书、立体书、异形书、AR 书等，旨在激发儿童创造和探索的动力。如中信出版社出版的科普绘本《点亮自然》，就是每页一张图、三种看法：眼镜上挂上红色滤镜，可以看到昼行性动物；眼镜上挂上蓝色滤镜，可以看到夜行和晨昏性动物；眼镜上挂上绿色滤镜，可以看到草木植物。

3. 场景式体验

美国作家罗伯特·斯考伯和谢尔·伊斯雷尔在《即将到来的场景时代》一书中，提出了有别于传统媒体时代的"场景"概念。他们指出场景时代的来临依赖于五种科技力量的发展，并共同发挥作用，即"场景五力"：移动设备、社交媒体、大数据、传感器和定位系统。① 学者彭兰在《场景：移动时代媒体的新要素》一文中指出："与 PC 时代的互联网传播相比，移动时代场景的意义大大强化。移动传播的本质是基于场景的服务，即对场景（情境）的感知及信息（服务）的适配。场景成为了继内容、形式、社交之后媒体的另一种核心要素。"② 场景主要指基于特定时间、空间和行为及心

---

① 斯考伯，伊斯雷尔. 即将到来的场景时代［M］. 赵乾坤，周宝曜，译. 北京：北京联合出版公司，2014.

② 彭兰. 场景：移动时代媒体的新要素［J］. 新闻记者，2015（3）：20－27.

理的环境氛围，构成场景的基本要素应该包括：空间和环境、用户实时状态、用户生活惯性、社交氛围。

随着各类智能终端的不断涌现，万物皆媒、全场景阅读已经成为现实。随着新技术、新模式、新业态的不断发展，数字阅读也呈现出内容生产更加便捷、形态体验虚实结合、应用场景无限延伸等新趋势。无论是图书阅读还是更多的文化服务体验，都从以前单一的线上或线下场景，向元素更多元、互动性更强的复合形态转变。

三、全民阅读内容建设面临三重困境

信息技术革新对当前全民阅读内容建设提出了新的挑战，不论是对数字时代全民阅读内容建设本质的认识，对内容生产新特征、新变化、新趋势的应对，还是对整个全民阅读内容建设生态的构建，都存在不同程度的困境。

（一）认知困境

随着互联网技术的发展，数字阅读包括网络在线阅读、手机阅读、电子阅读器阅读等日益普遍。第十九次全国国民阅读调查数据显示，我国成年人数字化阅读方式的接触率为 79.6%，较 2020 年增长 0.2%。从数字化阅读方式的人群分布特征来看，中青年群体成为数字化阅读的主体。①

因此，应当正视这样一个事实：在"互联网＋"时代，从电子书、掌上阅读到听书，人们的阅读方式正在被技术重塑，数字阅读早已融入我们的生活。那么，将大众阅读存在的功利主义、"娱乐至死"等社会问题，一味归咎于新技术的应用，并因此抵制、抨击数字阅读，这样的想法是否过

---

① 第十九次全国国民阅读调查结果发布［EB/OL］.（2022－04－25）［2022－11－13］. https：//m. thepaper. cn/baijiahao_ 17793262.

于简单？

这样的现实提醒我们，在信息时代，对于不同的阅读方式，我们要更为理性地评判和选择。对于内容生产者来说，则要重新审视内容产品的选题策划和生产开发。

（二）生产困境

1. 知识的新变化造成内容生产的弥散性

媒介的发展使得信息和意义的生产进入一个爆发式增长的历史时期，传播环境则影响着它们的流向、流速和流量。在互联网时代，作为全民阅读优质内容生产的重要资料，知识呈现出融合化、网络化和无序化等特点，从而增加了生产的弥散性。分布式、碎片化、进行式、开放式、流动性等互联网时代的特征，取代了传统内容生产的权威性。

一是知识的融合化。学科是我们观察和理解知识的重要窗口，学科的融合表征知识的融合趋势。大学作为知识创造的重要组织，正在兴起一批"学部"和跨学科研究机构。从知识生产的视角来看，促进知识的融合化将成为内容建设的主要社会功能之一，内容生产者在知识生产的过程中应有意识地推动学科和知识的融合。

二是知识的网络化。网络化主要指向知识载体的变迁。美国学者温伯格指出："当发展、保存以及交流知识的媒介发生了改变，知识也随之发生了改变。"[①] 作为区别于工业时代媒介的新型媒介，网络创造了知识之间的连接，一切知识都可能也可以相互连接，从而形成一个错综复杂的知识网络。随着网络接入的价格不断降低，知识也开始变得易得，获取知识的门槛的降低，意味着一场由网络引起的"知识革命"的发生。知识的网络化使得原先那些生产和传播知识的专业机构，例如学校、出版社、图书馆等的价值在某

---

① 温伯格. 知识的边界 ［M］. 胡泳，高美，译. 太原：山西人民出版社，2014：序言7.

种程度上被窄化，网络成为知识新的基础设施。但我们并不能因此认为知识的网络化是对机构建制的破坏，事实上，这些机构也在不断与网络融合，相互之间实现了深度嵌入。印刷时代的知识的一大特点是，知识与其来源相互分离，这是令读者信任的重要机制。这种机制也延伸到了网络时代，知识的信任机制得到了进一步强化和细化——任何知识皆可连接。

三是知识的无序化。知识的无序化是知识网络化的延伸。网络解放了个体的表达束缚，激发非专业化的个体参与到文化生产过程中，极大地壮大了知识生产主体的规模。大量知识被搬迁到互联网上，互联网本身也在不断生产新的知识。网络去中心化的技术逻辑，与传统出版所产生的那种结构清晰、自成体系的知识显然不同。知识的无序化存在两类容易感知的方面：其一，网络上的知识很多以碎片化的形式存在；其二，网络上的知识存在于服务器上，服务器端根据阅读时间不断更新版本，这就使得知识往往处于一种未完成状态。互联网环境下，这种未完成状态的特性正在被不断加强，作者不再是唯一的，甚至不再是确定的，作者和读者的身份纠缠在一起，阿尔文·托夫勒口中的"产消者"成为知识无序化的有力注脚。

2. 传统生产范式导致内容品质问题

当前，无论是传统出版市场还是数字内容产业，都普遍存在内容同质化、娱乐化、功利性、媚俗化等问题。究其原因，在于当下的阅读内容生产逻辑依然是以市场而非以读者为中心。在当下的传统出版业，即使几乎所有出版人都意识到不得不融合转型，但是出版产业链条的惯性依然将出版禁锢在印刷出版范式里。站在专业出版机构的视角来看，它自身很自然地继续作为出版的主体，以图书为核心产品，仅仅把互联网和数字化视作纸质书出版的"延长线"，即只会提高印刷出版的效率，却不会动摇印刷出版的范式。①

---

① 刘影. 转型和转场：范式转换视角下传统出版社数字化发展策略［J］. 现代出版，2019（6）：41－46.

尤其是在数字时代，资本和市场的力量日益强大，网络信息监管的难度也在不断增加。内容生产者更要清醒地认识到，出版的本质是传承人类的知识、文化和思想。全民阅读内容建设的社会责任高于经济效益，生产优质内容既是出版本质的根本体现，也是出版业可持续、高质量发展的必然要求。

3. 传统内容生产部门传播能力的消解

传播体现为一种权力。在福柯看来，权力广泛存在且普遍作用于社会关系网络。不同于政治学视角下的权力，福柯所谓权力并不是压制性的，"权力在生产，它生产现实，它生产对象领域和真理仪式"①。福柯将权力与知识放到同一命题中，认为"权力的行使不断地创造知识，而反过来，知识也带来了权力"②。知识中潜藏着权力，知识话语被作为一种手段来生产权力，继而生产人们对社会规范的认同，创造顺从的人格与肉体。卡斯特认为，权力就是一种关系能力，它使得某个社会行为体，以符合其意志、利益和价值观的方式，非对称地影响其他社会行为体的决定。权力的运作或是基于胁迫，或是基于对社会行为体用以指导自身行为的话语进行的意义建构。③ 网络作为一种不同于以往任何传播形态的新型媒介，以其去中心化的技术逻辑颠覆了人际传播和大众传播范式，深刻影响着既有的权力关系网络，传播越发成为权力构建的核心。对网络空间的争夺，本质上就是对网络传播权力的争夺。

权威机构的知识分配者角色正在被解构，互联网时代新的传播环境塑造了新的社会网络和权力运作机制。传统上，权威机构一般是权力机构或权力代理机构，凭借对媒介的垄断掌握传播权力。然而，这种情况正在为

① 汪民安，陈永国，马海良主编. 福柯的面孔［M］. 北京：文化艺术出版社，2001：173.
② 福柯. 关于监狱的对话［M］//福柯. 福柯集. 上海：上海远东出版社，2003：280.
③ 卡斯特. 传播力（新版）［M］. 汤景泰，星辰，译. 北京：社会科学文献出版社，2018：8.

更加原子化的、一般成长于平台型媒体上的"大V"所侵蚀。"大V"是一类集群形象，既可以是公共知识分子，也可以是草根民间艺人，这些非官方背景的"大V"的数量日益增多，影响力日益增强。他们的观点可以借由网络社群实现裂变式的级联传播，由他们掌握的这种非制度性权力，正在成为建构社会共识的新的重要力量。

在此背景下，印刷时代出版因集中化而获取的权力，实际上开始部分地交还给公众。传统出版基于权力者视角，构建了一套完善的审查机制，可以视为权力借由出版对公众的规训。随着传播环境的变化，人们的知识需求极大丰富，出版这种相对标准化、严肃化的知识公开化机制已经无法满足复杂多样的公众需求，传统内容生产方式的价值本位主义被消解。

（三）生态困境

全民阅读生态环境是全民阅读内容生产的土壤，当前全民阅读生态建设存在的种种问题，对于全民阅读优质内容的生产方向、传播渠道和传播效果都产生了一定影响。

1. 公众参与性不足

一是全民阅读参与群体的多元化有待提升。目前，全民阅读活动主要的参与群体是在校中小学生、高校学生、专业人士等，与之相关的阅读活动参与人数较多，效果较好。相对而言，农村留守儿童、外来务工人员、无固定职业者等群体的参与程度十分有限，与之相关的阅读活动往往是行政行为或是公益行为，难以持续且效果有限。要让更多人群参与，让更多人群受益，进一步凸显全民阅读活动的普及性、全民性。

二是全民阅读的公共参与程度有待提升。在全民阅读活动中，读者的参与范围仍然不足，大多只是参与全民阅读活动的个别环节而非全流程，整个过程依然体现出较为浓重的政府主导、自上而下的色彩，读者的主体性地位难以凸显。再者，读者参与的深度仍然不够，很多读者参与活动的动机与活动设置的价值追求并不匹配，读者参与低效、流于形式。总体而言，当前全民阅读活动中的公众参与，大部分缺乏组织性和规模性，这就导致很难形成"读者诉求—全民阅读工作者回应—读者评价—政府反馈与校正"的良性循环。公众参与性问题，已经成为提升优质内容有效供给乃至保证全民阅读成效的紧要问题。

2. 基础设施与服务体系建设滞后

随着社会经济的发展，全民阅读的基础设施和服务体系建设日益完善。但是相对于全民阅读活动开展的需求，基础设施和服务体系建设依然滞后，且分布不均。在基础设施和服务体系建设方面，东部经济发达地区明显优于西部欠发达地区，城市地区明显优于农村地区。因此，《全民阅读十三五时期发展规划》指出要完善全民阅读基础设施和服务体系："制定和完善公共图书馆、基层综合性文化服务中心、农家书屋等公共文化服务设施建设标准和资源配置标准，推进全民阅读公共文化设施建设的规范化、标准化。"①

以基层图书馆为例，由于图书馆建设需要地方财政的投入支持，经济较为发达和经济欠发达地区的图书馆事业发展水平不平衡，总体表现为东部地区优于西部地区。在经济发达的上海市，以乡镇、街道为单位的基层图书馆或图书室已经成为基本配置，并成为开展全民阅读活动的重要实体依托。但在我国其他地区，例如，处于西北内陆深处的新疆阿勒泰地区，经济发展水平不足，人口居住相对分散，这里的基层图书馆只能"建在马背上"。图书馆信息资源建设是全民阅读内容供给的重要组成部分，需要较大的前期投入和后期续订维护成本，对当地政府财政支撑能力要求较高。基层图书馆资金不足问题，不仅影响其纸质图书资源购置预算，也会严重制约其软硬件建设，如阅读环境改造升级等。

---

① 全民阅读十三五时期发展规划［EB/OL］．（2018－04－26）［2022－11－13］．http：//gbdsj．gd．gov．cn/zxzx/ztbd/2018/2018sjdsr/2018dsswxx/content/post_ 1759242．html．

3. 行政单向运行特点突出

全民阅读作为政府倡导、各种社会力量共同参与的活动，自上而下的行政单向运行特点突出。近年来，全民阅读活动日益受到各地方政府的重视，地方行政管理部门、公共文化服务机构、出版机构等，都开展了各种形式的活动。但是一些活动往往形式大于内容，效果并不明显，实现"全民阅读"的愿景依然任重道远。因此，《全民阅读十三五时期发展规划》指出要组织引导社会各方力量共同参与："鼓励和吸引社会力量建设全民阅读公共设施、提供全民阅读服务。"吸引社会名人、文化名家，公务员、教师、新闻出版工作者、大学生等群体，以及文化团体、教育机构和其他社会组织加入全民阅读活动的引领、推广和研究。

例如，当前基层主要以送书入户、送书下乡、送书进工地、送书进菜市场等形式开展全民阅读活动，将图书直接送到读者的手中。这类方式的问题在于，其重点在于"送"，但很难照顾到所送出的图书是否适合读者（阅读能力问题）、读者是否喜欢阅读相关的内容（阅读兴趣问题）、如果有问题或者新的需求如何反馈（阅读沟通问题）等。如果不能提供更为深入的阅读服务，送书的效果往往并不理想，难以帮助大众形成阅读习惯、提升阅读文化素养，从而难以实现全民阅读的价值追求。长期来看，这种送书活动难以持续、效果欠佳。

四、技术赋能：探索融媒体时代全民阅读优质内容建设路径

技术变革推动人类社会进入数字化时代，人们的阅读行为在观念、形式、内容等方面都发生了重大变化。全民阅读内容建设者应把握技术这个关键要素，探索新时代全民阅读内容建设的新路径。

（一）厘清内容建设与技术创新的关系

探索融媒体时代全民阅读内容建设的路径，首先要厘清内容建设与技

术创新的关系：内容建设是核心，技术创新是引领。

1. 内容建设是根本

《中共中央关于坚持和完善中国特色社会主义制度　推进国家治理体系和治理能力现代化若干重大问题的决定》指出，建立以内容建设为根本、先进技术为支撑、创新管理为保障的全媒体传播体系。无论技术如何日新月异，内容始终是核心竞争力。从远古的甲骨、青铜到古代的简牍、帛布、纸张，再到现代的电子阅读器，载体形式不断变化，但有高度、有深度、有温度的内容依然是阅读的本质。

例如，2017 年春节期间，中央电视台推出的《中国诗词大会》节目，就以中华古诗词为核心展开知识竞赛，其创新的节目设计、对传统文化的阐释与传播，使节目迅速引发关注，受到了广大观众的喜爱。节目的热播，同时带动了诗词类图书的销售。此外，在 2017 年推出的《见字如面》《朗读者》，也同样带动了相关图书的销售。这两档节目都突出了朗读与文本这两个重要的阅读元素，在浮躁的社会环境下直击人的心灵世界，重新唤醒、鼓动了观众们回归初心、珍视感情的生活态度。

2. 技术创新是引领

当前，人工智能、虚拟现实、5G 等技术的纵深发展，不仅使数字内容产业向垂直领域探索，也为全民阅读内容生产带来新的机遇。新技术深入全民阅读内容的产品策划、生产创作、市场预测、营销推广等各个环节，可以进一步推动全民阅读工作的长效发展。因此，技术创新并不会导致阅读文化的式微或者带来阅读能力的危机，它是当下全民阅读内容建设的重要抓手。因此，在全民阅读内容建设的实践中，要积极利用技术提升、优化全民阅读内容的生产与供给。

（二）善用技术创新全面提升内容生产能力

阅读与媒介技术紧密相关，时代技术水平、文明发展阶段、社会文化制度等都对阅读行为具有重要影响。进入数字时代，人们可以便捷地获取海量信息资源，阅读内容的供给就不能只局限于满足"有"和"无"，而应该思考如何将信息变为知识、思想和智慧，使读者在阅读中获取知识，形成独立思考，具有批判精神，从而推动社会的进步和文明的发展。

沿着这一思路思考全民阅读内容建设，就应重新认识技术在内容生产中的角色定位。它不再是某一出版环节的应用工具，而应成为引领内容生态创新再造的核心逻辑。内容生产的要素、模式、流程、机制都应从技术的视角进行重新规划，以此重塑内容行业的核心价值和核心竞争力。可以从需求侧和供给侧两个层面进行技术创新，来实现内容生产力质的飞越。

1. 需求侧：提升读者需求分析能力

从用户视角看，要深刻理解当代读者的需求变化。应认识到年轻读者正在被技术重塑这一客观事实。读者对知识的获取越发趋向图像化、视频化、浅显化，读者在知识获取方式、阅读品位与偏好等方面均发生了变化，这些都对内容生产产生了深远影响。因此，采用新的需求挖掘机制、内容策划体系，对内容进行数字式生产、主题式生产、分布式生产，并以不同格式加以封装，是出版业的趋势。这其中，首要的是提升对读者需求的分析能力。

传统的读者需求调查方法比较单一，常用的调查方法有实地调查、问卷调查、专家座谈调查和统计分析等。内容推广也多采用专家推荐模式，例如，政府机构或权威专家的书目推荐等。这种单一的调查方法和自上而下的推广方式，针对性不够，无法满足用户阅读的个性化需求。利用各种平台的大数据，可以放大用户画像，进而最大限度地识别、满足用户需求。

2. 供给侧：重组要素体系，重塑生产机制

面对互联网的海量信息，内容生产者需要具备信息资源整合的能力。面对多元化的阅读需求、文本内容和载体形式，内容生产者需要通过技术进行有效的资源整理，如利用大数据、云计算、人工智能和区块链等技术，

进行获取采集、过滤筛选、分析加工等，最终实现信息资源的最优配置，从而为下一轮的内容生产提供准确的决策支持。

在出版领域，人易感知的媒介技术创新一般表现为载体创新和格式创新，当代出版媒介创新的显著标志就是从纸读向屏读的转向。关于纸读和屏读的争论始终不息，但是两者都有广泛的应用场景和各自偏好的用户。应该肯定的是，屏读能实现即时的互动和更新，表现形式也更加立体和丰富。格式创新则是出版能否在当下竞争格局日益激烈的内容产业中获得优势的关键，要注意出版产品的多格式化，即扩展出版产品的数字化编码、解码形式，以提升对不同终端、不同软件环境的兼容性。

要超越原有纸质书、电子书、数字产品的简单模式，拓展融合出版的产品体系，同时构建基于内容的图书、音频、视频、沙龙、论坛、展览等的全媒体出版，建立以内容为核心能力的策划、开发、重组与运营模式，形成核心产品和服务。在这样一种技术和内容的良性互动之中，内容生产范围不断拓展，内容生产模式更加多元，内容产业结构持续优化，最终可实现优质内容的持续生产与输出。提升内容供给的质量和效力，能够使读者实现从信息到知识、从知识到思想、从思想到观念的认知跨越。

参考文献：

［1］　达恩顿. 阅读的未来［M］. 熊祥，译. 北京：中信出版社，2011.

［2］　伯克茨. 读书的挽歌：从纸质书到电子书［M］. 吕世生，杨翠英，高红岭，译. 北京：中国对外翻译出版公司，2001.

［3］　巴伦. 读屏时代：数字世界里我们阅读的意义［M］. 庞洋，周凯，译. 北京：电子工业出版社，2016.

［4］　丹尼斯，德弗勒. 数字时代的媒介：连接传播、社会和文化［M］. 傅玉辉，卞清，刘琛，等译. 北京：中国人民大学出版社，2019.

［5］　波斯特. 第二媒介时代［M］. 范静哗，译. 南京：南京大学出版

社，2005.

[6] 梅罗维茨. 消失的地域：电子媒介对社会行为的影响［M］. 肖志军，译. 北京：清华大学出版社，2002.

[7] 利文森. 软边缘：信息革命的历史与未来［M］. 熊澄宇，译. 北京：清华大学出版社，2002.

[8] 波兹曼. 娱乐至死［M］. 章艳，译. 桂林：广西师范大学出版社，2011.

[9] 福柯. 知识考古学［M］. 谢强，马月，译. 北京：生活·读书·新知三联书店，2003.

[10] 夏蒂埃. 书籍的秩序：14 至 18 世纪的书写文化与社会［M］. 吴泓缈，张璐，译. 北京：商务印书馆，2013.

[11] 鲍德里亚. 消费社会［M］. 刘成富，全志钢，译. 南京：南京大学出版社，2002.

[12] 麦克卢汉. 理解媒介：论人的延伸［M］. 何道宽，译. 北京：商务印书馆，2000.

[13] 麦克卢汉. 古登堡星汉璀璨：印刷文明的诞生［M］. 杨晨光，译. 北京：北京理工大学出版社，2014.

[14] 王余光，徐雁. 中国读书大辞典［M］. 南京：南京大学出版社，1993.

[15] 王余光，汪琴. 中国阅读通史·理论卷［M］. 合肥：安徽教育出版社，2017.

[16] 王余光. 中国阅读文化史论［M］. 北京：北京图书馆出版社，2007.

[17] 聂震宁. 阅读力［M］. 北京：生活·读书·新知三联书店，2017.

[18] 聂震宁. 阅读的艺术［M］. 北京：作家出版社，2020.

[19] 朱永新. 我的阅读观［M］. 北京：中国人民大学出版社，2012.

［20］ 黄晓新，等．阅读社会学：基于全民阅读的研究［M］．北京：人民出版社，2019．

［21］ 赵勇．大众媒介与文化变迁：中国当代媒介文化的散点透视［M］．北京：北京大学出版社，2010．

［22］ 聂震宁．从智慧阅读看智慧出版转型［J］．现代出版，2021（6）．

［23］ 聂震宁．全民阅读：奠定基础并将深入推进——我国"十三五"时期全民阅读的回顾与展望［J］．中国出版，2020（23）．

［24］ 聂震宁．新时代：阅读与出版共生发展［J］．编辑之友，2020（4）．

［25］ 聂震宁．全民阅读从亲子阅读做起［J］．教育，2020（12）．

［26］ 本刊记者．阅读与近代中国社会转型［J］．编辑之友，2019（4）．

［27］ 屈明颖．国外阅读调查与评估发展历程述略［J］．出版与印刷，2019（1）．

［28］ 黄晓新．试论全民阅读的社会学研究：兼论阅读社会学［J］．出版发行研究，2017（6）．

［29］ 黄晓新．要加强对阅读的社会学研究［J］．出版发行研究，2016（1）．

［30］ 彭兰．更好的新闻业，还是更坏的新闻业？——人工智能时代传媒业的新挑战［J］．中国出版，2017（24）．

［31］ 吴佳妮．自媒体与全民阅读发展态势研究［J］．中国出版，2018（5）．

［32］ 张一鸣．机器替代编辑？［J］．传媒评论，2014（3）．

［33］ 喻国明，杜楠楠．智能型算法分发的价值迭代："边界调适"与合法性的提升——以"今日头条"的四次升级迭代为例［J］．新闻记者，2019（11）．

［34］ 喻国明．知识付费何以成势？［J］．新闻记者，2017（7）．

［35］ 喻国明．未来传播领域发展大势与行动路线图［J］．北方传媒研究，2018（3）．

［36］ 蒋广学，周培京．互联网的下半场与网络时代的新青年［J］．学校党建与思想教育，2019（13）．

［37］ 周艳，吴凤颖．互联网下半场内容创作的乱象与破局［J］．新闻与写作，2019（4）．

［38］ 王飞．从浅阅读到瞥阅读：新媒体语境下阅读方式嬗变及解读［J］．编辑之友，2014（1）．

［39］ 晁霞．融媒体时代阅读场域的拓展与创新［J］．出版广角，2019（19）．

［40］ 赵丽华．从朗读到有声阅读：阅读史视野中的"听书"［J］．现代出版，2018（1）．

［41］ 王炎龙，邱子昊．全民阅读语境下大众阅读偏好及趋势：基于"大众喜爱的50种图书"（2010—2016年）的分析［J］．中国出版，2017（6）．

［42］ 黄晓新．大数据时代出版业更应强化读者阅读意识［J］．出版发行研究，2015（1）．

［43］ 李新祥．全民阅读推广"热"的"冷"思考［J］．出版广角，2013（7）．

［44］ 柳斌杰．新时代，开启全民阅读新篇章［J］．新阅读，2019（11）．

［45］ 于准．全民阅读背景下的移动网络文学内容建设［J］．中国编辑，2018（6）．

［46］ 李龙，刘汉能．技术变迁视域下全民阅读的现代化与治理体系化［J］．出版发行研究，2020（7）．

［47］ 杨沉，张家武，黄仲山．全民阅读视角下新媒体阅读生态重构研究

［J］．图书情报工作，2017，61（12）．

［48］　徐升国．全民阅读走向高质量发展路径探究［J］．科技与出版，
2020（7）．

第二部分

全民阅读"七进"研究

全民阅读，贵在其全民性。全民阅读工作，涵盖社会各个层面的人群，覆盖农村、社区，家庭、学校，机关、企事业单位、部队等社会基层与系统，最终目的是保障整个社会的基本阅读权利，从总体上提高全社会的思想道德素质和科学文化素养。

近年来，围绕着全民阅读"七进"活动，各地区、各级政府纷纷举办了形式多样、主题丰富的全民阅读推广活动，打造了一批"颜值高"、体验好的公共阅读空间，带动起了一批撒播书香、传递文化的全民阅读志愿服务组织，不仅推动了全民阅读，也拉动了文化消费。但是，也应该看到，全民阅读在覆盖全民，为全社会提供均等化公共文化服务方面，还须进一步加强。农村阅读接触率还须提升，社区阅读推广空间与活动建设尚待拓新，机关干部阅读学习的常态化机制有待健全。

本专题聚焦全民阅读"七进"，深入探究如何大力推进全民阅读进农村、进社区、进机关等，关注社会各层级组织如何开展全民阅读活动，满足人民群众的阅读需求，尝试将全民阅读工作及其研究引向深处、引向全民阅读工作系统的内部。

进农村：
乡村振兴背景下的农村全民阅读推广

编者按：近几次的全国国民阅读调查报告显示，我国城乡居民的图书阅读量、数字化阅读均有一定程度的增长，但城乡居民在各类阅读方式接触率上仍存在一定差距。这种差距是长期存在的。为了缩小城乡阅读差距，近年来，社会各界高度重视乡村阅读推广工作，也开展了一系列面向乡村地区的全民阅读活动及服务，如农家书屋工程、数字农家书屋工程、民间图书馆等。乡村振兴战略背景下，实现乡村文化振兴，乡村全民阅读工作肩负重任。当前乡村地区全民阅读推广现状如何，存在怎样的困境，如何进行政策调适促进乡村文化振兴，如何加强协同治理提升基层阅读服务，这些均是乡村阅读推广工作的现实问题。武汉大学、湖北省图书馆完成的两篇研究报告，均对乡村地区全民阅读现状进行了扎实的调查研究，为推进农村全民阅读工作提供了丰富的实践素材与经验数据，这对于未来面向乡村战略与数字乡村战略，探索实现乡村文化振兴的可行路径，提供了很好的参考。

农村全民阅读推广的困境与政策调整

陈庚　潘炜①

摘　要：在乡村文化振兴背景下，通过全国抽样调查、湖北省抽样调查及在云南省腾冲市、山东省曲阜市两个典型农村地区的个案调查，从全民阅读管理体制、全民阅读推广机制、数字化建设和服务提供、阅读推广服务成效等四个方面勾勒了当前农村地区全民阅读推广现状，发现我国农村地区全民阅读推广存在政策缺位、供需错位、管理滞后、效能低下等突出困境，并剖析了困境产生的根源，涉及制度、技术、社会文化等层面，针对此，提出了政策调整的策略建议。

关键词：农村地区；全民阅读推广；现状；困境；政策调整

2019 年，中央宣传部等十部门联合印发《农家书屋深化改革创新　提升服务效能实施方案》，从国家层面提出要"加大阅读推广激励力度，促进乡村阅读深入开展"，为农村全民阅读工作指明了方向。在农村地区，依托农家书屋工程和图书馆总分馆制的建设，全民阅读推广工作取得了有效进展。但受供给侧结构性改革滞后、需求侧农村社会分化和需求结构变迁等因素的综合作用，目前农村全民阅读推广工作的效率效能并不理想，滞后于城镇地区。因此，亟须在广泛调查研究的基础上，探究农村阅读推广所面临的切实问题及其背后的原因，为乡村文化振兴的深入推进提供有效的

---

① 陈庚，武汉大学国家文化发展研究院副院长、教授；潘炜，同济大学人文学院助理教授、硕士生导师。

路径参考。

本研究主要涉及的调研数据和资料，如表 1 所示：

表 1　调研时间、地点和样本分布情况

调研时间	调研地点		样本数/个
2018 年 1—2 月	全国	村委会	276
		农村居民	6939
2019 年 1—8 月	湖北省	村委会	76
		农村居民	2167
2019 年 2—3 月	腾冲市		174
2019 年 7—8 月	曲阜市		——

全国抽样调查。调研时间为 2018 年 1—2 月，涉及全国 21 个省（直辖市、自治区）的 282 个行政村，其中，东部 4 省 34 个行政村、中部 8 省 158 个行政村、西部 9 省 90 个行政村。调研采取问卷调查方式，分为村委会问卷和农村居民问卷，村委会问卷主要了解农家书屋工程的建设情况、服务供给情况，共获得有效样本 276 个；农村居民问卷主要了解居民对农家书屋工程的知晓度、参与率和具体参与情况，共获得有效样本 6939 个。

湖北省抽样调查。调研时间为 2019 年 1—8 月，涉及湖北省 15 个地级行政区的 77 个行政村。调研内容包括农家书屋的运行情况和农村居民的文化参与情况，共获得村委会样本 76 个，农村居民样本 2167 个。

个案调查。其一，云南省腾冲市下绮罗村绮罗图书馆个案调查，调研时间为 2019 年 2—3 月，调研内容为老年志愿者的阅读服务模式和居民文化参与情况，结合问卷调研与访谈法，共获得老年志愿者样本 14 个，农村居民样本 160 个。其二，山东省曲阜市农家书屋个案调查，调研时间为 2019 年 7—8 月，调研内容为文化企业＋农家书屋创新模式的运行情况与效果，主要采用访谈法和观察法。

一、农村地区全民阅读推广的现状

近年来，随着现代公共文化服务体系建设的不断推进，农村全民阅读推广体系也逐渐得到优化升级，管理模式日渐完善，推广机制不断优化，数字化建设也着力推进，为农村全民阅读推广工作的开展提供了有力支撑。

（一）形成了以农家书屋为主阵地的县—乡—村三级协同管理体制

21 世纪以前，受文化政策缺位、地方财政紧张等多因素的影响，农村地区并未建立起统一的阅读服务基础设施和服务机制，除少部分地区有自主建设的农村图书馆外，大部分地区的阅读服务都处于"真空"状态，农村居民的阅读需求及文化权利也处于"被搁置"状态。为了解决农村买书难、看书难问题，提高农村居民的精神文化素养，自 2005 年开始，国家新闻出版行政主管部门开始在全国推行农家书屋工程，截至 2012 年底，共建成 60 余万家农家书屋①，实现全国行政村的全覆盖，为进行农村地区的阅读推广工作提供了主阵地。2016 年，五部委联合出台了《关于推进县级文化馆图书馆总分馆制建设的指导意见》，提出要"因地制宜推进总分馆制建设"，"符合条件的县级馆为总馆，在乡村两级基层综合性文化服务中心设置分馆"，"推动农家书屋与县级图书馆资源整合和互联互通"，初步构建起了以农家书屋为核心依托、县—乡—村三级协同的阅读推广管理体制，推动了农村阅读推广机制的常态化运行。

农家书屋作为农村阅读服务的主阵地，初步发挥起阅读服务常态化供给与推广的作用。据武汉大学 2018 年在全国的抽样调查（见表 2），在 276

---

① 周润健．我国已建成达到统一规定标准的农家书屋 60 余万家［EB/OL］．（2012 - 09 - 27）［2019 - 01 - 25］．http：//politics. people. com. cn/n/2012/0927/c70731 - 19132281. html.

个农村样本中，共有 244 个村建有农家书屋，占比达 88.4%，其中 230 个农家书屋是在 2005 年农家书屋工程实施后建成；样本书屋的平均建筑面积为 86.2 平方米，平均藏书量为 3784.3 册，是最低标准要求 1500 册的约 2.5 倍；82% 的样本书屋配置有书屋管理员。湖北省的数据与全国的数据大致相当。农家书屋体系的建设使得农村地区开始拥有自己的阅读空间，农村全民阅读推广也因此拥有了基本阵地。县级图书馆总馆—乡镇分馆体系作为补充体系，也致力于农村全民阅读推广的业务指导和资源支持。在案例调查中，各地基层文旅部门和图书馆总分馆体系探索出了多元化的农村阅读推广扶持机制。

表2　全国及湖北省农家书屋基础设施建设情况

项目	全国平均值	湖北省平均值
占地面积	88 平方米	43.9 平方米
建筑面积	86.2 平方米	100.4 平方米
藏书量	3784.3 册	3744.7 册
报刊种类	21.7 种	29.7 种
有管理人员比例	82%	67.1%

（数据源于武汉大学 2018 年在全国和 2019 年在湖北省开展的调研）

（二）初步构建起有效的农村全民阅读推广机制

依托农家书屋和县级图书馆总分馆，农村全民阅读推广从宣传引导、图书流转、日常借阅、阅读活动等多方面出发，初步构建起常态化的运行机制。

首先，建立起了集传统媒体、新媒体、村级会议等于一体的阅读服务宣传渠道。如在湖北省的抽样调查中（见图1），76 家农家书屋中仅 5 家没有任何宣传渠道和措施，其余 71 家书屋的宣传活动频率为 2.7 次/月，宣传渠道和形式也较为多元，56.6% 的书屋采用了宣传栏、黑板报，42.1% 的书屋利用村级广播喇叭，68.4%的书屋通过本村大会进行阅读宣传，23.7%的书屋借助微信等新媒体渠道，部分村还采取了村干部口头宣传、发放宣传手册等形式，形成了浓厚的农村阅读服务宣传氛围。

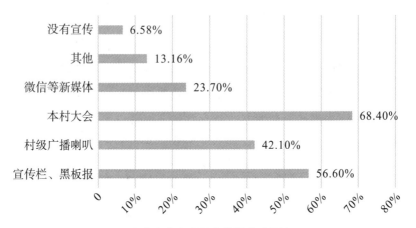

图1 湖北省农家书屋宣传渠道采用情况

其次，图书流转机制的常态化使得基层农村获得了源源不断的资源输入，激活了农村阅读空间，优化了农村阅读服务资源结构。自2016年图书馆总分馆制建设在全国范围推进以来，各地开始因地制宜推动县、乡、村三级的图书流转工作，为农村阅读推广工作提供了有力的资源支持。据全国抽样调查，目前有32.7%的样本书屋与本地图书馆、乡镇文化站或其他农家书屋开通了图书流转，湖北省的这一比例略高于全国平均值，为40.8%。

最后，将日常借阅服务与阅读活动相结合，使农村全民阅读推广服务形成常态化的运行机制。据2018年全国抽样调查（见表3），样本书屋全年平均开放226天，平均每天开放6.5个小时，可以保证日常借阅服务的常态化运行；在免费开放的同时，书屋也积极开展各类阅读推广活动，据调查统计，48.9%的样本书屋会开展阅读活动，平均每家书屋开展活动的次数为6.4次/年，形成了日常借阅与阅读活动相结合、固定载体与多元形式相结合的阅读推广机制。县级图书馆总馆—乡镇分馆体系也多措并举助力农村阅读推广工作。如山东曲阜县图书馆总分馆体系、市文旅局等就协同开展农村阅读信息采集和推广工作，其中，县图书馆总分馆体系通过全面性、层级化的方式，自上而下与自下而上结合推进；市文旅局则采取局部、实验性的方式，直接面向部分农村家庭进行阅读需求调研和家庭式图书流转试点，从不同层面助力农村阅读推广工作等。

表3　全国及湖北省农家书屋运行情况

项目	全国平均值	湖北省平均值
年均开放天数	226 天	276 天
每天开放时长	6.5 小时	7.5 小时
年均举办活动次数	6.4 次	3.25 次

（数据源于武汉大学 2018 年在全国和 2019 年在湖北省开展的调研）

（三）多措并举推进农村阅读服务的数字化建设，促进服务优化升级

数字化是近年来乡村阅读推广服务转型发展的重点方向。2019 年印发的《农家书屋深化改革创新　提升服务效能实施方案》中明确提出，要"优化内容供给"，"开展农家书屋数字化建设，增加数字化阅读产品和服务供给"。

随着公共电子阅览室、公共文化云等系列建设项目的不断推进，农村阅读推广数字化建设取得了较大的进展。据全国抽样调查，约 44.7% 的农家书屋配备有电子阅览室，可供农村居民进行在线阅读和信息查阅；部分地区还通过 24 小时自助借阅书柜、文化云设备等创新数字化阅读服务模式。在案例调研中，湖北省嘉鱼县就建成了覆盖全县的县级公共文化云，将县域内阅读服务资源整合进文化云中，并通过向乡村配备文化云触屏设备来实现数字化服务的普及共享，初步实现了县域内全民阅读推广载体和服务资源的一体化建设，在湖北省乃至全国范围内形成了示范效应。山东曲阜市通过与壹知文化集团合作，将文化企业先进的图书信息管理平台和技术引入基层阅读服务推广工作中，不仅推动了基层阅读管理平台技术的优化

升级，同时也为横纵双向的图书流转和共建共享提供了技术支持。

可见，数字化建设为农村全民阅读推广工作的优化创新和提质增效提供了有力的技术支持。

（四）取得了初步的阅读推广服务成效

随着农村全民阅读推广管理体制、运行管理机制、数字化建设等的不断完善优化，阅读推广工作的效率效能也得到了有效提升，从根本上扭转了21世纪以前农村阅读服务无资源、无管理和无效能的局面。据统计，农家书屋工程实施后，农村地区的阅读资源量得到了极大提升，农村居民的人均图书拥有量从0.13册增至1.63册①，为阅读服务参与提供了有力的资源支持。同时，抽样调查显示（见表4），全国样本书屋的平均访问人次为1344.9人次/年，平均图书借阅册次为998.3册次/年，平均阅读活动参与人次为172.7人次/年；湖北省的数据相对低于全国情况，但也发挥了较为明显的基层阅读服务作用。可见，以农家书屋为主阵地的农村阅读推广有效激发了农村居民读书看报的积极性。

表4　全国及湖北省农家书屋服务成效

项目	全国平均值	湖北省平均值
访问人次	1344.9人次/年	439.5人次/年
借阅册次	998.3册次/年	385.8册次/年
活动参与人次	172.7人次/年	104.3人次/年

（数据源于武汉大学2018年在全国和2019年在湖北省开展的调研）

---

① 吴娜. 农家书屋10年配送图书11亿册　农民人均图书拥有量增长到1.63册［EB/OL］.（2017-12-19）［2019-11-13］. https：//news. gmw. cn/2017-12/19/content_ 27129549. htm.

二、农村地区全民阅读推广的困境及其根源

（一）农村地区全民阅读推广的困境

1. 政策缺位：缺乏针对性的政策指导与一致的行动力

近年来，国家层面相继出台了《全民阅读促进条例》（2017）、《关于促进全民阅读工作的意见》（2020）等政策法规来推进全民阅读推广工作，有效发挥了政策引导和保障作用。但就农村全民阅读推广来说，这些政策法规主要是框架性、原则性的规定，难以具体指导处于起步阶段的农村阅读推广工作。

主要表现在：一方面，现有政策中缺乏关于农村阅读推广主体及其权责关系的规定，无论是《全民阅读促进条例》还是《关于促进全民阅读工作的意见》，都仅从宏观、原则性层面指出县级人民政府、新闻出版（宣传系统）部门、农家书屋等机构的职责，缺乏对农村阅读推广执行主体（尤其是农家书屋、图书馆总分馆及二者所属的县级宣传部门和文旅部门）之间权责关系和职能结构的详细规定，致使农村全民阅读推广工作存在主体不明、权责不清的问题，县级宣传部门—农家书屋体系和文旅部门—图书馆总分馆体系之间也难以形成一致的行动力，缺位、越位问题也由此产生；另一方面，现有政策法规中关于全民阅读推广的发展目标、重点任务、实现路径等规定难以具体指导农村地区的全民阅读推广工作，现有规定主要为统一性、标准化规定，并未充分考虑到农村地区的特殊性和复杂性，尤其是不同地区在地方财政能力、基础设施条件、阅读需求结构等方面的差异性，因此缺乏针对农村地区的可操作的行动目标和标准。

2. 供需错位：格式化供给与农村社会分层趋势不相适应

供给"格式化"是指农村阅读服务资源在资源配置中因长期遵循上级

主导和"自上而下"的运行逻辑，而导致配置手段、内容和路径同质化与标准化，突出表现在农村全民阅读推广的主阵地——农家书屋的资源配置上。《农家书屋工程建设管理暂行办法》对农家书屋的建设标准作出了统一规定，这种政府统一配备模式和数量种类标准的设计，初衷是保障农家书屋的基本功能和农村阅读服务的均等化、标准化，然而在实际运作中，却造成农村阅读资源配置的"一刀切"问题，使得政府的阅读资源配给无法适应社会分层趋势下农村居民阅读需求的分化趋势。

从全国抽样调查情况来看，不同学历、年龄、职业和收入水平群体的阅读需求存在结构性差异和分化趋势，表现在技术载体、服务内容两个层面：一是在技术载体上，不同群体在手机、电脑等新媒体设备使用上呈明显的分化现象，但现在的数字化建设仍采取自上而下的"一刀切"模式，忽视农村地区社会结构的转型变迁及不同群体在阅读载体使用上的差异性，因而存在不同程度的供需错位、资源浪费问题；二是在服务内容上，不同群体对阅读服务内容的需求也呈差异化，应根据不同地区农村的人口结构进行差异化的阅读服务内容配送，但事实上，农家书屋每年配送书目的清单由国家、省、市、县四级按比例决定，其中，国家级和省级决定大部分的书目内容，基层县级能够自主决定的比例甚至不到10%，这极易导致供需错配问题。部分书屋负责人反映，书屋资料的配置一般为统一规划，何时配置、配置哪些书报、配置的数量等信息，书屋负责人事先并不清楚。

3. 管理滞后：宣传、管理、服务等行动主体的普遍缺位

农村全民阅读推广面临的最大困境之一就是人才匮乏，缺乏专职的管理服务人员，致使全民阅读推广宣传、管理、服务等工作普遍缺位。

首先，农家书屋普遍缺乏专职和专业的书屋管理员，并未有效发挥阅读服务的宣传动员和管理服务职能。湖北省的抽样调查显示，虽然67.1%的样本书屋配有管理人员，但九成以上为村委会成员兼职。由此，出现宣传不足、管理不善、服务被动的问题就在所难免。例如，从宣传工作来看，

在农村居民"不去农家书屋的原因"中，"不了解农家书屋"在选择人数上位于第二，仅次于"手机电脑看书更方便"。同时，在 106 位提出建议的访谈者中，约有 35% 的人建议应加强对农家书屋的宣传力度。

其次，普遍缺乏对兼职管理人员的激励机制，导致农村阅读服务推广工作的被动化和消极化。一方面，人员以兼职为主，缺乏激励机制，管理消极化问题较为突出。湖北省的抽样调查显示，从事农家书屋管理工作的人员中，仅有 11 人有补贴，数额在几百到两三千元不等，其他大部分人都是义务管理和服务。另一方面，监管缺位则进一步导致各级主体书屋服务工作态度的消极化。如从"十二五"起，中央农村文化建设专项资金每年补贴农家书屋 2000 元发展经费，但调查中将近八成的农家书屋负责人表示没有获得该专项资金。由此，书屋管理工作普遍被其他村务工作边缘化。

4. 效能低下：知晓度、参与度呈"双低"特征

农村全民阅读推广面临的另一大困境就是效能低下，这种低效能可以从农家书屋的运行情况上直观呈现。全国抽样调查显示，目前，农家书屋普遍存在低知晓度、低参与度的问题，运行效率效能低下，尚未有效构建起农村全民阅读的氛围。这一现象也是政策缺位、供需错位和管理滞后等问题的直接后果。

一是低知晓度。全国抽样调查显示，47% 的人知道农家书屋这项文化惠民工程，35.3% 的人知道本村的农家书屋，两项占比均不高。上述结果表明在整个政策落实过程中，农家书屋项目本身及阅读服务推广工作都不理想。

二是低参与度。全国抽样调查显示（见表5），在参与次数上，去过本村农家书屋的人员比重仅为 16.3%，且以低频次参与者居多，全年去过 1—3 次的占比为 58.5%，约九成的人每月去不了一次；在借阅册次上，全年借阅 0 册书籍的占 37.4%，借阅 1—5 册的占 39.9%，2/3 的人全年借阅量在 5 册以下，总体较低；在活动参与上，受访者中仅有 6.4% 的人在过去一年中参加过农家书屋的阅读活动，其中，77.5% 的人仅参与 1—2 次，人均参

与农家书屋活动的次数是 2.4 次，活动参与度较低，而每个农家书屋每次活动的平均参与人次仅为 27 人次，可见活动开展效果也不太理想。

农家书屋知晓度低、使用率低，不仅无法满足农村居民的基本文化需求和阅读需求，也难以提高农家书屋和农村阅读推广的效能。

表5　全国农村居民农家书屋使用情况

项目	选项	百分比
年均参与次数	1—3 次	58.5%
	4—9 次	29.9%
	10—29 次	8.4%
	30 次以上	3.3%
年均借阅册次	0 册	37.4%
	1—5 册	39.9%
	6—10 册	16.1%
	11—30 册	5.2%
	30 册以上	1.3%
年均参与活动次数	1—2 次	77.5%
	3—4 次	18.1%
	5 次及以上	4.4%

（数据源于武汉大学 2018 年在全国开展的调研）

（二）农村地区全民阅读推广困境的根源

在以政府为主的供给体制下，分析农村全民阅读推广的困境绕不开体制性因素，同时，新技术时代，文化消费模式、需求结构和阅读服务载体等的转型变迁，也是造成全民阅读推广困境不可忽视的因素。如果说制度和技术是农村全民阅读推广困境的外因，那么农村和农村居民本身的社会文化因素则是其内因。

1. 制度层面

当前，农村全民阅读推广面临的重重困境与问题，尤其是管理效能和利用率上的问题，其表象原因是投入不足、管理体制不完善、专业人员缺乏等，深层次的原因则源于体制设计，即项目制逻辑，具体表现为以下三个方面：

一是资源配置上，行政主导的供给逻辑与群众需求逻辑的割裂与错位。在农村阅读推广主阵地——农家书屋的项目制运行中，项目的非竞争性和外部强制性决定了项目在资源配置过程中的"自上而下"逻辑，即每年农家书屋出版物的更新主要通过各级政府出版物目录推荐的方式进行"自上而下"的供给配置。这种供给方式所遵循的仍然是一种行政主导性的供给配置逻辑，来自需求侧农村群众的"自下而上"需求表达逻辑缺失，与群众的真正阅读需求之间仍然存在明显的错位。同时，国家关于农村基本公共文化服务标准化和均等化建设的要求，进一步强化了农家书屋资源配置的格式化和同质化特征。这种供需逻辑的不对位，是导致农村阅读服务资源闲置、利用率不高的重要原因。

二是行动主体上，"建""管"主体分割，形成"建"强"管"弱局面。农家书屋工程政策在设计之初就明确了相关行动主体的责任，即"政府组织建设"、"农民自主管理"。政府组织建设体现为政府进行规划和实施，整合资源，配送出版物和进行出版物更新。农民自主管理、自我服务则要求在个人自愿的基础上，由村民民主推荐书屋管理人员，党支部、村委会等基层组织承担筹建和监督职责。在农家书屋的实际实施过程中，政府组织建设以政府权威及其资金保障力量顺利实现了相应目标和任务，但在农民自主管理这个环节却因缺少专职管理员、缺乏必要的劳动报酬激励等，实难达成农民自主管理。这就意味着作为建设主体的政府部门和作为管理主体的农民二者并没有达成利益目标的一致，处于脱节、分离状态，而行动主体的脱节将导致"建""管"两大环节的割裂，进而形成"建"强"管"弱格局。这也是造成阅读服务资源下达农村地区后利用率低的重要原因。

三是双轨体制引发增量发展逻辑与存量路径创新之间的交织与博弈。农家书屋是农村全民阅读推广的主阵地，县级图书馆总分馆体系也在农村全民阅读推广中扮演重要角色，但由于体制上存在的先天性"缝隙"，二者之间并未形成一致的行动力。图书馆总分馆体系隶属于文化和旅游部门管理体系，采取传统的科层管理方式，农家书屋则归属于宣传部门（新闻出版部门），实行的是超越传统文化部门图书馆服务体系之外的"自上而下"的项目制运作方式，前者是存量逻辑，后者是增量逻辑。在不同的体制模式下，双方在目标建设、资源配置、实施过程、运行逻辑等方面都自成体系，缺乏有效的整合对接机制，因此二者并列运行不可避免地会引起增量发展与存量创新的逻辑交织和博弈。这种情况下，农家书屋往往难以得到拥有相对资源优势的总分馆体系的有力扶持，县、乡、村之间存在明显的阅读资源、管理人才、技术方法的脱节，致使村一级的阅读推广也不可避免地面临宣传、管理、服务等方面发展滞后、效能低下的问题。

2. 技术层面

马歇尔·麦克卢汉认为，"新技术必然创造新环境"[1]，任何文化的技术革新都将改变该文化的环境和感知系统。就农村全民阅读推广来说，技术要素的影响主要通过作用于供给机制和供给载体/手段两个方面来实现。

一是供给机制层面，信息共享技术使得供给主导模式的效率缺陷和体制壁垒日益凸显。农村全民阅读推广发展困境的背后是由技术变革所引发的制度性困境。作为一项由供给侧主导的文化惠民活动，农村全民阅读推广与其他公共文化服务一样，采取了自上而下、垂直化的配置模式。这种模式作为计划经济体制和传统技术手段的产物，具有历史的合理性，但在新技术时代，这种模式必然遭遇挑战。现代信息载体和传播技术的发展，

---

① 麦克卢汉.媒介与文明［M］.何道宽，译.北京：机械工业出版社，2016：124.

使得文化信息源由原来的统治阶层垄断逐渐转变为社会共享状态①,农村文化供给由一元主导逐渐向多元共生发展,人们被赋予了前所未有的主动权和选择空间。在此背景下,文化生产与消费的主导权逐渐由供给侧转向消费侧,文化资源配置也由"政府主导—集中决策"模式逐渐转向"需求导向—分散决策"模式,致使与传统技术环境相对应的资源配置模式开始出现"不适应性症状"。因此,转变资源配置模式,建立与新技术和新环境相适应的供给机制是农村全民阅读推广转型发展的必然选择。

二是供给载体/手段层面,互联网时代,传统纸质媒介的技术劣势日益凸显。当前受益于媒体融合发展,城乡居民的文化消费由传统技术阶段快速向大数据移动媒体阶段转型。以移动终端和互联网为载体的文化信息传输机制已在广大农村地区迅速普及,不仅打破了信息传播和文化消费在时间、空间、阶层等方面的限制,同时也极大地降低了农村居民文化消费的经济成本和文化门槛,农村居民文化消费开始呈现出在线化、视听化和数字化特征,纸质阅读产品和服务逐渐失去消费市场。如在湖北省的抽样调查中,手机、电子阅读器等移动端已经成为主要阅读载体就是这一问题的表现,同时,在访谈调查中,很多受访者也表示纸质阅读不如电子阅读方便,建议提升农村阅读服务的信息化程度。

3. 社会文化层面

社会文化因素作为农村全民阅读推广困境的内因,可以从宏观和微观两个层面来理解。

一是农村社会出现结构性变迁,致使传统的农村全民阅读推广面临挑战。传统纸质技术的服务对象是传统社会的居民。费孝通认为,传统的农村是"乡土的",这种乡土社会下生活的农民具有两个显著的特征——人口

---

① 傅才武. 近代中国国家文化体制的起源、演进与定型[M]. 北京:中国社会科学出版社,2016:13.

流动率小、以农为生①，这种相对固定的人口结构和单一的知识信息需求结构为传统信息媒介的生存提供了社会土壤。但经济社会的发展和技术变革从根本上改变了传统农村的面貌，农村地区的阅读服务对象发生了结构性变迁。其一，现代交通通信技术的变革和城乡一体化发展，打破了传统农村的地理边界，农村的人口规模和人员结构发生巨大改变。其二，随着农民收入水平的提高、现代教育的普及以及城镇化趋势的加快，传统农村的经济边界、自然边界、文化边界和社会边界逐渐分化②，生产生活的社会环境也突破了传统相对封闭的"熟人社会"，对文化信息及其载体的需求逐渐呈现出多元化和差异化特点。农村社会的这种结构性变迁使得基于传统模式的农村阅读推广逐渐丧失了原有的服务对象和消费主体，亟须转型变迁以适应当前农村社会结构的变化。

二是农村居民出现群体分化，文化需求结构转型与文化精英"进城"共同导致农村地区的弱阅读氛围。如果说农村社会结构的转型变迁是从宏观上影响农村全民阅读推广，那么作为个体集合的农村居民群体在价值理念、经济文化水平、需求等多方面的群体分化则将直接影响阅读服务推广的效率效能。从全国调研情况来看，农村居民年收入在 1 万元及以下的占比43.2%，年收入 1 万—3 万元的占比 26.2%，年收入 5 万元以上的占比12.4%，虽然总体而言，低收入群体占比较多，但已经呈现出较为明显的经济水平分化趋势。而经济能力和收入水平对文化消费意愿和能力是具有决定性影响的。全国抽样调查数据分析显示，农村居民年收入水平与是否去过农家书屋、去的次数等变量之间的卡方检验 p 值均小于 0.05，即呈显著相关关系，这就导致在当前的供给模式下，农家书屋可能既无法吸引低收入群体，也难以满足中高收入群体。另外，从文化水平上来看，随着义务教育的普及，农村居民的文化水平和知识技能得到了普遍提升，但随着参

---

① 费孝通. 乡土中国［M］. 北京：人民出版社，2015：3 - 16.
② 李培林. 村落的终结：羊城村的故事［M］. 北京：商务印书馆，2010：39.

与中高等教育机会的增多，农村居民内部文化水平分化的现象也逐渐凸显。从全国抽样调查情况来看，各学历群体中农村常住人口的比例随着学历的提升而降低，具有较强阅读动机和能力的高学历群体大多并不常住农村，而常住农村的人口很多都文化水平较低、阅读动机较弱，这就从客观上导致农村阅读推广的管理和服务缺乏有效的参与人口，进而在较大程度上影响其服务效率和效能。

三、农村地区全民阅读推广的政策调整策略

农村全民阅读推广困境是供给侧和需求侧以及制度、技术与社会文化等因素综合作用的结果，寻求政策调整路径应该统筹考虑各方面因素，应从供需两个层面出发探究政策调整方向和策略。一方面，在供给侧层面，调整的关键在于完善农村阅读服务的供给机制和推广模式，通过重塑主体关系、明确服务标准、改革供给模式等策略，形成良性运转的农村全民阅读推广体系；另一方面，在需求侧层面，针对农村社会分层趋势及其导致的农村居民阅读需求结构、行为模式的分化问题，应加强对农村居民的阅读需求培养和行为引导，通过建立约束激励机制等措施，激发和增强农村居民内生的阅读需求和文化参与热情，从而构建起供给与需求双向互动、互相促进的农村全民阅读推广体系。

（一）强化政策保障：构建专门的农村全民阅读推广政策

构建专门的农村全民阅读推广政策是在农村地区有序开展全民阅读推广的重要前提。当前，农村阅读推广主体责任不明、管理滞后、标准缺失、保障不力等问题产生的重要源头就是政策缺位。为此，应以乡村文化振兴、农村公共文化服务以及全民阅读推广工作的战略目标和发展规划为指导，结合农村地区的发展实际，从以下几个方面出发来构建、完善专门的农村

全民阅读推广政策：

一是推动农村全民阅读推广政策与农家书屋、图书馆总分馆相关政策的衔接。农家书屋、县级图书馆总分馆同属农村读书看报服务的供给主体，但项目制的供给模式在过去十余年中造成二者在资源配置、决策管理主体、日常运行等多方面的割裂。2016 年出台的《关于推进县级文化馆图书馆总分馆制建设的指导意见》虽然涉及农家书屋，但也主要面向县级图书馆和乡镇分馆，实践层面上大部分农家书屋仍被排斥在县级图书馆总分馆制之外，进而导致农村阅读服务主体分离和服务裂解，农村阅读推广难以形成一致的行动力。因此，强化农家书屋和县级图书馆总分馆之间决策管理主体的沟通以及相应政策的衔接至关重要。

二是在政策对接的基础上，明确农村全民阅读推广工作的战略目标和重点任务。应结合《中共中央国务院关于实施乡村振兴战略的意见》《关于促进全民阅读工作的意见》确定的相关目标，以及图书馆总分馆制和农家书屋相应的建设目标，明确农村全民阅读推广服务体系建设的中长期目标，并从建设管理、资源配置、内容体系、服务标准、人才建设、激励机制等方面出发，明确农村全民阅读推广服务体系建设的重点任务，为农村全民阅读推广服务工作的开展提供方向指引和政策保障。

（二）明确行动主体：推动农家书屋与图书馆总分馆体系的融合发展

项目制下农村阅读服务增量发展逻辑与存量路径创新之间的博弈，及由此引致的宣传、管理、服务等行动主体缺位问题，成为农村全民阅读推广的沉重桎梏，因此，厘清农家书屋与县级图书馆总分馆在农村全民阅读推广中的权责关系，推动二者的资源整合和互联互通，是构建农村全民阅读推广服务体系、提升服务效率和效能的重要路径。

为此，首先，应打破部门体制的障碍，通过县级宣传部门与文旅部门之间的沟通协调，在县级图书馆总分馆与农家书屋之间建立互联互通的管理体制机制，明确二者在农村全民阅读推广中的权责关系与联动机制。其次，重点推进信息技术平台、人员互动、资源流转和活动开展四个方面的互联互通，实现县、乡、村三级阅读服务资源的共建共享，提升作为农村阅读服务推广主阵地的农家书屋的管理服务水平，同时通过资源注入与人才建设形成农村全民阅读推广的可持续发展格局。此外，还可以通过政府购买、公益性众筹、合作生产供给、民主对话和参与等多种形式破除市场主体和社会主体的"进入壁垒"，让广大民众、社会力量参与农村全民阅读推广服务体系建设，解决单一政府供给模式下，管理服务主体缺位以及阅读推广效率低下的问题。

（三）构建技术体系：搭建信息化平台促进多方对接和资源整合

现代信息技术以其多元传播载体、信息交互平台和扁平化的结构优势，能够为农村全民阅读推广供给机制优化提供技术支持，推动农村全民阅读推广适应现代公共文化服务体系建设与新技术时代阅读模式的转型。在具体运作上，农村全民阅读推广的数字化、信息化建设可以着眼于供给侧和需求侧两个维度：

一是在决策管理（供给侧）层面，通过搭建专门的阅读服务信息平台或在文化云平台中开辟基层阅读推广专栏等方式，在宣传部门与文旅部门、农家书屋体系与县级图书馆总分馆体系之间构建扁平化的运作机制，协调权责划分、资源配置、信息沟通等各方面的问题，解决因农村阅读推广权责不清和沟通不畅而导致的管理缺位问题；同时，借助阅读信息平台/专栏，推动服务供给主体、生产主体、消费主体以及志愿者、公益组织等社会力量的网络对接，使得各类主体成为信息平台的"网络节点"，进而转变传统单向的主体互动模式，构建农村全民阅读推广的网络化治理结构，疏通社会力量参与农村文化决策、管理和服务的渠道；最后，还可以发挥阅读信息平台/专栏在农村居民阅读需求信息采集、阅读管理服务、监管评价、大数据分析等方面的综合功能，形成农村全民阅读推广"一站式"信息平台，优化决策管理机制。

二是在受众服务（需求侧）层面，可以发挥阅读信息平台/专栏在内容搜集、整合以及供给上的优势，构建农村读书看报服务数字信息资源池，形成技术标准统一、内容多元化的阅读信息资源供给模式，为农村居民提供在线化的阅读服务，以适应新技术时代农村居民阅读模式和载体的变迁。同时，还可借助阅读信息平台/专栏构建书屋管理员、宣传文化部门负责人等与农民群体的对接渠道，形成信息传播、思想交流、意见反馈的常态化机制，为农村全民阅读推广的决策执行体系和服务供给的优化提供可靠且持续的信息源。

（四）促进供需对接：以需求导向调整服务推广模式

第十四个五年规划和 2035 年远景目标纲要提出，将提升供给体系适配性，形成需求牵引供给、供给创造需求的更高水平动态平衡，供需对接已经成为当前及下一阶段公共服务供给改革的重要方向。

以农家书屋为主阵地的农村阅读推广在农村公共文化服务建设中受到"冷遇"，其根源就在于供给机制与农民需求之间的脱轨。因此，建立供需对接机制，打造"需求牵引供给、供给创造需求"格局，是农村阅读推广工作的重要改革趋向。首先，应确立"以需定供"理念，建立需求导向机制，充分尊重不同地区、不同群体农民的阅读需求，并将此作为决策管理和资源配置的主要依据，尽可能贴合农民的阅读需求，建立"点单式"的供给方式。其次，通过"线上＋线下"相结合的图书阅读需求反馈平台，全面征集新时代农民对阅读的需求，通过研究分析和动态调整，倒逼阅读推广服务内容和方式的优化。最后，利用文化云、微博、微信等新媒体平台，积极动员农民进行需求表达，反馈其在信息知识获取、休闲娱乐以及社会交往等方面对农家书屋的各种需求，激发农民需求表达的积极性。

（五）优化阅读空间：营造良好的农村公共阅读文化氛围

农村公共阅读的外在情境是一个不会在短期内发生变化的相对稳定的因素，构建并优化农村公共阅读空间和情境，可以在农村地区形成浓厚且持久的阅读氛围，使阅读成为一种愉快、定期和持续的活动①，进而潜移默化地影响农村居民的阅读习惯，调动他们的阅读积极性。

这需要通过有效且长期的政策设计，结合农村当地的实际，有计划、有目的地推进。具体包括：其一，基层政府和图书馆、农家书屋等公共文化机构要定期常态性地组织阅读活动，让农村居民尽可能地了解、认识和接触公共阅读，营造良好的阅读参与氛围；其二，发挥地方精英群体和乡贤群体等意见领袖的影响带动作用，丰富馆藏，提供多样的活动，形成集体行动的认同逻辑，进而形成一种基于默契的、非正式的行为守则，并包含着行动者之间相互影响和促进的阅读氛围②；其三，与农村老年协会、宗族协会、乡镇和农村中小学等农村社会组织展开合作，举办多种读书交流会、亲子读书活动等，促进农村老年群体、阅读困难群体、青少年群体等的积极参与；其四，积极面对公共阅读与其他文体活动的竞争，利用公共阅读的物理空间、活动方式和组织体系，推动阅读空间和农村文化信息资源共享工程、农村文化室、新时代文明实践中心，以及其他文化爱好者协会或者组织等进行有机融合，促进农村公共阅读空间与其他公共文化空间的共建共享。

（六）培育阅读需求：形塑农村居民阅读的主体性

内生需求是由行动者自身因素所引起的需求。农村居民公共阅读的内

---

① NYAM S. S. The School Library and Promotion of Reading Culture［J］. Delta Library Journal, 2015, 9（12）: 4-45.

② SEQUEIROS P. The Social Weaving of A Reading Atmosphere［J］. Journal of Librarianship and Information Science, 2011, 43（4）: 261-270.

生需求来自他们自身，而不是受外界情境影响或是刺激物刺激而产生的。通过湖北省的抽样调查，我们发现目前农村居民公共阅读参与者的主要内生需求包括获得信息与了解时事（4.09分）、提高文化知识水平（4.02分）、休闲娱乐（3.81分）、打发时间（3.70分）、解决生产生活中遇到的困难和问题（3.56分）等，其得分均高于外生的需求——村委会宣传促使（3.5分）、其他人的带动或农家书屋管理员的带动（3.48分）、为了在社会交往中与人交流时增加谈资（3.38分）、陪同朋友或者家人去（3.22分）等。可见，内生动机是引发农村居民阅读行为的主导因素，因此，应强化公共阅读现有参与者的内生需求，激发和唤醒未参加者的内生需求，进而形塑和建构农村居民公共阅读的主体性。

提升农村居民内生需求首先须加强文化资本的积累，尤其是提升识字水平和受教育水平。在此基础上，更进一步将这些能力基础转化为实际的参与行为，提高农村居民对公共阅读重要性的认知，并增加接触和使用经验，养成公共阅读习惯。为此，第一，基层党和政府组织、学校、村委会、阅读机构等要贴近农村实际，加强宣传力度，通过多种方式对阅读服务进行介绍和宣传，提高农民的知晓度，调动农民参与热情；第二，发挥乡村能人和乡贤的意见领袖作用，同时采取观念教育和榜样引领相结合的方式，让农村居民切实认识到公共阅读的价值，提高阅读认知水平；第三，开展多种阅读活动，将农村居民需求最多的农业科技、医疗保健、休闲娱乐等阅读资源通过讲座、知识交流、讲演等方式进行传播，辅以节庆纪念、知识竞赛等趣味性活动，让阅读文化活动挤入农村居民的休闲时间，渗入农村居民的日常生活，增强农村居民对阅读及阅读活动的认同度。此外，还要加强对农村居民阅读方式和阅读能力的指导，将阅读与生产生活实践相结合，以此激发他们阅读的兴趣和需求。

数字乡村战略下基层阅读服务
协同治理现状与对策[①]

谢娟　李雪　李红　张小雨　秦霞[②]

摘　要：本文聚焦乡村阅读服务协同治理，以期提高协同治理水平，进而提高乡村层面的基层阅读服务效能。在湖北省范围内面向乡村居民和阅读服务提供者开展问卷调查，并基于 K. Emerson 和 T. Nabatchi 提出的协同治理整合框架对调查结果进行分析，发现乡村阅读服务协同治理还处于比较低的层次。基于此，提出依托数字阅读服务平台的乡村阅读服务协同治理框架及相应的行动对策。

关键词：乡村阅读服务；基层阅读服务；协同治理；数字乡村战略；数字阅读服务

2019 年 5 月 16 日，中共中央办公厅、国务院办公厅印发了《数字乡村发展战略纲要》（以下简称《纲要》）。阅读服务作为公共文化服务的重要组成部分，《纲要》中加快乡村信息基础设施建设、繁荣发展乡村网络文化、推进乡村治理能力现代化、深化信息惠民服务等数字乡村建设任务均与其

---

① 本文系国家新闻出版署出版融合发展（四川新华）重点实验室课题"数字乡村战略背景下全民阅读协同服务平台构建研究"研究成果之一，曾发表于《图书情报工作》2022 年第 66 卷第 3 期，选入本书内容有所删减。本课题组成员主要有：谢春枝、吴建华、刘元珺、张晨、谢娟、李红、赵艳、李雪。

② 谢娟，湖北省图书馆副研究馆员；李雪，厦门大学图书馆馆员；李红，湖北省图书馆副研究馆员；张小雨、秦霞，华中师范大学信息管理学院硕士研究生。

密切相关①。《纲要》的出台给依托信息技术的基层阅读服务提供了利好的发展条件，也为服务协同提供了一定的契机。不同乡村阅读服务主体之间，存在不同程度的服务协同。数字技术环境和相应的政策环境下，为提高乡村阅读服务效能，本研究开展面向乡村阅读服务供需两侧的调查，探究多元主体提供乡村阅读服务的协同水平，了解其存在的问题，明确其困境，并提出相应的对策。

现有研究提出的阅读服务相关的协同治理机制，实际上是对各个主体角色的定义与合作关系的分析。本文认为，协同治理不应仅限于此。因此，本文选择具有预测作用的协同治理整合框架，以此作为工具，对乡村阅读服务协同治理的现状进行有层次的系统分析，以便了解阅读服务协同的概貌，也易于识别出阅读服务协同治理中的关键命题。

一、研究设计

（一）协同治理理论框架

协同治理是由协同学和治理理论融合发展而来。从公共管理的角度来看，协同治理可以定义为一个或多个公共机构连同非政府利益相关者一起参与的正式的、基于共识的、审慎的集体决策过程，是实现制定或实施公共政策、管理公共项目和财产的制度安排。② 通俗来讲，协同治理即多个部门通过多样化的方式，如信息共享、资源与能力互补等方式促进共同行动，

---

① 中共中央办公厅，国务院办公厅. 数字乡村发展战略纲要［EB/OL］. （2019 - 05 - 16）
［2021 - 06 - 18］. http：//www. gov. cn/zhengce/2019 - 05/16/content_ 5392269. htm.

② CHRIS ANSELL A C. Collaborative Governance in Theory and Practice ［J］. Journal of
Public Administration Research and Theory，2007（4）：543 - 571.

处理单一部门无法解决的事务，实现单一部门无法达成的目标。①　一方面，协同治理是解决公共问题的一种制度安排；另一方面，协同治理强调参与主体的多样性，从正式的政府部门、非政府组织，扩展到市场、社会、社区甚至公民。②

在协同治理的发展过程中，为增进理解、提升实践，出现了一些协同治理框架。其中，K. Emerson、T. Nabatchi 等提出的协同治理整合框架较为全面地整合了协同治理的环境、驱动力、协同动力、产出效果等多个方面，而不仅限于协同治理的途径、策略。该框架的图形表示如图 1 所示。

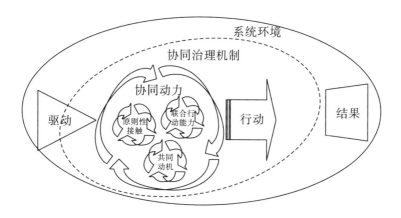

图 1　协同治理整合框架③

该整合框架是一个嵌套式框架，首先于 2012 年发表④，后根据来自学

①　BRYSON J M, CROSBY B C, STONE M M. The Design and Implementation of Cross - sector Collaborations: Propositions from the Literature［J］. Public Administration Review, 2006, 66（S）: 44 - 55.

②　胡那苏图. 产业地域典型社区协同治理研究：基于日本丰田市的个案分析［D］. 吉林大学, 2020.

③　EMERSON K, NABATCHI T. Collaborative Governance Regimes［M］. Washington, DC: Georgetown University Press, 2015.

④　EMERSON K, NABATCHI T, BALOGH S. An Integrative Framework for Collaborative Governance［J］. Journal of Public Administration Research and Theory, 2012（1）: 1 - 29.

术会议或工作坊的学者及协同治理实践者的意见与反馈形成最终版本。协同机制最外层为系统环境，最内层为协同动力，中间包含协同驱动因素以及系统环境支持、驱动因素与协同动力作用下的产出机制。通用系统环境包括一切与协同机制有关、能促进协同动力的因素，如政策因素、法律因素、社会经济因素、现有的权力关系、协同主体的冲突历史等。驱动因素主要涉及领导力、不确定性、相互依赖以及激励机制等。协同动力则由原则性接触、共同动机和联合行动能力构成，如发现利益、协商、共同决定、信任、相互理解、内部合法性和承诺，可以共同创造的有效行动。协同治理的结果向度是其产出机制，包括协同行动、可靠效果以及协同的适应性。

（二）数据搜集

本研究课题组以湖北省为例，于 2021 年 2 月 1 日—3 月 2 日面向乡村居民、阅读服务提供者开展调查研究，调查形式包括实地走访、问卷发放以及访谈等，以问卷调查为主，问卷内容和访谈提纲由课题组成员多次讨论确定。

问卷调查采用分层抽样和滚雪球抽样相结合的方法，依据湖北省乡村振兴战略规划（2018—2022 年）中分区、分类推进乡村振兴战略实施的思想，针对"三区"（江汉平原乡村振兴示范区、都市城郊乡村振兴先行区、扶贫片区乡村振兴试验区）和"四类村庄"（集聚发展类村庄、农耕传承类村庄、特色保护类村庄、搬迁撤并类村庄），面向村民，选择黄石市阳新县、黄冈市罗田县、十堰市竹山县、孝感市孝昌县、孝感市孝南区、潜江市、丹江口市辖属村庄发放问卷。发放形式有网站、电子邮件、手机终端、人工发放等多种，总共回收来自 130 个行政村的乡村居民问卷 694 份。面向阅读服务主体的问卷在相同区域发放，发放对象为参与乡村层面基层阅读服务的机构，共回收问卷 158 份。此外，课题组走访了潜江市积玉口镇的凤蛟村、宝湾村，黄冈市罗田县大河岸镇古城寨村，得到许多有意义的细节。调查对象基本情况如表 1 所示。

参与调查的阅读服务提供者涉及农家书屋、学校图书室、乡镇文化站、区（县）图书馆等基层阅读服务单位以及文化和旅游局等相关政府单位。其中，来自村一级阅读服务单位有68位，来自镇一级单位有44位，来自区一级单位有28位，来自县一级单位有18位。

表1　调查对象基本情况

对象	项目	选项	数量（位）	比例（%）	对象	项目	选项	数量（位）	比例（%）
乡村居民	性别	男	364	52.45	阅读服务提供者	性别	男	54	34.18
		女	330	47.55			女	104	65.82
	年龄	18周岁及以下	17	2.45		年龄	18—35周岁	56	35.44
		19—35周岁	276	39.77			36—45周岁	50	31.65
		36—45周岁	184	26.51			46—55周岁	47	29.75
		46—59周岁	188	27.09			56周岁及以上	5	3.16
		60周岁及以上	29	4.18		学历	初中及以下	23	14.56
	学历	初中及以下	183	26.37			高中或中专	42	26.58
		高中或中专	242	34.87			本科或大专	92	58.23
		本科或大专	260	37.46			硕士研究生及以上	1	0.63
		硕士研究生及以上	9	1.3					

二、乡村阅读服务协同治理现状

（一）乡村阅读服务协同治理的系统环境分析

协同治理的系统环境即发生场域，包括基层阅读服务相关的政策和法律、现有的阅读资源、文化环境、各阅读服务主体或居民与服务主体之间的信任水平与冲突历史等。

1. 政策法律方面

近些年，乡村层面的基层阅读服务协同受到支持和鼓励。如《中华人民共和国公共图书馆法》及多省市的全民阅读都倡导社会力量参与阅读推广，催生了层出不穷的跨界阅读服务实践。《纲要》的出台也营造了良好的技术生态。可以说，乡村阅读服务的开展与协同治理有良好的政策条件。调查显示，熟悉数字乡村战略的阅读服务主体中，分别有 77.59%、72.41%、70.69%、68.97%、72.41% 认可信息基础设施能促进全民阅读、全民阅读对乡村网络文化繁荣有积极作用、全民阅读服务是乡村治理的具体表现、全民阅读服务是信息惠民服务的一种、全民阅读服务能间接促进乡村农业发展和经济繁荣。而参与调查的阅读服务主体仅 36.71% 专门学习过相关文件。可见，乡村基层阅读服务协同有较好的政策环境，但是向下解释和传达不及时，需要加强。

2. 资源方面

需方视角下，在 694 名参与调查的村民中，84 名无阅读经历。其余 610 名，手机、电脑、电子阅读器等数字阅读接触率（82.46%）高于纸质读物接触率（48.85%），主要原因依次是方便（79.15%）、支持多种媒体（61.15%）、资源丰富（45.9%）、更新及时且传播快（45.57%）等，有村民表示："线上看书的人多了，村阅读室人越来越少了。"如图 2 所示，偏

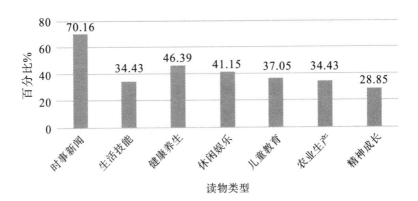

图2　村民阅读类型偏好

好的读物内容类型以时事新闻、健康养生、休闲娱乐、儿童教育类居多。资源和服务获取途径方面，接触纸质读物推介、辅导居多，其次是微信公众号或网站等线上宣传与指导、数字设备与读物的宣传和推广等阅读服务，线下进行数字资源使用指导较少（见图3）。数字读物主要通过各种社交平台、新闻网站获取数字阅读内容，公共文化服务性质的数字阅读平台和商业性质的专门阅读平台也有接触（见图4）。

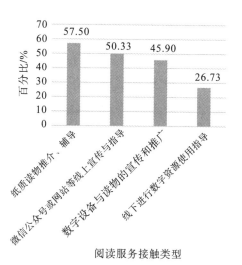

图3　村民阅读服务接触情况

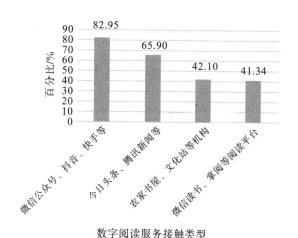

图4　村民数字阅读服务接触情况

供方视角下，全部阅读服务机构和村一级阅读服务机构提供各类型资源和服务的比例如图5、图6所示。在政策、技术支持下，尽管乡村阅读服务受到许多关注，但资源下沉仍离乡村居民需要相去甚远。并且，这种差距在深度的数字阅读推广、数字阅读指导、阅读推广活动等服务上尤其明显。另外，社交平台的作用不可忽视。

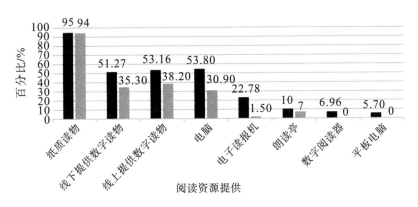

图5　阅读服务机构提供阅读资源情况

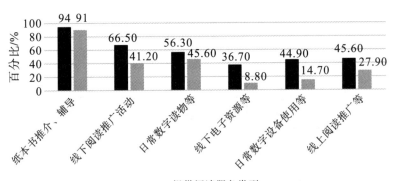

图6　阅读服务机构提供阅读服务情况

3. 文化环境方面

针对需方，阅读服务接触是乡村居民基于自身素质条件和偏好进行的选择性接受①。乡村居民自身素质中与阅读服务最相关的是文化水平。参与调查的村民文化水平为初中及以下和受过高等教育的分别为 26.37% 和 38.76%。针对供方，各级政府、相关部门对乡村阅读服务的支持是宏观上的文化环境，乡村阅读氛围、阅读服务提供者的文化水平则是微观上的文化环境。参与调查的阅读服务提供者中，受过高等教育的占 58.86%，在村一级阅读服务机构中为 29.4%。乡村居民文化水平同参与调查的阅读服务提供者文化水平之间有一定的差距，某种程度上可以视作阅读服务的可能性空间。目前，阅读服务提供者的文化程度难以支撑优质、深入阅读服务的开展。

4. 信任与冲突历史

信任与冲突历史是协同治理中的关键要素，同时也是协同治理应解决的问题。两者之间有一定联系，当信任缺乏时，极易产生冲突。基层阅读服务问题虽复杂棘手，但相较房价、污染等公共问题更为温和，较少引起冲突。在本次调查中，有村民不了解阅读服务的公共文化服务属性，认为自己并没有权利使用阅读服务。笔者在其他基层阅读服务调研中也遇到过类似情况，居民表示不愿意为基层阅读服务建言献策，因为"说了也没有用"。也有村民因自身养殖需求到农家书屋借书，但发现内容陈旧，便放弃使用。乡村阅读服务需求方对基层阅读服务不信任是阅读服务协同不易跨越的隐形门槛。

（二）乡村阅读服务协同治理的驱动因素分析

在复杂的系统环境中，驱动因素表明各实际参与方为何超越自身利益去促进初始条件发生。② 当驱动因素存在，乡村基层阅读服务的协同治理可

---

① 傅才武，王文德. 农村文化惠民工程的"弱参与"及其改革策略：来自全国 21 省 282 个行政村的调查［J］. 中国图书馆学报，2020，46（5）：54-73.

② EMERSON K，NABATCHI T. Collaborative Governance Regimes［M］. Washington，DC：Georgetown University Press，2015.

能发生且需要被触发，包括不确定性、相互依赖、激励机制以及领导力等。对驱动因素关注包括其在场情况，以及参与者对其在场情况的认识。

1. 不确定性

不确定性是协同治理的背景性因素。在乡村阅读服务中，不确定性是指未来的境况、资源、决策等模糊不清、不稳定时，各参与方掌握阅读服务信息有限的情况。例如，参与调查的阅读服务机构认为村民没有阅读需求和习惯是阅读服务开展困难的最主要原因（占69.1%），但又认为村民对纸质读物（77.9%）、数字阅读设备（48.5%）、线下阅读活动（38.2%）、数字读物（48.5%）、线上阅读活动（23.5%）都有一定的需求，两者之间存在矛盾，反映对阅读服务相关信息的有限认知。而相应地，许多村民不知道阅读服务机构的存在。在乡村阅读服务中，不确定性主要体现在供方无法完全知晓需方的需求与选择，需方无法从各供方处获得便捷、高效、有针对性的服务，供方各主体无法利用现有的资源、技术构建清晰的服务版图。在针对乡村阅读服务供需双方的调查中，不确定性十分明显。

2. 相互依赖

相互依赖是协同各主体选择协同治理而非冲突或竞争的原因。在现实的乡村基层阅读服务环境中，依靠单个主体无法实现阅读服务的目标，不同主体之间有不同程度的依赖关系，这种依赖关系在村一级阅读服务机构也有所体现，是协同治理的基础。如基层政府为其提供场地空间（整体70.89%，村一级61.8%），意味着基层政府通过提供空间的方式参与基层阅读服务，阅读服务机构则依赖基层政府提供的空间。另外，阅读服务机构较多地接入公共图书馆数字阅读平台和数字农家书屋、文化共享工程等公共文化服务数字平台（整体62.03%、68.35%，村一级42.6%、61.8%），较少接入商业的数字阅读平台（整体12.66%，村一级4.4%）。这意味着基层阅读服务机构依靠这些角色提供服务，而文化共享工程项目、商业阅读服务平台依赖广泛分布在农村的阅读服务机构施加影响。此类阅读服务工程自身有其制度，但彼此互动不多，这种依赖关系尚缺乏协调性。例如，居民最常使用的社交类、新闻类、专门阅读类的数字平台较少被纳入阅读服务机构的考虑范围。

3. 激励机制

激励机制对协同治理的触发十分重要，协同主体需要诱因参与阅读服务。在参与调查的阅读服务机构中，33.54%认为缺乏激励机制是乡村阅读服务开展困难的原因之一（村一级为25%）。关于协同，参与调查的阅读服务主体认为阅读服务各方合作出现问题的主要原因有：缺乏明确的政策指引（54.05%）、缺乏长效合作机制（45.95%）、合作意愿较弱（24.32%）。在村一级，相应的比例分别为55.5%、27.7%、22.2%。尽管如此，参与调查的阅读服务机构中，72.15%支持整合全民阅读各方机构资源和服务且愿意为此付出努力（村一级为67.6%）。可见，阅读服务各主体参与乡村阅读服务意愿较强，但由于多方面激励机制的缺乏，尚无法达到高水平的协同治理，并且激励机制这一驱动因素的缺乏已经为阅读服务参与者所知。

4. 领导力

领导力是协同治理的重要驱动因素。当个人或组织的出席能够促进协同发生，即是领导力的体现。在乡村阅读服务下，当有此领导力的政府机构、非政府组织或个人出现，即有可能促成阅读服务协同治理的发生。此类角色通常具有密集的专业和社交网络，为关键角色所知道，值得信赖。例如，朱永新作为全民阅读形象代言人为各类型阅读组织所知，是典型的有领导力的例子，也从事实上推动了阅读服务的提升。但在乡村层面，目前来看，各阅读服务主体分头治理，尚未出现有足够跨部门、跨组织领导力的个人或组织。调查显示，较少或不同其他主体合作的阅读服务提供者中，40.54%认为没有机构牵头是造成合作困难的主要原因。在村一级，这一比例为33.3%。

（三）乡村阅读服务协同治理动力分析

分析协同治理的动力问题，即通过分析乡村阅读服务参与方为何、如何参与阅读服务，尚有哪些问题亟待解决，反映乡村阅读服务协同治理的初始条件——是否有能力触发协同治理，是否可以有效进行协同治理。[1]

1. 原则性接触

原则性接触指协同治理各方出于解决问题、化解矛盾、创造价值等目的进行的接触。在协同治理中，原则性接触包括发现、定义、协商和决定的过程[2]，如乡村阅读服务主体阐明自身拥有的资源、关切的价值、诉求的利益，达成对共同目标和彼此预期的共同理解，并提出、讨论、修改和确定相应的解决方案。这种原则性接触围绕乡村阅读服务，既发生在相关政策、制度的建立上，也发生在某一具体阅读服务的开展上。实地调查中发现，乡村阅读服务多为自上而下的制度安排，缺乏有目的的原则性接触，既体现在服务提供者之间，也体现在供需双方之间。这与乡村阅读服务的公共文化属性相关，缺乏明确和紧密的利益联结，难以促成原则性接触。竹山县宝丰镇曹家湾村村民表示，现有的阅读服务"积极性与沟通能动性欠佳"。

2. 共同动机

共同动机包含信任、相互理解、内部合法性和承诺。在乡村阅读服务中，阅读服务主体的共同动机包括各服务主体之间的相互信任，对彼此参与阅读服务的利益诉求以及彼此之间差异的理解，形成动机的一致性，即

---

① EMERSON K，NABATCHI T. Collaborative Governance Regimes ［M］. Washington，DC：Georgetown University Press，2015.

② EMERSON K，NABATCHI T. Collaborative Governance Regimes ［M］. Washington，DC：Georgetown University Press，2015.

人际确认和内部合法性①。基于此，各阅读服务主体达成承诺，表明他们愿意跨越角色，付出协同行动。调查结果显示，阅读服务供需双方均有达成理解的意向。例如，竹山县柳林乡农家书屋负责人表示，需要"调研村民阅读需求，提供相关专业书籍报刊资料"，需要"发展民间阅读公益组织和志愿者推广阅读"。不同阅读服务主体的共同动机是促进乡村居民阅读，对于这一主要动机，阅读服务主体都较为明确，这与政策传达和先前经验有关。不过，各阅读服务主体的理解意向和共同动机缺乏发起领导力和激励机制的驱动，多停留在意愿层面，未促成承诺达成。

3. 联合行动能力

联合行动能力是动力机制的功能维度。依据框架，乡村阅读服务协同治理联合行动能力主要包括程序和制度安排、领导能力、知识与资源4个方面。在程序和制度安排方面，公共图书馆、新闻出版等各个系统内部将服务延伸到乡村层面，如罗田县图书馆每年至少下乡50次为农民送书，这来源于政策支持，但与其他利益相关者深度合作的机制却比较缺乏，如南漳县图书馆工作人员认为，需要"整合管理层次，目前农家书屋为各地宣传部（新闻出版局）管理，乡镇文化中心为文化和旅游局管理，希望有效整合体制"。这也体现出协同领导能力的缺失。知识能力在乡村阅读服务情境下体现为阅读服务人员的专业能力。多位村一级阅读服务者表示，需要加强人员培训，表明人员有效行动能力的缺乏。部分村庄有退休教师做馆员（如潜江市积玉口镇宝湾村），但属于偶然选择，而非依托有力政策的普遍现象。在资源方面，调查显示，不同主体已经开展了一定程度的合作，呈现出联合行动能力。例如，依托各级公共文化服务单位项目接入各类型的数字阅读平台，当地政府提供场地、人员、管理和监督、设备、人员培训、

---

① PROVAN K G, MILWARD H B. A Preliminary Theory of Interorganizational Network Effectiveness: A Comparative Study of Four Community Mental Health Systems [J]. Administrative Science Quarterly, 1995, 40 (1): 1-33.

数字阅读平台、资金支持等，出版商、书店、公益阅读组织等提供书报、杂志捐赠、合作开展阅读活动、数字资源共享、数字平台接入、合作建立服务点（见图7、图8）。这说明，在场地、纸本读物等基本阅读设施方面，通过各方努力，已经有较好基础。但仍缺乏更为方便的数字阅读服务和更为专业的人才资源，这些问题在村一级阅读服务机构中更为严重。总之，联合行动能力仍需要提升。

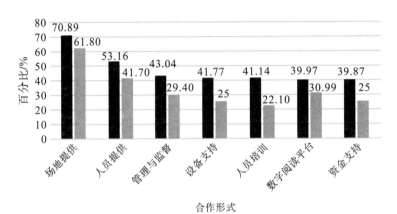

图7 基层政府参与乡村阅读服务情况

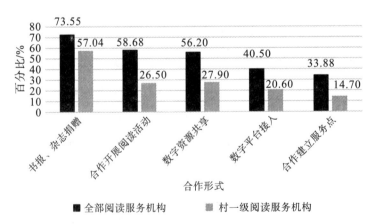

图8 出版商、书店、公益组织等参与乡村阅读服务情况

三、数字乡村战略下乡村阅读服务协同治理对策

作为复杂的公共事务，乡村阅读服务需要多方协同。基于上述分析，乡村阅读服务协同治理有其驱动力与动力，但协同水平不高。关于协同治理系统环境，存在相关政策、法律向下传达不足，阅读服务资源尤其是数字资源下沉不足，阅读服务人员文化水平不够，乡村阅读氛围不足，乡村居民对阅读服务缺乏信任等问题。关于协同治理的驱动力，存在各服务主体之间缺乏交流导致不确定性存在，相互依赖但缺乏协调性，缺乏激励机制，缺乏跨部门（组织）的领导力等问题。关于协同治理动力，存在原则性接触机械、不够系统，基于理解和信任的共同动机作为行为意愿不够强烈，基层联合行动能力待改进等问题。

数字乡村战略环境下，信息设施覆盖，乡村网络文化繁荣，信息惠民服务开展等为上述问题的解决提供了契机。① 具体而言，可依托数字乡村战略环境，构建乡村阅读服务协同治理框架（见图9）。数字乡村战略下乡村阅读服务协同治理框架的核心为数字阅读服务平台。在协同治理系统环境、驱动力和协同治理动力的交互作用下，该平台依托乡村信息设施、实体和数字的阅读资源、线上和线下阅读服务等建设。基于数字阅读服务平台的协同行动的效果表现在3个层面：从微观上来看，协同行动是具体情境中的策略；从中观上来看，协同行动是合作有关的机制，如激励机制、领导力催化等；从宏观上来看，协同行动则是整体视角下协同主体、协同要素互动的结构化、制度化。② 各个层面的协同行动交互作用，也可促进协同治理

① 胡维青，张艳花，刘莹，等．美国农村图书馆与数字共融：问题与挑战［J］．图书馆学研究，2019（9）：89－93.
② 杨华锋．协同治理：社会治理现代化的历史进路［M］．北京：经济科学出版社，2017：209.

系统环境、驱动力、动力中各个要素的改进。依据文中分析，提出数字乡村战略下乡村阅读服务协同治理的对策。

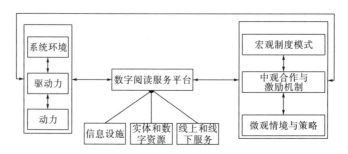

图9　数字乡村战略下的乡村阅读服务协同治理框架

（一）利用与营造并行的协同治理环境提升

1. 多方多级协同确保政策传达与资源下沉

在政策传达方面，借助集成多种设备和媒介形式的数字阅读服务平台，开展面向供需双方的全民阅读、数字乡村战略政策传达与解读。在资源方面，横向上，阅读资源来源甚多，如将数字农家书屋、公共图书馆线上阅读平台、网络免费资源集成到同一平台，提供利用，统一检索，避免重复建设；纵向上，促进阅读服务各个主体在各自体系的多级协同，以达到资源下沉的目的。数字设施入村使得数字形式的阅读资源和阅读服务下沉更加便捷。

2. 文化环境营造

一方面，村民表示，"书香氛围不够"、"加大投入力度，大力宣传阅读很重要"。可通过线上、线下多种途径宣传阅读。低成本、可复制的数字化方式是很好的选择。另一方面，需要引入专业人才以保障专业服务，深入阅读服务的开展需要文化水平相当的专业、专门阅读服务人员。当人才培养体系尚未完善，依托数字平台的人才整合与远程服务可以暂时缓解人才不足的问题。

3. 多途径建立阅读服务的公共信任

公共阅读服务是公民社会的产物，与公民利用公共服务的意识以及对公共服务的信任相关。在我国，尤其是乡村，居民对公共文化服务利用不足，缺乏信任。可依托数字平台开展公共阅读服务宣传，唤醒公民意识。借助数字阅读平台，接入居民常使用的新闻平台、短视频平台，并将服务内容同日常生活联系起来①，拉近距离，建立信任。此外，重视宗族关系是我国乡村的重要特征之一，吸纳乡贤参与乡村阅读服务，也有助于建立信任。

（二）认知和行动双渠道增强协同治理驱动力

1. 促进交流以减少不确定性

各阅读服务主体之间的不确定性是阅读服务协同治理的机会，各服务主体应持协同而非竞争的立场。依托数字阅读服务平台，各参与方便于了解自身的优劣势，意识到外部环境不确定下进行合作的必要性；依托平台，各参与方在各自的角色中通过专家咨询、阅读行为轨迹采集等途径理解用户②、理解其他服务主体，以减少内部不确定性。例如，潜江市凤蛟和宝湾两村村民兼有水产养殖、休闲娱乐、数字政务的复合需求，需要被服务主体了解并通过协作满足。当数字平台便于各个群体观点的交换，内外部不确定性就更容易被感知和减少。

2. 强化与协调依赖关系

首先须将各种依赖关系进行整合，通过数字阅读服务平台清晰呈现。具体而言，以乡村阅读服务中的空间、资源、服务等各要素为中心，识别出其中的依赖关系，并进行有针对性的协调和强化。例如，调查显示乡村阅读服务与乡村居民接触较多的社交媒体、商业阅读平台等未建立强依赖关系，需要强化。

---

① 曹凌，杨玉麟，林强．人的发展：文化共享工程效果反思［J］．中国图书馆学报，2014，40（2）：27-32.
② 魏辅轶．中国图书馆学理论跨世纪的三次"重逢"与"莫比乌斯陷阱"［J］．中国图书馆学报，2021，47（1）：34-46.

3. 设立激励机制

基于乡村阅读服务参与方对激励机制缺乏认识，对于阅读服务提供者，可将与其他主体的合作纳入考核体系中，作为直接激励。另外，服务提供者从村民或合作者处得到正向反馈本身也能作为激励机制的一部分。[①] 因此，平台应重视服务反馈、合作反馈的收集与发布。对于乡村居民，可为村民建立阅读账户，关联社交平台账户、图书馆账户等，用于服务的提供和反馈的回收，将阅读服务与其新闻需求、娱乐需求相联系，促进对各项服务的协同接触，进而激励各主体提供非割裂的服务。

4. 推动多层次多中心治理机制

在现有基础上，成立专门协调的工作小组，对不同服务情境、不同层面的乡村阅读服务进行分析，在不同情境下，通过权力赋予、服务类型和内容限定等方式[②]，识别不同的领导角色，推进多中心治理。如在乡村或县域选择有影响力的文化工作者做阅读代言人，负责乡村阅读服务协同的发起。

（三）强化协同治理动力以提升治理有效性

1. 增进各主体之间的原则性接触

基于数字阅读服务平台，一定程度的信息公开可以促进原则性接触的进行和持续，尤其可以促进居民参与接触，增进对阅读服务提供者的了解，将可用资源与自身需求相结合。基于原则性接触，各服务主体可确立自身在阅读服务协同治理版图中的位置。

---

① 李枭. 多元主体参与下的我国城市社区协同治理研究［M］. 北京：经济科学出版社，2018：108 - 113.
② EMERSON K，NABATCHI T. Collaborative Governance Regimes［M］. Washington，DC：Georgetown University Press，2015.

2. 促进对基于信任与理解的共同动机的认知

在现有的乡村阅读服务中，各主体之间缺乏信任、缺乏理解、缺乏合作意识是协同治理的障碍。基于数字阅读服务平台，进行利益相关者分析，引导各阅读服务主体突破现有的界限，对协同服务做出承诺，并将内在承诺落实为书面契约，内在动机与外在约束共同保障协同行动。

3. 提高联合行动能力

针对数字资源与服务提供不足、人才支持与培训不足等联合行动能力上的不足，数字阅读服务平台可将分布式的资源进行整合，在线开展跨部门的专业人才与志愿者培训，在线开展一站式、跨区域的阅读咨询等，提高联合行动能力。

（四）动态适应下的协同治理可持续发展

乡村数字阅读服务协同治理预期结果体现在不同层面上：微观上，有效开展乡村阅读服务；中观上，建立协同服务机制；宏观上，建立协同制度。同时，在各个要素不断交互作用下，协同治理框架是动态的，需要不断适应。协同治理机制内，各个层面的协同行动不仅能带来协同治理水平的提高，还能通过政策环境的充分知晓与利用、文化环境的改善、信任水平的提高带来系统环境的改善；促进交流减少不确定性、依赖关系的强化、激励机制的建立和多中心领导力的催生，带来驱动力的增强；原则性接触增加、共同动机明确、联合行动能力提高带来协同治理动力的增强。另外，在协同治理进行过程中，外在的政策环境、技术环境等也会随着时间的推移发生变化。因此，需要进行动态的外在适应。数字阅读服务平台有助于这种动态适应能力的培养与发挥。

（谢娟，提出研究思路，组织问卷调查，撰写部分初稿；李雪，确定论文思路，撰写与修改论文；李红，实施问卷调查；张小雨，实施实地调查；秦霞，实施实地调查）

进社区：
书香社区背景下的社区全民阅读推广

　　编者按："书香社会"建设，着力点在社区。社区化是当代中国社会发展的趋势之一，随着中国城市化建设的推进，社区成为社会组织的基本单元与基本形式，城市发展从"街道"转向"社区"，乡村发展从"村落"转向"社区"，社区基层自治也成为社会治理现代化的重要特征。全民阅读推广"进社区"，需要立足于这样的社会发展背景与现实，围绕社区公共文化服务体系建设，发挥社区的自主性、自觉性与积极性，深度融入社区的日常生活，有效对接社区阅读的需求侧。成都市锦江区全民阅读进社区的"锦江大讲堂"，《少年时代》的社区阅读服务基地建设，提供了全民阅读进社区的实践参考。如何从实践上升至理论总结，如何健全社区全民阅读体系，未来期待更多的实践探索及研究成果。

全民阅读进社区实施路径探索

——以成都市锦江区为例

蒋林　何建①

摘　要："全民阅读"活动，经过十几年的发展已成为我国一项重要的文化治理制度，深刻影响着国家治理能力的发挥，是我国文化治理能力现代化的重要组成部分。社区作为距离家庭最近的社会大集体，担负着极为重要的责任，社区阅读推广需要深入居民的生活，在了解居民需求的同时有效开展阅读推广工作。通过对成都市锦江区全民阅读进社区阅读推广实践——"锦江大讲堂"系列讲座活动的探究，提出全民阅读进社区实施路径启示，须整合社区居民资源、调动各类组织和机构资源，形式以主题活动带动阅读推广，借助作家名人效应、强化宣传力度营造浓厚氛围等。

关键词：全民阅读；社区阅读推广；实施路径；锦江大讲堂

阅读推广活动，是在传承文化、提升素质的时代要求之下，集体组织或个人开展的能起到培育社会对于有价值的多元媒介作品的阅读兴趣与习惯、提升阅读技能与效果、增进社会阅读数量与质量作用的阅读推广空间营造、阅读推广平台创建、多元阅读引导活动举办的实践。自 2014 年以来，《政府工作报告》连续对全民阅读进行倡导，习近平总书记在看望《读者》编辑部工作人员时也说："要提倡多读书，建设书香社会。"随着"全民阅

---

① 作者单位：四川读者报社有限公司。

读"活动的深入推进，如何做好阅读推广活动就成了重要课题。社区作为一个社会大集体，它与民众的距离是最近的，同时也是对广大人民群众的阅读需求最为了解的，全民阅读工作可以根据该社区居民的特点、地理环境及文化特色，提供具有针对性的阅读推广服务，使阅读推广活动深入每家每户。

自古以来，成都就是一座文化气息浓厚的城市。2020 年初，成都市发布了《建设书香成都　发展实体书店三年行动计划》，明确了 2022 年建成"中国书香第一城"，成都的市民综合阅读率、城市综合阅读指数、个人阅读指数、公共阅读指数位居全国前三，实体书店发展水平位居全国一流。在这种背景下，为进一步推动"书香成都"高质量发展，在成都市形成良好的阅读文化氛围，读者报社与锦江区文化馆联合举办了 10 场全民阅读进社区活动——"锦江大讲堂"系列讲座。通过结合社区具体实际，科学规划阅读活动，实施创新策略，社区居民的阅读活动参与度极高，深入推进了全民阅读进社区，解决了"最后一公里"的公共文化服务供给难题，最终实现"让阅读成为一种生活习惯、一种优良家风，人人因阅读而精彩，家家因阅读而幸福，社区因书香而美丽"的目标。

一、社区阅读推广现状与阅读进社区的构建脉络

（一）社区阅读推广的现状考察

社区是一个聚居在一定地域范围内的人所组成的社会生活共同体，居民之间有共同的利益，有着较密切的社会交往。社区是宏观社会的缩影，是社会有机体最基本的内容，是基层单位的重要组成部分。做好社区服务、教育、文化、管理等工作，对政府职能、社会职能的实现往往能产生事半功倍的效果。随着大型城市的社区规划管理日趋成熟，社区建设实践形成

了智慧社区、美丽社区、人文社区等特色理念,丰富了社区建设实践,但同时也带来了城市社区居民间的疏离感。

"熟人社会"一词是由费孝通先生在《乡土中国》一书中提出的,中国的传统社会是乡土社会,是基于血缘、地缘关系形成的"熟人社会",传统的社区则是基于地缘、业缘关系形成的"熟人社区"。随着中国城市化的推进以及社会结构的变化,"熟人社会""熟人社区"逐渐被消解,社会的疏离感与日俱增。如何真正从根本上消解城市社区的疏离感,社区阅读推广是重要途径之一。社区阅读推广,即全民阅读进社区,是一项利国利民的长远举措,对实现中华民族的伟大复兴具有深远意义。

虽然近年来各地坚持推动全民阅读进基层、进社区,形成了基层阅读空间遍地开花的良好局面,然而在阅读推广方面仍存在一些问题,与市民群众的期待和要求还存在一定距离。

一是城市社区阅读空间建设水平参差不齐。当前,城市社区的阅读空间大致可分为基层图书馆、社区图书室(阅览室)、书店(书吧)等类别,由于建管主体性质不同,服务品质也参差不齐,缺乏统一有效的管理模式和评估机制。图书馆总分馆制建立后,在一段时间内普遍存在"重挂牌、轻管理"问题,空间人气稀薄、效能低下;作为商品住宅小区配套公建的社区图书室或阅览室,运营权移交业主后通常做不到专业运营,实际用途往往让渡给文艺体育活动,居民阅读权益得不到基本保障;民营书店则普遍被城市高昂的租金成本困扰,缺乏造血能力和抗风险能力,一旦遭遇疫情或其他危机,业绩断崖式下滑,人气和效益都难以为继。

二是城市社区阅读设施"空心化"。当前,城市社区图书馆、图书室、书店等阅读设施,普遍存在利用率不高、更新换代不及时、服务效能低下等问题,呈现出空心化的问题。① 社区阅读设施"空心化"问题如果得不到

① 丘干,关婷.试论大型城市的社区阅读空间建设 [J].出版参考,2021(8):36 - 38.

有效解决，那么已有的阅读设施就如同僵化的躯壳失去灵魂和生命，不能成为标准化的"阅读空间"。为构建理想的社区公共生活空间，与城市发展需求相适应，社区阅读空间理应承载更多阅读推广服务职能。

三是城市社区阅读推广活动效果不佳。阅读推广活动的效果受制于活动宣传力度，社区群众本身素养、观念和习惯爱好等因素。如今，手机和互联网成为我国成年公民每天接触媒介的主体，超过半数成年公民倾向于数字化阅读方式，娱乐化、碎片化、浅阅读特征明显，深度的纸书阅读行为占比偏低。在此情况下，社区全民阅读活动缺乏有效宣传推广，尤其存在对社区社群传播的运用不够等问题，这就影响了社区全民阅读推广活动的成效。

四是城市社区全民阅读工作资源支持不足。社区兼具管理职能、服务职能、教育职能、监督职能和配合政府有关部门完成有关任务的职能，日常事务繁杂，开展全民阅读活动需要投入大量时间、人力、资源和经费，当前城市社区的阅读推广活动普遍缺乏资金、人才资源的支持和保障。社区居民是组成社区的基本要素，也是社区最具主观能动性的资源，社区阅读推广可以发挥社区居民的参与积极性，阅读推广的普及和提高也会反哺社区居民。因此，通过第三方的介入，来推动和整合社区阅读空间和社区居民资源，包括居民所拥有的知识、智慧、才能、文献资源和社会关系等，以此来推动社区阅读推广活动开展，在满足居民日常生活文化需求的同时，重构空间的符号价值，建设有区域特点的文化地标和公共阅读场景，促进社区全民阅读与社区文化共生共荣。

（二）全民阅读进社区的构建脉络

阅读是高层次的民生需求，以阅读为核心融合社区民生服务和居民文化生活，一方面能高效解决阅读空间总量不足问题，另一方面则大大提高了阅读空间兼容性。全民阅读进社区应理顺其构建脉络，坚持以下基本原则：

一是思想性和科学性。在新的历史条件下，深入开展全民阅读对于提高公民的思想道德素质和科学文化素质，培育和践行社会主义核心价值观，传承中华优秀传统文化，满足人民群众日益增长的精神文化需求，具有重大而深远的意义。社区全民阅读推广应紧紧围绕社会主义核心价值观要求，内容体现出思想性和科学性。

二是完善社区基本阅读保障。社区要发挥社会保障功能，必须针对日益密集和多元化的民生需求，提供精细和完善的服务。由于传统的社区阅读空间存在大量的空置时段，造成资源严重浪费，因此，社区阅读空间亟须打破建管主体的局限，大幅度拓展阅读空间的外延。

三是丰富社区阅读内涵，提升居民文化生活品位。现代城市居民需要的不是冷冰冰的阅读设施，而是对阅读提出了更高的要求，包括内容品质、审美品位以及人文温度。社区阅读空间的规划要更强调多样性、社区感、人性化、风格化等价值标准，增加吸引力。围绕阅读开展的文化活动也是社区阅读构成的重要内容，要追求思想性、艺术性、精品化，在文化保障均衡的基础上继续提升效能和品质，进而提升市民文化素养，提高社区文明程度。

四是重构符号价值，建构居民的身份认同。社区承担社会融合功能，尤其在大型城市，流动人口通过社区的黏合效应融入城市社会，通过"社区化"完成"城市化"①。阅读带来情感、认知、价值观上的一致性，弱化了人与人之间相貌、身份、地位的差异性，是近乎完美的交往中介。社区阅读适合成为意见中心和公共生活中心，因此，可通过开展阅读活动营造"社区共同体"，为居民化解个体困境、提升生活品质，强化居民的归属感和认同感。

---

① 丘干，关婷．试论大型城市的社区阅读空间建设［J］．出版参考，2021（8）：36－38.

二、成都市锦江区全民阅读进社区的实践探索

2019 年，"锦江大讲堂" 系列讲座走进 10 个社区，共举办了 10 场讲座，先后邀请蒋蓝、陈新、蓝勇、卢一萍、王刊、李贵平、朱晓剑、彭志强、凸凹、王国平等知名作家，以及高级民间剪纸艺术家龙玲等做客活动现场，取得了不错的效果。"锦江大讲堂" 系列讲座由读者报社和成都市锦江区文化馆联合举办，目的是通过倡导全民阅读，把知识送到群众最需要的地方，让辖区居民通过现场听讲座的形式，读到更多书，获得更多知识。

从 10 场 "锦江大讲堂" 系列讲座可以看出，此次阅读推广活动举办次数基本匹配和契合社区居民的阅读需求，社区居民参与度极高，都是提前预订现场活动听讲位置。从活动的参与人数和反响来看，具有实用性、科学性、趣味性、互动性的知识类讲座和弘扬社会主义核心价值观的主题图书讲座比较受欢迎，讲座结束后的图书签售也是人气爆棚，随即在社区图书馆也会带来一个借阅图书的人流峰值。可以说，该活动在社区掀起了主题图书阅读的热潮，这充分说明了只要方式方法讲求科学，社区居民的阅读潜能就一定能挖掘和发挥出来。

（一）组织和建设专业的社区阅读推广团队

建设社区阅读推广团队，首先要考虑推广单位和具体实施者需要具备哪些特征。读者报社深耕全民阅读多年，有着较强的专业基础、活动宣传策划能力以及庞大的专业采编队伍，锦江区文化馆是专业的文化推广单位，有着深厚的文化功底和活动组织能力，这些优势条件足以支撑形成一支 "锦江大讲堂" 系列讲座阅读推广团队。

具有专业基础。在社区阅读推广过程中，需要挖掘剖析当前社会所关注的热点，为社区居民提供最新的阅读方向及资源。从专业基础角度来看，

"锦江大讲堂"系列讲座的阅读推广团队，具备一定的信息检索和网络数据挖掘人才，从而可以挖掘不同年龄阶层的阅读需求，提供不同的活动方案，充分调动居民的兴趣。活动推广团队运用专业技能，从海量的网络数据中获取有用的资源，通过读者报全媒体集群、锦江区文化馆媒体平台、社区公众号等线上形式及时推送给居民，同时通过后台阅读情况来观察阅读推广效果。

具有活动宣传策划能力。社区进行阅读推广活动，阅读推广团队要具有策划能力，需要针对不同年龄阶层设计不同的活动方案，增强活动宣传效果、参与效度。"锦江大讲堂"系列讲座在策划活动前期，推广团队就会派人与社区居民进行沟通，全面了解该社区居民的阅读喜好、时间安排、参与意愿以及对活动的期望等，从而为活动的策划提供了有效的信息，提高了阅读推广活动效果。

（二）打造社区阅读空间

社区阅读空间，最主要的是社区公共图书馆。当前，社区公共图书馆的阅读服务及其阅读推广活动虽然开展成效较好，但也存在一些弊端。首先是距离问题，由于一般的社区公共图书馆是以城市城区行政区划为基准建设的，覆盖的居民社区半径范围过宽，部分社区居民难以协调个人时间去图书馆阅读；其次是图书馆读者容量的问题，每到周末或节假日，由于图书馆空间有限、座位有限，很多居民无法参与其中。以上两点问题就凸显了社区阅读空间建立的重要性。

基于此，"锦江大讲堂"系列讲座与社区街道合作，挖掘潜在社区资源，打造社区阅读空间，并与区图书馆沟通，在社区内成立小型社区图书馆，将资源提供给社区居民使用，这也为行动不方便的老年人以及残障人士等提供了便利，使其能不受距离限制享受阅读空间及阅读服务。建立社区阅读空间，能有针对性地为社区居民提供阅读服务，从而提升社区阅读推广的效果。

（三）培育形成名人效应

社区阅读推广活动聚拢人气、提高参与度，需要一些具有号召力和影响力的阅读推广人。普通民众有所谓"名人效应"的心理，不少人愿意相信名人的推荐阅读书目。全民阅读进社区，也可以挖掘社区中比较具有影响力的居民，发展成为阅读推广人，进而将社区居民阅读推广人打造成为阅读推广名人，发挥名人效应，带动社区的全民阅读推广。

"锦江大讲堂"系列讲座在活动过程中，一方面，注重挖掘社区当中的阅读推广人，引导其深度参与社区全民阅读活动，将其培育成为阅读推广名人，这样就能吸引更多的居民参与阅读推广活动；另一方面，组建名师讲师团，邀请知名作家或文学教授举办系列讲座，尤其是针对所在地的历史、地理、人文等方面进行讲解，使社区居民更加深入地了解当地的文化。通过名师讲师团对社区阅读的引领，社区居民能够主动探索所阅读图书的文化内涵，进而提升自身的阅读素养。

（四）细分社区阅读服务对象

社区是由一个个家庭组成的集合体。不同于学校、工作单位等组织系统的阅读推广所面对的服务对象存在阅读需求的内在一致性，社区阅读推广所面对的是所有年龄层的居民，所以社区阅读推广就需要针对不同的服务对象策划不同的推广活动，有的放矢，最大限度地提升阅读推广效果，推进阅读进社区的实现。

未成年人。未成年人的阅读需求集中在培养阅读兴趣、提升阅读素养，以及跟学习、升学有关的教育知识获取方面。针对此，"锦江大讲堂"系列讲座于2019年6月29日，邀请到了成都阅读协会副秘书长、成都文学院签约作家朱晓剑，来到成都市志愿者服务活动中心，开展了一场以"如何提升阅读兴趣"为主题的讲座；2019 年 9 月 12 日，"锦江大讲堂"系列讲座又邀请成都市状元廊培训学校联合创始人、作家王刊，来到锦江区文化中心，围绕"小升初怎么理性择校"主题开始专题讲座。这些讲座都是聚焦社区未成年人的阅读需要而专门设置的。

中青年居民。该类群体主要面临的压力是就业压力，如何让他们通过参加社区阅读活动，得以在工作中学习到新技能，在生活休闲中释放压力，就成为一个关键点。"锦江大讲堂"系列讲座据此组织了专门的阅读活动。比如，2019 年 7 月 27 日诗人彭志强来到龙舟路街道石牛堰社区，以"唐诗里的琵琶回声"为主题，述说了唐诗琵琶情，并带领现场社区居民在"大弦嘈嘈如急雨，小弦切切如私语；嘈嘈切切错杂弹，大珠小珠落玉盘"中感受琵琶乐器那辽阔无垠的音域，缓解人们的紧张情绪，陶冶情操。这场讲座对于忙碌的年轻人而言，既实现了在周末的放松愉悦，也学习到了中华优秀传统文化。再如，2019 年 9 月 1 日在轩客会青羊鹏瑞利店，著名作家卢一萍围绕"文学的虚构与非虚构"举办讲座，这对于时下的年轻人在工作之余的写作具有指导性作用，也能更好地纾解内心压力。

老年人。当前，社区中的老年居民面临的主要问题就是身体的健康问题和情感的孤独境况，所以，社区阅读推广针对老年居民应推荐有关健康方面的书目以及历史人文读物，以拓宽视野、丰富内心、缓解孤独感。"锦江大讲堂"系列讲座于 2019 年 9 月 27 日，邀请作家蒋蓝来到成都中电锦江信息产业有限公司，为现场众多读者讲述了张献忠的历史故事，活动现场氛围轻松愉悦，蒋蓝别具一格的见解赢得了现场企业职工的阵阵掌声。再如，2019 年 10 月 26 日，西南大学历史地理研究所所长、教授蓝勇做客成都市盐市口街道盐市口党群服务中心，现场通过诸多传奇故事为社区居民讲述川菜的前世今生。

（五）对阅读活动进行全方位立体化宣传

好的宣传是活动成功开展的第一步。作为专业的全民阅读推广媒体平台，《读者报》在"锦江大讲堂"系列讲座的报道中，充分利用媒体优势，结合多种宣传方式，加大宣传力度，通过自身的"第一读者"客户端，"第一读者"微博、微信公众平台，以及头条号、百家号等第三方平台，进行活动现场报道和深度采访报道宣传，这不仅增强了阅读推广活动的效果，还提升了社区活动的影响力。值得一提的是，读者报社派出精干的采编队伍，到各个活动现场，抓取第一手新闻素材，把鲜活的读书故事、先进的阅读典型，以及读书陶冶情操、读书改变命运、读书成就人生等感人故事传递给广大社区居民。如此，形成社区好读书、读好书的氛围，营造了浓厚的书香社区环境，让全民阅读理念春风化雨、润物无声深入社区。

（六）建立社区阅读推广测评和反馈机制

社区阅读推广如果没有合理的评价体系，则无法及时反馈阅读推广活动中所产生的问题，这也将影响阅读推广的实际效果。"锦江大讲堂"系列讲座采取科学有效的考评方法，保障阅读推广的质量。首先，定期开展阅读推广工作满意度调研。"锦江大讲堂"系列讲座阅读推广团队每月都通过向社区居民发放问卷，对该阶段的阅读推广工作进行调查，调查方向涵盖书籍推荐满意度、推广活动兴趣度、宣传推广度等方面，基于此总结分析社区阅读推广活动成效。其次，对阅读推广团队进行评测筛查。每个月在推广团队内部开展测评，以匿名问卷形式进行，重点筛查是否有人员不参与活动、成员之间配合度、专业水平等状况。最后，对阅读推广活动进行评价总结。社区阅读推广团队在每次阅读推广活动后都要进行评价，对到场居民参与情况、满意度以及活动后提出的建议进行总结，为下次活动提供借鉴。通过种种方式建立相应的阅读推广活动反馈机制，不断改进和提升社区全民阅读推广工作。

三、成都市锦江区全民阅读进社区实施路径的启示

成都市锦江区全民阅读进社区的实践——"锦江大讲堂"系列讲座活动,不断丰富和创新讲座形式、分享内容,在实施理念和测评及反馈机制上也打破了既有常规,以社区居民需求为活动脉络,以"让阅读成为一种生活习惯、一种优良家风,人人因阅读而精彩,家家因阅读而幸福,社区因书香而美丽"为最终目标,最后再反哺解决社区治理难题。"锦江大讲堂"系列讲座活动,致力于提升居民阅读能力,在"精准化、精细化、精致化"上下功夫,在"线上线下融合互促螺旋式发展"上使力气,在"提升社区居民阅读获得感"上见成效,构建锦江区社区阅读服务体系,推进锦江区社区阅读服务更进一步发展。"锦江大讲堂"系列讲座社区阅读推广的实践探索,对全民阅读进社区的实施具有一定的积极启示。

通过进社区阅读推广活动带动建立社区公共阅读空间。通过"锦江大讲堂"系列讲座的带动,很多社区建立了读书角、阅读亭、社区书屋等一系列公共阅读空间,甚至有社区街道开设了集阅读、娱乐、学习、交流于一体的多功能书屋,社区居民可以随时在离家最近的书屋开展阅读活动,而多功能的书屋更能够吸引社区居民利用公共阅读资源。

整合社区居民资源融入社区全民阅读活动。城市社区居民具有相对较高的文化素质,其中不乏热爱阅读、擅长阅读、积极向上的正能量人士,"锦江大讲堂"系列讲座积极争取他们加入阅读推广队伍,培育其成为社区阅读推广人;在征得辖区居民同意的前提下,发起图书捐赠活动,充分发掘社区居民资源,调动社区居民力量参与书香社区建设。

充分调动各类组织和机构资源。充分发掘社会资源,壮大社区阅读推广队伍规模,充实阅读内容资源,也是促进社区阅读推广的有效措施。"锦江大讲堂"系列讲座,通过与一些企业和机构合作,与书店、书报亭、图

书出版发行部门合作，不仅丰富了社区阅读活动的作家资源和图书资源，上述企业也达到了宣传、扩大社会影响的目的，这其实是一个双赢的过程。

善于利用名人效应。比起普通阅读推广人的推广演讲，大多数居民更愿意倾听专家或名人的观点。从案例可以看到，"锦江大讲堂"系列讲座通过聘请知名作家、专家、教授举办讲座或进行交流，吸引了更多居民加入全民阅读，培养了居民的阅读习惯，同时也提高了居民的阅读鉴赏能力。

媒体的全程介入。全民阅读活动已蔚然成风，全民阅读氛围也日益浓厚。媒体作为思想舆论主阵地，承担着"举旗帜、聚民心、育新人、兴文化、展形象"的使命任务，推动全民阅读具有天然优势，这也是媒体的文化担当所在。在锦江区全民阅读进社区实践中，读者报社作为主办方之一，在阅读活动的构思、摸底调查、选题策划、作家资源、读者资源、场地空间资源、全程宣传报道等方面的工作，都一一参与落实，既有利于塑造活动品牌力，也扩大了阅读活动的影响力。

丰富阅读活动类型。"锦江大讲堂"系列讲座的社区阅读推广活动，设有专门的职责分配，有针对性地对每个年龄阶层的居民进行阅读推广服务，比如剪纸艺术、升学择校、写作技巧、饮食文化等，提升了社区居民参与活动的兴趣，从而达到提升阅读推广效果的目的。

创新阅读载体。如今，随着手机、车载系统、智能穿戴等终端设备的普及，人们在通勤途中、健身、做饭、睡前等各种场景下，越来越常通过听书来获取知识或是消遣休闲。在锦江区全民阅读进社区实践中，主办方在每场阅读活动前后都会向现场居民提示"扫码听书"，免费在线"乐享"有声读物。听书资源来源于读者报社自己打造的文轩全媒体服务平台的"第一读者"客户端，该客户端紧紧围绕全民阅读，开发了诸多音视频资源，可满足上班族、学生等各类人群的不同需求。尤其是有声书，涵盖了生活百科、亲子教育、经典名著等多种有声读物品类。这样的阅读方式很新颖，扫码听书打破了传统看纸质书的时间、空间限制，用耳朵代替眼睛，读与听的互动体验进一步点燃了社区居民的阅读热情，大家也能充分感受阅读的魅力。

全民阅读要进一步深入基层、深入群众，社区阅读是重要抓手，积极推动城市社区全民阅读工作，构建以融合发展、创新发展为特征的社区阅读体系，不仅有助于解决城市基层治理"最后一公里"的公共文化服务供给难题，提升城市居民文化素养，更有利于推动实现市民文化权利，强化市民的归属感和获得感，使全民阅读思想深入每一个家庭，进一步推进书香社会建设，引领创建文明城市。

参考文献：

[1]　丘干，关婷. 试论大型城市的社区阅读空间建设［J］. 出版参考，2021（8）.

[2]　中国新闻出版研究院全国国民阅读调查课题组. 第十九次全国国民阅读调查主要发现［J］. 出版发行研究，2022（5）.

[3]　白艳宁，刘吉发. 论城市社区阅读空间的时代转型［J］. 图书馆，2021（2）.

[4]　陈书梅. 全民阅读背景下民间阅读组织发展策略研究［J］. 河北科技图苑，2019，32（3）.

[5]　徐升国，汤雪梅. 全民阅读走向体系化新时代："十四五"时期全民阅读发展思考［J］. 科技与出版，2021（5）.

[6]　吴尚之. 深入推动全民阅读，努力建设书香社会［J］. 中国出版，2022（9）.

[7]　刘士霞. 社区图书馆共建共享模式探析：以山东省肥城市社区图书馆建设为例［J］. 图书馆工作与研究，2022（S1）.

社区阅读服务基地建设实践探索

——以《少年时代》为例

冯静　方基华　黎霜　王维宏　吴明红　陈玥伶①

摘　要： 在全民阅读体系中，少年儿童阅读活动是全民阅读活动的重要组成部分，培养少年儿童的阅读能力，无论是对提高国民素质，还是对传承中华传统文化都具有极强的现实意义。本报告基于《少年时代》社区全民阅读服务实践，聚焦社区少年儿童阅读需求满足，呈现少年时代社区阅读服务基地建设的典型实践，总结其建设的基本经验及其启示。

关键词：《少年时代》；社区阅读服务基地；少年儿童阅读

社区是文明创建的基本单元，也是推广少年儿童阅读活动、充分发挥少先队组织育人作用的重要阵地。在社区建设阅读服务基地，是抓实少先队基层工作的体现，对各级少先队组织拓展少先队阵地建设、完善校外少先队工作网络有着重要意义。

《少年时代》是四川省少先队队刊，是共青团四川省委、四川省少工委指导少先队工作和校园文化阵地宣传的主流媒体，是四川省一级期刊和国家新闻出版署向全国少年儿童推荐的优秀期刊，由四川新华文轩传媒有限

---

① 冯静，四川新华文轩传媒有限公司总经理，编审；方基华，新华文轩管理研究院助理院长，副编审；黎霜，四川新华文轩传媒有限公司副总编辑，副编审；王维宏，四川新华文轩传媒有限公司业务顾问；吴明红，四川新华文轩传媒有限公司新媒体编辑；陈玥伶，四川新华文轩传媒有限公司新媒体编辑。

公司主办，发行范围覆盖全国，发行量在四川省同类期刊中名列前茅。依靠《少年时代》资源体系，可以直接获得少年儿童阅读发展状况的一手信息，为社区阅读服务基地建设提供参考。少年时代社区阅读服务基地正是立足于这样的基础，提出的建设计划。

一、少年时代社区阅读服务基地建设的典型实践

为推进少年时代社区阅读服务基地建设，《少年时代》杂志依托自身掌握的少年儿童阅读资料，通过实地调查获取有效实现少年时代社区阅读服务基地落地实施的策略和方法，依托《少年时代》作为四川省少先队工作的实际落地抓手的刊物定位与业务覆盖优势，开展社区阅读服务基地落地试点工作。为能够呈现具有代表性的实践探索，选取介绍四类社区：一是四川省甘孜、阿坝等经济发展较缓且少数民族聚集度较高的社区；二是四川省成都市新都区这样处于经济发展辐射带范围内产业形态呈混合型的典型社区；三是四川省成都市武侯区锦官新城社区这种经济发展上升期大中型城市内人口聚集区的典型社区；四是北京市丰台区方庄社区这种经济社会文化领先城市内的人口聚集区的典型社区。

（一）四川省甘孜、阿坝等少数民族地区

四川省藏族聚居区有藏、羌、彝、回、纳西等多个少数民族，总人口超过 200 万人，藏族人口占本地区人口的 64%。四川藏族人口数仅次于西藏，是我国第二大藏族聚居区，主要聚居在甘孜藏族自治州折多山以西及阿坝藏族羌族自治州的西北部地区。① 这两个地区地域辽阔，人口密度小；人口分布极不平衡，其中，藏族聚居区人口密度低于藏族与其他民族杂居

---

① 白玉培 . 四川藏族聚居区农业保险发展现状及问题研究 ［J］. 读天下，2016（15）：111－120.

的聚居区，并且人口分布随着海拔高度的递增而递减，大多集中于河谷平原或小块平坝。人口分散对于少年儿童阅读能力培育极为不利，基础阅读设施建设存在空间布局上的限制。

该地区属于典型的经济欠发达地区，产业形态相对落后，地区发展受到地理环境的很大制约，经济整体主要依靠第一产业，第二产业的密度明显不足。虽然可以依靠地区资源，通过旅游业带动第三产业，但是由于资源分布不均衡，很难形成对地区经济的整体引领效应。经济欠发达也影响了青少年的成长环境，包括其阅读环境，《少年时代》在本地区建设阅读服务基地，也是希望能够改善该地区少年儿童阅读基础资源建设状况。

该地区受地理环境因素影响，学校分散，当地学生上学距离较远，多数学生选择寄宿。在国家和当地政府的大力支持下，"两基"和"普九"工作进一步落实，教育物质条件得到了明显改善，当地中小学生实现有书可读。通过配备现代远程教育设备，在一定程度上促进了城乡优质教育资源共享，解决了当地中小学师资不足等问题，促进了当地基础教育的发展。在教育资源有限但学生集中寄宿学校的情况下，如何有效推动区域性少年儿童阅读素养的提高，是《少年时代》在本地区建设阅读服务基地的一个重要考量因素。

在此基础上，《少年时代》开展了系列阅读推广活动，其中以《少年时代·雪域格桑花》为主体的捐赠活动颇具代表性。《少年时代·雪域格桑花》是四川新华文轩传媒有限公司出版的《少年时代》杂志藏汉双语增刊，为了让《少年时代·雪域格桑花》能够实实在在地落地该地区中小学校，四川新华文轩传媒有限公司承办和开展了一系列的爱心捐赠活动。

以《少年时代·雪域格桑花》为主体的捐赠活动于2017年启动，这是《少年时代》长期坚持的系列爱心捐助活动。该活动通过向四川省涉藏地区儿童捐赠图书杂志，实现两个方面的目标：一方面，依靠《少年时代》杂志的知识载体属性，为当地少年儿童提供直接、有效的文化资源，在经济欠发达的地区推进"扶贫扶智"事业的发展;另一方面,发挥少先队队刊的思想阵地作用,有力回击境外分裂势力对我国少数民族地区少年儿童的重点渗透,维护祖国统一和民族团结。

通过系列捐赠活动,一方面可以深入实地获得直接信息,另一方面可以在活动过程发现更多有利于提高少数民族聚居地区青少年阅读能力的有效方法,为建立阅读服务基地奠定基础。

(二)四川省成都市新都区

四川省成都市新都区地处我国西部经济最为活跃的成都平原经济圈的中心区域,在四川整体的经济格局中占有重要的位置。新都区是成都市的中心城区之一,位于成都市北部,总面积为496平方千米。成都市统计局第七次人口普查数据显示,新都区常住人口为155.85万人。[①] 新都区处于成都市主城区外围,近年来,成都市区内工业向外围区域搬迁,刺激了成都市外围区域的经济,新都区充分借助成都市从城市中心增长极逐步向外扩散的发展机遇,被定位为成都市城北副中心。新都区具有较大发展潜力,无论在阅读资源还是教育资源上都有很大的需求,是处于经济发展辐射带范围内产业形态呈混合型的典型社区。

新都区具有得天独厚的人文资源优势。新都建治于春秋末期,为古蜀国三都之一。新都是四川省级历史文化名城,有国家级重点文物保护单位宝光寺、杨升庵祠及桂湖,有省级文物保护单位新繁东湖、龙藏寺、杨慎家族墓、艾芜墓,这为开展全民阅读提供了丰富的文化资源。

针对此,四川新华文轩传媒有限公司计划在新都区的著名景点升庵故里——杨氏宗祠,建立阅享阅读服务基地,立足杨氏宗祠与杨升庵廉洁家

---

① 成都市第七次全国人口普查公报(第二号)——分区域人口情况. [EB/OL]. (2021-05-27) [2021-06-30]. http://gk.chengdu.gov.cn/govInfo/detail.action?id=2977667&tn=2.

风家训文化教育基地，开展全民阅读推广，让读者接受中华优秀传统文化
的熏陶，培养廉洁自律的品格，汲取家风家训的营养，汇聚砥砺奋进的
精神。

（三）四川省成都市武侯区锦官新城社区

成都市锦官新城社区位于四川省成都市武侯区，武侯区是成都市的中
心城区，是成都市对外经贸合作、文化交流的重要窗口，集高档住宅与高
档写字楼于一体，企业较多，社会资源丰富。第三产业是武侯区的支柱产
业，锦官新城社区可以充分借助武侯区第三产业发展较好的优势建设阅读
服务基地，属于经济发展上升期大中型城市内人口聚集区的典型社区。

2021 年 3 月 13 日，《少年时代》杂志在该社区成立少年时代阅享阅读
服务基地，向社区捐赠了价值 5000 元的书刊，并举办了"让阅读成为一种
终身习惯"阅读讲座。锦官新城社区党委给予了充分的鼓励和支持，社区
也依托阅读空间持续开展了一系列有意义的少儿教育活动，使社区成为学
校之外的又一重要阅读阵地。

锦官新城社区是少年时代阅享阅读服务基地的重要一站，《少年时代》
杂志还将继续进社区、进学校、进乡村，分批建立阅读服务基地，开展一
系列阅读活动，传播书香，扎实做好全民阅读推广工作。

（四）北京市丰台区方庄社区

方庄是北京市第一个整体规划的住宅区域，也是北京市南城人口密度
最大的地区。20 世纪 90 年代，中央机关单位宿舍陆续在该地建成，方庄由
此成为北京的成熟社区。然而，随着社区老化和其他社区的兴起，人口消
费结构发生变化，方庄也正在经历着重建。总体来说，方庄居民对该地区
的社区商业评价较高，其在北京市的社区商业中具有一定的代表性，属于
经济社会文化领先城市内的人口聚集区的典型社区，可以从中吸取阅读基

地建设的经验。

方庄社区具有建设社区阅读服务基地的良好基础。方庄曾是亚洲最大的社区，随着社区建设日渐成熟，聚集了丰富的社会资源，社区也开展了丰富多彩的文化活动，有着良好的文化氛围和人文底蕴。方庄社区具备很好的全民阅读基础，目前，社区持续组织了多样化的学校、社区全民阅读活动，包括"典韵京华　书香方庄"首届读书节、"书香方庄少年防疫集先锋——方庄少先队员在线互动"、党支部优秀读物推荐活动等，社区全民阅读融合服务枢纽和相关组织体系正在建设中。

北京方庄书香社区建设项目具有较好的实施基础，这也是《少年时代》选择该社区作为示范性阅读建设基地的原因。2020年2月22日至3月7日，国家新闻出版署出版融合发展（四川新华）重点实验室、新华文轩北京分部党支部联合方庄教育集群、新华文轩《少年时代》杂志共同举办了"书香方庄少年防疫集先锋——方庄少先队员在线互动"活动，目的是丰富抗"疫"期间方庄少先队员的阅读活动，激发少先队员观察、思考，引导少先队员阅读、创作。活动得到了方庄工委办事处的高度重视与支持；基层党组织（试点责任单位）具体组织推进；新华文轩北京分部党员承担阅读推广人职责，运用互联网组织活动，积极推送读物；新华文轩《少年时代》杂志为疫情期间的阅读活动和阅读内容提供了重要支撑；方庄教育集群、新闻发声人运用互联网积极配合组织、推广。此外，《人民日报》"书香战疫情　方庄在行动"，《光明日报》"'书香方庄'阅读活动增添战'疫'正能量"以及中新网、《中国新闻出版广电报》《中国出版传媒商报》等媒体的报道，也引发了人们对活动的广泛关注。这些活动在方庄社区中营造了很好的阅读氛围，为部分居民疫情期间的阅读提供了较好的导向。

二、少年时代社区阅读服务基地建设的经验总结

为了实现对少年儿童正向价值观的系统引导，《少年时代》在不同地区

积极开展了各类有益于少年儿童身心健康发展的实践活动，这为社区阅读服务基地建设奠定了很好的基础。在《少年时代》的各类活动中，直接在社区中实施、以提升阅读为目的的活动较为普遍，通过总结这些活动的经验，可以形成试点应用价值。

（一）目标定位：构建全社会参与的少年儿童阅读培育体系

少年时代社区阅读服务基地建设，是以义务教育阶段的少年儿童（6岁至15岁）为核心服务群体，在社区中形成相对稳定的青少年阅读氛围，通过不同类型的基地运营方式，吸引社会各界资源，构建形成全社会力量参与的少年儿童阅读素养成长培育体系。

在少年时代社区阅读服务基地的体系中（如图1），首先，少年儿童是核心服务对象，通过面向少年儿童将服务延伸到学生家长；其次，努力建立与少年儿童所在学校的互通；同时，将基地所形成的阅读资源，与阅读内容提供者、阅读发展研究者等社会力量进行共享；最后，根据实际情况引入参与意愿强、积极性高的公益组织，强化阅读基地的发展动能。

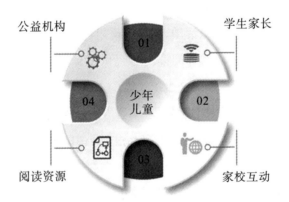

图1　少年时代社区阅读服务基地体系的主体构成及其关系

依据社区所在地域的经济发展情况、人文文化环境和社区主观能动力，少年时代社区阅读服务基地建设的主要形式包括以下三种（如图2）。

赋能基地：主要选择经济和资源条件较好的社区，利用自身的区位优势或能力优势，实现本社区的少年儿童阅读素养培育；同时，可以通过少年时代社区阅读服务基地的建设，反哺经济欠发达地区阅读服务基地建设。

进取基地：在经济和资源条件有限但仍可自力更生的社区，采用以社区本身少年儿童阅读素养培育为主的建设策略，重点放在强化自身阅读基地建设上。

希望基地：在经济欠发达地区通过与少年时代社区阅读服务基地体系的合作，获得少年儿童阅读素养培育资源和具体支持，利用好有限的条件，广泛联合周边社区，从各类公益组织和活动中获得机会，建立互助关系，丰富阅读服务活动。

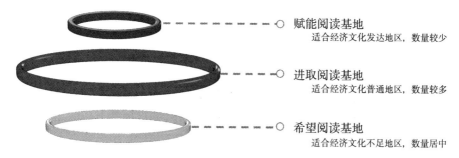

赋能阅读基地
适合经济文化发达地区，数量较少

进取阅读基地
适合经济文化普通地区，数量较多

希望阅读基地
适合经济文化不足地区，数量居中

图2 少年时代社区阅读服务基地培育体系的结构

（二）遴选打造：联合化培育、高标准建设、持续性优化

少年时代社区阅读服务基地的遴选坚持合作授牌、资源引入共育的方式。依据阅读服务基地体系的建设规划及基地建设确立的标准，在不同地区寻找并选择有意愿的社区，展开基地建设合作，通过授权挂牌方式，实现基地遴选认证。同时，将阅读资源通过各类阅读活动，引入阅读基地，开展围绕少年儿童阅读素养提高的各类基地阅读服务活动，建立赋能基地与希望基地之间的互动，使优势社区的阅读资源可以帮助到更多发展不足的社区。

少年时代社区阅读服务基地坚持高标准建设。组建由行业专家、语文教师、德育教师组成的阅读基地建设标准编制修订委员会，对阅读基地建设标准开展制定和修正工作，并邀请宣传部门和团委的相关领导给予方向指引，邀请社会各界从事阅读推广的有公众影响力的人物作为顾问。依靠多方智慧保障阅读基地建设的高标准和对基地运营的强支撑。阅读基地建设的标准包括总体环境（经济发展、人口密度、行政区划、民族文化等）、硬件条件（场地设施、交通状况等）、软件条件（人员、业务水平、服务意识和能力、管理意识和能力等）和发展潜力（阅读理论研究能力、阅读课程开发能力、阅读体系创新能力等）四个方面，对不同类型的阅读基地建设给出规范性指导意见和关键性指标约束。

为实现可持续发展，少年时代社区阅读服务基地还坚持迭代优化。在社区阅读服务基地运营的过程中，定期进行评估总结，对发现的问题和不足，通过调整基地活动规划、修正基地建设标准等，逐步优化提高基地建设的质量和水平，形成良性循环和可持续发展的运营模式。

（三）运行保障：以阅读素养培育为核心的运营拓新

少年时代社区阅读服务基地的建设，以少年儿童素质教育为核心，以家庭教育和家校共育为拓展，基地运营的阅读内容资源引入、活动推广创新等都围绕上述目标展开。

内容选择方面，其一，少年儿童素质教育内容，选择有利于提高少年儿童自身素质的阅读内容，把"立德树人"作为平台选择少年儿童阅读内容的总体目标，聚焦正向价值观的培养、知识视野的拓展两个方面选择相关阅读内容资源；其二，家庭教育内容，义务教育阶段的家长是少年时代社区阅读服务基地不可忽视的服务对象，家庭教育阅读内容主要根据读者所处的地域环境、文化背景和经济发展情况进行有针对性的落地实施，努力为少年儿童创造更好的家庭教育环境；其三，家校共育内容，家校共育内容是面向家长和学校引入解决家庭教育与学校教育协调发展的相关作品，这部分也是围绕少年儿童阅读延展的服务内容，通过阅读内容引入及阅读推广活动举办提高学校教育与家庭教育的合力效能。

　　阅读分级方面，针对少年儿童阅读特性，推行阅读分级。引进中文分级阅读，并逐步推进中文阅读分级走向成熟。少年时代社区阅读服务基地结合项目实施实际情况，阅读分级的实施推进主要包括引进中文分级阅读理论和课程体系、在阅读基地实践中文阅读分级、跟踪分析中文分级阅读实施数据、支持中文阅读分级体系迭代发展。首先，引进中文分级阅读理论和课程体系，少年时代社区阅读服务基地与国内中文阅读分级机构展开深度合作，引进已经进入实践阶段的阅读分级理论体系、实践课程以及分级评价方法，并结合少年时代社区阅读服务基地覆盖群体的实际情况，有侧重、有选择地落地实施。其次，在阅读基地全面推行中文阅读分级，针对义务教育小学阶段少年儿童的特点，从年龄、地域、文化背景和经济状况等维度形成分级阅读推荐书目，选择几个典型地区的阅读基地，实施全面分级阅读推广实验组，进行重点支持；对初中阶段的分级阅读，在上述分级维度的基础上增加性别维度和兴趣爱好维度，使分级阅读与少年儿童成长过程有效匹配。再次，跟踪分析中文分级阅读实施数据，与外部机构合作，利用分级阅读推广实验组，进行分级阅读成效的长期跟踪，寻找有利于少年儿童阅读能力成长的分级阅读配置方式。最后，支持中文阅读分级体系迭代发展，结合少年时代社区阅读服务提供的分级阅读服务，以阅读基地的分级阅读实践和跟踪数据为依据，支持中文分级阅读系统的发展，促进中文分级阅读体系逐步走向成熟。

　　资源保障方面，少年时代社区阅读服务基地以四川省少先队队刊《少年时代》的发行服务体系为基础，《少年时代》覆盖四川省全境的出版发行体系为基地提供了运营基础。依托四川文产资金项目"藏汉双语雪域格桑花全媒体建设"，通过新技术融合创新，为基地建设实施提供了技术基础。《少年时代》长期与四川省内各地市州的义务教育学校保持着良好合作关系，持续将适合于不同年龄段的阅读课程，通过不同形式的活动传送进校园，校园成立的学生文学社团组织也不断为《少年时代》输送原创稿件，这是少年时代社区阅读服务基地建设的校园基础。《少年时代》为了拓展少年儿童教育的覆盖能力，积极与四川省社科院的专家教授合作，启动了面向家长的家庭教育内容推广行动，这是阅读服务基地建设的家庭教育内容基础。

三、少年时代社区阅读服务基地的建设启示

以少年儿童阅读素养培育为目标，少年时代阅读服务基地建设从课外阅读服务入手，紧密结合社区服务工作，系统化地为广大少年儿童建构课外阅读支撑体系，以更好地培育少年儿童的阅读兴趣、阅读习惯和阅读能力。少年时代社区阅读服务基地建设的实践及经验，可以给社区阅读服务基地建设些许启示。

（一）围绕社区开展阅读服务活动

社区是少年儿童除学校之外接触最多的公共场所，他们的知识更新、娱乐休闲、社交学习、体育锻炼等活动很大一部分是在社区中完成的。社区服务工作是多种形式、多种内容、多种资源参与和多种成果体系并存的复合型社会实践活动，充分发挥社区对少年儿童的教育、引导作用，让社区成为学校之外的又一教育阵地是非常有必要的。少年时代的社区阅享阅读服务基地，在发挥《少年时代》出版发行体系作用的基础上，紧密结合社区资源，与社区联合开展少年儿童阅读推广活动，取得了较好的成效。

对此，一方面，可围绕社区人文资源推进青少年阅读素养培育。社区所在地通常都会具有一些当地独特的人文社会资源，充分利用这些资源开展文化普及和阅读素养培育，社区能够建立起服务于青少年阅读素养培育的长效模式和机制。此外，还可联合其他社区，充分整合各方资源进行青

少年阅读素养培养，获得更多的外部资源，实现优势互补。

另一方面，围绕社区内的家庭开展家庭阅读教育活动。社区的社会基本单元——家庭，既是社区服务的对象，也是可以为社区青少年阅读素养培育充分发挥作用的社会力量。合理借助阅读推广活动，通过现场、网络远程等方式，为家长提供家庭阅读教育的互动手段，这无疑是社区阅读服务基地建设的重要方向和着力点。

（二）根据社区区位特点进行类型化建设

少年时代社区阅读服务基地落地社区，以义务教育阶段的少年儿童（6岁至15岁）为核心服务目标，按社区的经济发展和资源条件状况分为赋能类、进取类和希望类三类基地类型，并进行差异化的路径建设。

我国幅员辽阔，社区类型众多、发展情况不一，社区的阅读服务基地打造很难也不可能实行标准化建设，根据社区不同的区位特性进行类型化的建设，无疑是可取的路径。

应依据社区人文特点确定社区阅读服务基地的发展定位。在青少年儿童阅读素养培育的过程中应充分考虑不同地域的人文文化差异，社区应尽量与本地区的主要文化特性进行有效的连接，这样一方面可以使阅读基地获得更多的地方资源，另一方面也可以发挥出本社区自有的核心优势。

可结合社区教育资源构建阅读服务基地的运营模式。少年时代社区阅读服务基地的核心目标群体是在校学生，学校教育仍是主体，针对此，阅读服务基地运营过程中与社区周边学校密切合作，形成了可持续性的运营模式。社区阅读服务基地的可持续性建设与发展，需要有稳定的活动资源引入渠道、源源不断的阅读服务对象，对于此，学校是社区众多组织机构中最符合这一特点的，既有开展阅读服务的教师资源、内容资源，也有不断更新、需要持续提供阅读指导服务的读者对象——学生，因此，可结合社区的有关学校构建形成阅读服务基地的运营模式，实现"书香社区"和

"书香校友"建设同频共振。

（三）社区阅读服务基地需要具备一定的基础条件

少年时代社区阅读服务基地以少年儿童的阅读素养培育为目标，对于场地等基础设施的要求不高，但是为能够实现覆盖一定社区范围的服务能力，在社区选择上还是侧重于具备一定基础条件的社区建设阅读服务基地。这些基础条件主要体现在以下方面：

首先，社区需要具备承载阅读资源和开展阅读活动的场地。这些场地不是固定的，使用模式也可以非常灵活，但是对于开展少年儿童阅读服务而言，安全和环保是必须具备的。

其次，社区需要具备一定的少年儿童阅读推广组织条件。虽然不需要为此而设立专人专岗，但是至少需要志愿组织者和志愿参与者，这些成员可以是有能力、有意愿的个人，也可以是有能力、有意愿的组织机构。参与社区阅读基地建设的组织成员，要有对青少年成长负责的态度和精神。

最后，必要的技术支撑能力也是社区阅读服务基地的基础条件之一。阅读本身并不需要在技术资源上有太大的基础，但是考虑到社区阅读服务基地本身所承载的社区覆盖能力，结合当前数字阅读的发展趋势，也需要具备一定的支撑数字阅读的技术基础。

（四）拓展社会力量参与形成长效机制

青少年阅读培育是一项长期任务和工作，阅读服务基地需要在建设和发展的过程中拓展更多的社会资源，形成长效机制。

其一，拓展社区内教育体系资源支持。教育主管机构、公立学校、私立学校以及社会力量办学机构，与教育资源之间建立某种形式的相互合作，对于社区阅读服务基地的建设和发展是十分必要的。

其二，拓展社区内服务企业资源支持。社区本身并不是一个社会经济实体,在具体的阅读服务推进过程中,需要具备经济能力的实体为青少年阅读推广服务提供经济等资源支持。

其三,拓展阅读推广人的资源支持。社会力量是全民阅读的重要组成部分,要构建形成"以政府为主导,社会力量参与"的全民阅读体系。参与全民阅读推广的社会力量,从个体的角度看主要指作家、学者、教师等阅读推广人,他们都具备阅读推广所需的丰富的知识文化。获得特定领域中具有较高知识资源的专家支持,对社区阅读服务基地的建设发展是非常有价值的。

进机关：
书香机关背景下的干部职工阅读引导

陈鹏 贾煜 余林军 王显智①

编者按：全民阅读进机关，是全民阅读的重要任务。《全民阅读促进条例》明确提出，"鼓励国家机关、企业事业单位在内部设立阅读室、公共书架或其他阅读设施"，"国家机关、企业事业单位和其他社会组织可以根据自身需要和特点，组织开展全民阅读活动"。广大党员、干部要带头读书学习，厚植"书香机关"底蕴。"关于提升机关青年干部学习认识的研究"课题组独辟蹊径，聚焦广大青年干部的阅读学习需求及其行为，能够为机关单位分群体推进全民阅读提供科学的参考依据。除此之外，还可以观照党员干部阅读书目推荐、机关阅读设施建设、机关阅读活动开展、机关与企事业单位等的全民阅读推广联动模式等内容，全面推进、提升全民阅读进机关工作成效，让机关干部成为全民阅读的"领诵者"，让机关单位成为书香社会建设的"底盘"。

摘 要：基于学习认知理论视域，面向机关青年干部开展问卷调查，深入分析机关青年干部阅读学习的基本现状及存在不足，从学习意识培养、学习资源建设、学习方式培育、学习成果转化等方面提出机关青年干部阅读学习能力的提升思路。

---

① 作者单位：陈鹏，四川省烟草专卖局；贾煜，四川省地质局；余林军，四川省气象局；王显智，四川省交通运输厅。

关键词：全民阅读；机关青年干部；阅读学习；学习认知；问卷调查

习近平总书记号召大家尤其是领导干部要"爱读书、读好书、善读书"，因为"读书可以让人保持思想活力，让人得到智慧启发，让人滋养浩然之气"。本报告为"关于提升机关青年干部学习认知的研究"课题组的最终研究成果，以机关青年干部为研究对象，会同省直机关有关单位的专家和学习组织带头人，编制《机关青年干部学习情况调查问卷》，以提升学习认知能力为研究重点，对四川省直机关单位所属 26 个机关单位中的青年干部开展了问卷调查，通过数据分析、资料收集、交流座谈等方式，对青年干部的学习意愿、方式、投入、转化及困难等进行了分析。期望通过驱动青年干部从认知提升到行动落地的有力转化，提升机关青年干部的学习认知能力，从而推动青年干部主动加快知识更新、优化知识结构、拓宽眼界和视野，为机关工作水平提升、治理体系和治理能力现代化做出积极贡献。

一、研究概述

（一）加强机关青年干部队伍阅读学习的重要性

加强机关青年干部队伍学习是新时代党中央的总体要求。党的十八大以来，党中央提出了建设学习型、服务型、创新型马克思主义执政党的重大任务。习近平总书记指出，把学习放在第一位，就是因为学习是前提，学习好才能服务好，学习好才有可能进行创新。通过学习，努力提高每一个社会成员的精神境界，建立体现社会主义精神文明的新型社会关系，正确认识和处理国家、集体和个人三者之间的关系，自觉克服和纠正损公肥私、损人利己等不正之风，使共产主义因素在现实生活中不断增长。机关青年干部肩负着党和人民交付的重任，不断提高自己、丰富自己，兢兢业业做好工作，才能不断提高工作水平和质量。对于机关青年干部，学习不仅仅是自己的事情，本领大小也不仅是自己的事情，而是关乎党和国家事业发展的大事情。这也就是古人所说的"学者非必为仕，而仕者必为学"的道理。所以，加强机关青年干部学习至关重要、势在必行。

加强机关青年干部队伍学习是时代发展的迫切需求。当今时代，知识更新周期大大缩短，各种新知识、新现象、新事物层出不穷。有研究表明，18 世纪以前，知识更新速度为 90 年左右翻一番；20 世纪 90 年代以来，知识更新加速到 3 至 5 年翻一番；近 50 年来，人类社会创造的知识比过去3000 年的总和还要多。当今社会已经步入知识经济时代，一个人必须活到老、学到老，才能跟上时代前进的脚步。我们需要努力提高各方面的知识素养，自觉学习各种科学文化知识，主动加快知识更新、优化知识结构、拓宽眼界和视野，才能适应时代发展要求。

提升机关青年干部队伍学习认知是青年干部自身成长的必然需要。当下，青年干部虽然在学历水平上达到了较高的层次，但是仍然面临着理论知识多、实践知识少，学习动能不强、投入不足，解决问题的综合能力弱等多方面的问题，在新时代高要求、高标准的背景下，不仅在工作中很难打开新局面，而且有迷失方向、落后于时代的危险。2019 年 4 月，习近平总书记在纪念五四运动 100 周年大会上的讲话中提到，"青春虚度无所成，白首衔悲亦何及"，号召广大青年干部，不论是成就自己的人生理想，还是担当时代的神圣使命，都要珍惜韶华、不负青春，努力学习掌握科学知识，提高内在素质，锤炼过硬本领，使自己的思维视野、思想观念、认识水平跟上越来越快的时代发展。

（二）机关青年干部队伍阅读学习的调研设计

狭义的学习是指通过阅读、听讲、研究、观察、理解、探索、实验、实践等手段获得知识或技能的过程，广义的学习是指人在生活过程中通过获得经验而产生的行为或行为潜能的相对持久的行为方式。无论从广义还是狭义来说，学习都是从各种媒介中去获取知识的过程，都是通过一定的方式去认识世界、获得经验认知的活动过程。

梳理相关学习理论及研究文献，本报告对学习的测量借鉴了罗伯特·加涅（Robert Mills Gagné）信息加工模式和赫伯特·亚历山大·西蒙（Herbert Alexander Simon）认知心理学的相关观点，把学习的过程划分为三个环节——输入、转化和输出。学习的输入指的是我们从书本、互联网、实践中吸纳信息和知识的过程；学习的转化指的是大脑对吸纳的信息或知识整理、思考、归纳等处理的过程；学习的输出指的是通过学习转化，借助语言、文字、行为进行表达的过程。

上述学习的过程更多展现的是横向的学习流程，并没有体现意愿、投入、实践等方面的参与。因此，通过广泛的文献查阅和专家探讨，总结出意愿、投入、路径、实践和规律这五大要素，将学习界定为自身资源和外部资源的有机整合和发展，需要更多的吸取和散发。

第一层是意愿，就是主观意愿的能动性，这是学习能否推进的首位要素，具有"总开关"的统领作用。如果没有意愿，学习就是空谈。第二层是投入，指对于自身所拥有的时间、资金和精力等要素在学习上的投入程度，这是对自由资源的有效管控，也是衡量一个人学习动能的关键指标。第三层是路径，从哪些路径来提升自身的专业能力和综合素质，这是学习能力提升的关键要素。第四层是实践，所谓学以致用，就是要把学习到的知识通过实践来验证和延展，有可能学到的知识是有局限的，需要在实践中检验补充，这是一个验证和拓展的过程，对于学习能力增强发挥着重要的作用。第五层是规律，就是通过理论学习和实践应用，最后交融结合、化繁为简，形成高度要素化、科学化的规律要点，达到学习的更高境界，实现学习成效的快速提升。

基于以上认知，课题组制作了调查问卷，以部分青年干部为样本，进行学习情况的调查研究，作为我们评价当前机关青年干部的依据，并以此进行深入的分析研究，提出提升青年干部学习认知的对策和方法。

二、机关青年干部阅读学习调查结果分析

课题组会同四川省直机关有关单位的专家和学习组织带头人，共同研究编制《机关青年干部学习情况调查问卷》，形成了本次调查研究的主要内容，同时，对四川省直机关单位所属 26 个机关单位中的青年干部开展了随机的问卷调查，收回问卷数量为 840 份。从性别看，男性占比 37%，女性占比 63%；从年龄结构看，28 岁以下人数占比 23%，28—35 岁人数占比 58%，35—40 岁人数达到 16%，40 岁以上人数占比 3%。

通过数据分析、资料收集、交流座谈等方式，对青年干部的学习意愿、方式、投入、转化及困难等情况进行了统计分析，主要调查结果如下：

（一）基本情况：机关青年干部阅读学习基础好、有规划

从工作年限看，如图 1 所示，机关青年干部工作年限为 4—12 年的达到 57%，3 年以内的占比 28%，12 年以上的占比 15%。由此可见，半数以上的机关青年干部都具有一定的工作经验，对于自身工作的立场思维、方式方法、技能知识等已具有一定的认知，阅读学习的需求较为明确。为提升自身能力以实现职业更上一层楼，主动自觉阅读学习的意愿较为强烈。

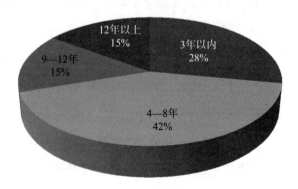

图1　机关青年干部工作年限分布

从学历水平看，如表1所示，本次调查中硕士及以上学历的机关青年干部人数占比将近72%，说明当下机关青年干部普遍具有较良好的教育文化水平，这为高质量工作奠定了坚实基础。

表1　机关青年干部学历统计表

选项	小计	比例
本科及以下	237	28.21%
硕士	589	70.12%
博士	14	1.67%

综上可见，本次调研中，机关青年干部普遍具有一定的工作和实践经验，年轻、具有事业进取心和发展空间，学历水平普遍较高，具备一定的理论基础，阅读学习素养与技能也较好，这为在机关青年干部中推进全民阅读，营造"爱读书、读好书、善读书"的浓厚氛围，打造"书香机关"，奠定了较好的基础。从对机关青年干部学习规划意愿的调查结果看，68%的青年干部有阅读学习计划，也从侧面说明了这一点。

（二）阅读投入：投入相对有限，阅读学习习惯尚未充分养成

阅读学习投入，包括阅读时长、阅读消费、读书数量等，能够反映出人们阅读学习的实际成效。投入越多，说明阅读学习习惯越好，成效较显著；反之则说明还须加强阅读学习习惯的培育。对机关青年干部学习规划意愿的调查结果显示，68%的青年干部有阅读学习计划，说明是具有较强烈的阅读学习需求的，但是本报告对机关青年干部学习时长、投入资金、读书开展等方面的调查分析结果显示，现实情况不尽如人意，阅读学习习惯尚未充分养成。

1. 频率偏低、时间投入相对有限

从机关青年干部每周阅读学习频次来看（见表2），每周阅读1次的人数达到42.6%，2—3次的为41.79%，4次及以上的不超过16%。青年干部

175

既有阅读学习的强烈需要，也有阅读的精力，理应成为国民阅读的表率和主力，但是近九成青年干部每周阅读学习次数不超过3次，阅读学习的次数总体是偏少的，需要在机关单位进一步加强全民阅读推广，培育养成坚持阅读学习的习惯。

表2　机关青年干部阅读投入统计表

阅读频次			阅读时长		
选项	人数	占比	选项	人数	占比
1 次/周	358	42.62%	1 小时以内/天	270	32.14%
2—3 次/周	351	41.79%	1—2 小时/天	331	39.40%
4—5 次/周	65	7.74%	2—3 小时/天	120	14.29%
5 次以上/周	66	7.86%	3 小时以上/天	119	14.17%

从机关青年干部每天平均阅读学习的时长看（见表2），每天阅读时长在1小时以内的占比32.14%，1—2小时的占比39.40%，2小时以上的达到28.46%。对比第十九次全国国民阅读调查报告的结果，2021年我国成年国民人均每天传统纸质媒介阅读时间为21.05分钟①，较高于全国平均水平。但如果参照著名作家格拉德威尔"一万小时定律"的标准，每个人每天学习时长要达到5.5小时。本次调研的结果显示，每周学习低于7小时的占比32.14%，7—14小时的占比39.40%，参照上述标准，机关青年干部只达到了标准的30%左右，整体来看学习投入时间相对有限。

2. 资金投入相对不足

学习的资金投入是反映学习意愿强度的重要指标，体现了对学习重视

①　中国新闻出版研究院发布第十九次全国国民阅读调查结果［EB/OL］.（2022-04-23）［2022-10-28］. https：//content-static.cctvnews.cctv.com/snow-book/index.html? item_id=16336669087372425289&share_to=wechat&toc_style_id=feeds_default&track_id=72dbfa04-e556-428c-b5ce-e2ef5a751a4a.

的态度。从调查数据看（见表3），机关青年干部一年的学习消费在500元以内的占据53.57%，1000元以内的达到80.71%，1000—1500元的占比9.64%，1500元以上的占比近10%。整体来看，半数以上的青年干部每月平均阅读学习消费不到50元。根据《2020年全国新闻出版业基本情况》的统计数据，2020年全国出版新版图书总印数23.22亿册、定价总金额830.46亿元，新出版图书均价约为36元/册。① 由此可以看出，本次调研的机关青年干部中，半数以上人均每月购书不到2本，可见其阅读学习的资金投入相对不足。

表3 机关青年干部阅读资金投入统计表（单位：元/年）

选项	小计	比例
500元以内	450	53.57%
500—1000元	228	27.14%
1000—1500元	81	9.64%
1500—2000元	31	3.69%
2000元以上	50	5.95%

3. 阅读量仍有待提高

从图2可以看到，机关青年干部中每个月不看书的比例高达29.40%，每月读书1—2本的有64.88%，2本以上的不足6%。而2021年全国国民阅读调查报告数据显示，2021年，我国城镇居民的纸质图书阅读量为5.58本，其中成年国民中有11.9%的国民年均阅读10本及以上纸质图书。② 对

① 国家新闻出版署.2020年全国新闻出版业基本情况［EB/OL］.（2021－12－17）［2022－10－28］. http：//www.cnfaxie.org/webfile/upload/2021/12－17/07－56－280973－924401286.pdf.

② 中国新闻出版研究院发布第十九次全国国民阅读调查结果［EB/OL］.（2022－04－23）［2022－10－28］. https：//content－static.cctvnews.cctv.com/snow－book/index.html? item_id=16336669087372425289&share_to=wechat&toc_style_id=feeds_default&track_id=72dbfa04－e556－428c－b5ce－e2ef5a751a4a.

比可见，虽然机关青年干部平均的读书数量高于全国总体水平，但是并没有完全发挥出机关干部引领阅读的标杆作用，全国成年国民中年均阅读量超 10 本书的有 11.9%，而机关青年干部还有相当一部分并未达到这一水平，这也说明机关青年干部阅读量存在差异，整体阅读量还有待提升。

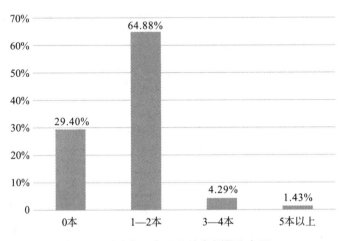

图 2　机关青年干部月均读书数量分布图

（三）阅读方式：数字化时代下的多元化阅读接触形式

在数字阅读技术的发展带动下，机关青年干部阅读学习方式呈现出多元化的发展趋势。从其阅读媒介接触形式来看（多选题），如表 4 所示，互联网、知识类 App 等数字化阅读成为现在青年干部获取信息、开展阅读学习的主要渠道，占九成左右；纸质图书位居第二（占比 51.67%）；通过培训班或者报刊学习的较少。

表 4　机关青年干部阅读媒介接触方式

选项	小计	比例
书本	434	51.67%
报刊	31	3.69%
互联网	753	89.64%
知识学习类软件	326	38.81%

续表

选项	小计	比例
线上或线下培训班	136	16.19%

从阅读学习方式看（多选题），如表5，自学的方式位列第一，占比59.40%；交流式学习紧随其后，占比44.29%；通过培训讲座和知识类App学习位列第三、四位。

表5 机关青年干部阅读学习方式统计表

选项	小计	比例
自学式学习	499	59.40%
交流式学习	372	44.29%
听线下或线上讲座	321	38.21%
知识学习 App	295	35.12%

如表6所示，在数字化阅读成为受调查的机关青年干部的主要阅读学习方式的背景下（见表4），其数字化阅读媒介的使用，以喜马拉雅和微信阅读两款App产品为主，得到和京东阅读使用率相对较少，还有其他一些App产品。从阅读学习的内容主题看，机关青年干部对岗位专业类培训内容特别看重，学习人数占比超过63%，说明其特别重视职业技能的学习提升；经济管理类位居第二，达到42.74%，说明机关青年干部也较为重视管理思维及经济管理能力的培育；也较为关注时事政治（占比31.55%），以保障跟上时事形势变化发展的趋势；而陶冶情操、提升思想境界等的生活艺术、哲学思想类内容相对较少，这是全民阅读进机关需要强化和深入推动的部分。习近平总书记曾深刻指出："推进中国改革发展，实现现代化，需要哲学精神指引，需要历史镜鉴启迪，需要文学力量推动。"

（四）学习转化：需要强化对阅读学习效果的反馈及转化

阅读学习的效果评价，既要看其学习后的知识获取情况，也要看其学习后知识的转化情况，尤其是转化到工作中的应用情况。对此，课题组也对机关青年干部的学习转化情况进行了问卷调查。

表6　机关青年干部阅读学习数字化媒介及内容统计表

数字化阅读媒介		阅读学习内容	
媒介	占比	主题	占比
喜马拉雅	53.21%	岗位专业类	63.33%
微信阅读	45.48%	经济管理类	42.74%
得到	7.74%	时事政治类	31.55%
京东阅读	5%	生活艺术类	28.21%
其他	38.45%	哲学思想类	19.88%

注：数字化阅读媒介及阅读学习内容均为多选题。

阅读学习过程中的知识整理方面，善于阅读、学习的人，通常都注重阅读、学习过程中的积累整理及总结，这也是衡量阅读学习效果的重要方面。从表7可知，受访的机关青年干部中不进行知识整理和学习总结的占比分别为35.24%、25.12%，整体来看，知识整理相对较少，同时也还没有形成定期性、常态化的学习总结习惯。

表7　机关青年干部阅读学习后的知识整理与总结情况统计表

知识整理		学习总结（篇/年）	
选项	比例	选项	比例
没有	35.24%	没有	25.12%
每周一次	11.19%	1—2篇	60%
一月一次	28.57%	3—4篇	10%
一季度一次	19.52%	5篇及以上	4.88%
每年一次	5.48%		

阅读学习后的成果产出方面，课题组对参与起草工作性报告和发表论文的情况做了调查。从工作性报告来看（见表8），机关青年干部一年来没有起草工作报告的占比13.1%，起草1—3篇的近64%，起草4篇以上的占比超过23%，说明总体上有一定的参与性。从论文发表来看，发表1篇以内的占比86%，一篇及以上的仅为14%，说明多数机关青年干部在学习后的理论总结及产出还有待加强。

表8　机关青年干部一年来参与起草工作性报告统计表

选项	小计	比例
没有	110	13.1%
1—3篇	535	63.69%
4—6篇	99	11.79%
7—9篇	36	4.29%
10篇以上	60	7.14%

（五）学习意愿：态度积极，有期望也存在现实困难

从阅读学习的目的看（见表9），机关青年干部阅读学习的核心需求主要为提升专业能力，占比超80%；丰富综合素质位列第二，达到62.38%；解决思考的问题、完成上级任务、培养兴趣分列第三、四、五位，占比均不足40%。整体来看，机关青年干部学习的目的是多样化的，对学习呈现出积极态度。

表9　机关青年干部阅读学习目的调查统计表

选项	小计	比例
完成上级任务	278	33.1%
丰富综合素质	524	62.38%
提升专业能力	673	80.12%
培养兴趣	236	28.1%

续表

选项	小计	比例
解决思考的问题	333	39.64%

注：本调查选项为多选题。

同时，课题组在调查问卷中，提出了三道主观题，呈现受访者对阅读学习的一些想法和建议。综合分析来看，机关青年干部从各个方面对学习表现出了积极认真的态度，对能力提升也提出了期望。主要表现在几个方面：一是希望加强专业能力的学习和培训，调查反映青年干部普遍希望加强专业能力的学习，全面提升岗位工作能力，进一步提升工作水平；二是期望创建更加广泛、多层次的学习交流平台，在学习方式方法上提供更多的分享讨论；三是在学习内容上提供经济、管理、政治、金融、法律等方面的培训，多组织各式各样的活动，进一步拓展眼界视野，强化自身能力，提升综合素质。

当然，调查中，机关青年干部也反馈了阅读学习过程中遇到的一些困难。如表10所示，调查对象普遍反映面临的最大困难是时间或精力不足，其次是持续性不强，动力不足、方向不明、学习与实践相差太远等也占有相当的比例。这或许就是当前机关青年干部阅读学习投入的时间、资金等都相对有限的重要原因。对学习持续性不强的原因进行调查，调查对象反映主要还是时间精力有限（占比32%），思想懈怠（占比23%）、动机不足（占比15%）也有一定影响，缺少反馈和指导实践占比10%，这从一定意义上反映出随着这几年全民阅读进机关工作的推进，机关干部的阅读指导得到了较大强化。

表10　机关青年干部阅读学习存在的困难统计表

选项	小计	比例
动力不足	264	31.43%
时间或精力有限	706	84.05%

续表

选项	小计	比例
路径不足	110	13.1%
方向不明	203	24.17%
持续性不强	408	48.57%
学习与实践相差太远	160	19.05%

注：本调查选项为多选题。

综上可知，目前机关青年干部虽然阅读学习的积极性及意愿很高，但是受诸多方面因素影响，阅读投入相对有限，阅读学习的整理及总结还须强化。

三、提升机关青年干部阅读学习能力的思路

从课题组对四川省直机关的抽样调研，我们既看到青年干部在阅读学习上积极的一面，展现了全民阅读进机关工作的成效，也看到青年干部在学习认知和阅读实践中还存在一些突出问题，需要进一步改进和提升。

（一）机关青年干部阅读学习实践存在的突出问题

1. 阅读学习投入还须不断增强

从阅读学习投入的时长看，机关青年干部中每周学习低于 7 小时的占比 32.14%，7—14 小时的占比 39.40%。如果按照著名作家格拉德威尔"一万小时定律"的标准，一个人每天学习时长要达到 5.5 小时，调查数据距离这一标准还有很大距离。从阅读学习时长及频次看，机关青年干部集中学习的时长有限，碎片化的学习较多，很难达成良好的学习成效。再从学习资金投入看，机关青年干部每年阅读消费 500 元以内的占比约 54%，1000元以内的近 81%，平均每月不到 100 元，学习的资金投入相对有限。从阅读书籍的数量来看，一个月读不到一本书的占到 29.40%，读 1—2 本的约 65%，阅读量相对不足。可见，青年干部对学习的投入相对有限，还有很大

的提升空间。

2. 阅读学习意愿有待进一步加强

阅读学习意愿可以从两个方面数据来看：一看资源的投入，阅读学习的投入资源是反映学习意愿和方向的重要指标。从前述学习时长、学习频率、学习资金投入三项调查数据可以看到，大部分青年干部在学习时间上一周达不到 15 小时，在学习经费上每月不到 100 元，在阅读学习次数上每周不超过 3 次，阅读时长每天不超过 2 小时。从思想层面可以归因为学习的意愿不是很强，导致在时间、精力、资金等投入上稍显不足。二看制约要素，在制约学习提升的原因调查中，时间精力不足、持续性不强及动力不足为三大主因，从一定程度上反映出其阅读学习的主观意愿还不够强烈，需要加强阅读学习意识及习惯的培养。

3. 对阅读学习的转化和输出尚须强化

本次问卷调查引入了加涅的学习信息加工理论，问题设计贯穿整个学习流程，按照从输入到转化加工再到输出这个过程进行了问题设置。从阅读学习的转化效果看，60% 的人没有或很少有学习知识整理的习惯，导致知识的学习长期处于分布散落的状态，学习的效率和成效很难提升。从阅读学习的输出转化看，整体呈现出的转化成果较少，没有把学习输入形成良好的成果转化。而学习输出作为体现学习效果最核心的一环，是把所有学习输入的知识，通过整理、转化、提炼总结而形成成果结晶，也是持续提升水平的有力途径。因此，在阅读学习转化和输出上还要不断加强。

4. 阅读学习方式和培训指导内容仍须加强

从对机关青年干部阅读学习期望的调查结果看，青年干部对岗位专业知识诉求很大，侧面展现了专业知识的培训还要不断加强；同时，青年干部还希望加强经济、金融、管理等方面知识的培训。在学习方式方面，青年干部普遍反映当前面向机关干部的学习交流平台较少、学习培训的针对性不强、学习培训活动开展较少等，学习水平提升的路径不清晰，这是需要进一步加强的。

（二）提升机关青年干部学习认知能力的对策和措施

为全力提升机关青年干部阅读学习认知能力，可以从机关引领和自我迭代这两个方面，提出针对性的对策措施，进一步提升机关青年干部阅读学习认知能力。

1. 发挥机关推进的主动力，助力阅读学习认知能力的有效提升

（1）聚力打造机关阅读学习品牌，强化认知能力提升

一是坚持党建引领，强化党的理论传承。要充分发挥党的重要理论引领作用，切实加强广大青年干部的主流意识形态培养。坚决树立以党的重要理论为核心的学习观，把学习掌握马克思主义理论作为看家本领，引领、指导青年干部深入学习党的理论创新成果，运用党的科学理论优化思想方法，使自己的思维方式和精神世界更好地适应事业发展需要。

二是坚持品牌塑造，着力打造机关单位阅读学习品牌。开展机关全民阅读推广，要建立机关阅读推广的品牌，以品牌为纽带，打造多平台的活动输出，发布阅读书目、举办学习活动、开展学习交流等，从而进一步丰富机关干部的阅读学习生活。比如，在机关打造一个"悦读"的学习品牌，举办悦读讲坛、建立悦读推荐书目、举办悦读竞赛活动，通过品牌来凝聚机关干部对学习的认知力和感知度，从而将过往分散式的学习形式转为集中式的阅读品牌活动引导。

三是坚持组织牵引，着力建设阅读学习推荐通道。现在的阅读书目成千上万，如何选择成为广大青年干部面临的一大难题，因此，建立推荐书目通道成为强化学习氛围、提升学习效率的有效途径。可以依托机关党委或有关学习部门，邀请机关领导或者部门领导推荐书目，发挥模范带头作用，分享推荐理由或阅读感悟，给青年干部更多的学习指导，建立良好的学习交流渠道，形成良性的互通互知的交流机制，从而全面激发青年干部的学习热

情和主观能动性。在推荐书目建设上，可由机关党委定期编印推荐目录，发放到每个干部职工手中，引导干部职工阅读有价值、高质量的书目。

四是坚持借外增力，着力打造专家学习讲坛。阅读学习需要指导和指点，需要一些有经验的专家引导带动大家的阅读学习热情，形成强大的学习感染力和推动力。因此，建立专家大讲坛是提升机关干部学习认知和价值认同的重要举措，可以分季度或定期邀请行业、经济、社会、军事、文学等领域的专家学者，围绕当下热点开展专题讲座，全面提升机关干部学习的热情，增强学习的主观能动性。

（2）强力打造机关阅读学习交流平台，推动认知能力持续增强

着力推进机关阅读学习交流平台建设，推动由"阅读活动"向"阅读习惯"转变，建立常态长效机制，促进青年干部职工长期学习、持续学习、终身学习。

一是搭建云端阅读学习资源平台。根据机关实际情况，创造条件，加强阅读阵地建设。可充分利用互联网技术，打通各类阅读学习资源渠道，引入省图书馆、市图书馆等公共资源，联结微信读书、喜马拉雅、得到、知乎、樊登读书等知识平台，联通中国知网、万方数据库等数据库平台，构建机关智慧阅读服务的"综合体"，为广大青年干部提供高质量、多层次的阅读资源数据库，搭建起学习发展的战斗堡垒。加快建立完善机关图书馆，建立线下的学习场景，既可以开展自我学习，又可以作为交流、讲座等学习活动的前沿阵地，实现线上和线下阅读学习的共同发展。

二是建立高效的学习交流平台。学习既要有输入，也要做好交流输出。可充分运用互联网高效的联结优势，借鉴豆瓣、得到、知乎等知识学习软件的模式，开发机关阅读学习方面专门的交流 App，大家可以对阅读学习的所获所感进行分享，可以相互开展点评，也可以开展"你问我答"。同时，还可以建立积分制度，对于发布内容多的机关职工给予一定积分奖励，通过多种方式，增加阅读学习交流的互动频率，增进相互的认知，全面提升

阅读学习的认可度和获得感，让阅读学习变成一件快乐而又有趣的事。

三是建立定期阅读学习交流机制。机关应积极开展丰富多彩、生动活泼的阅读学习主题活动，可采用读书交流会、读书沙龙等多种形式，开展如"精读1本书、上台讲1课、撰写1篇读后感、漂流1本书、每天读书1小时"等的主题读书活动，进一步增强青年干部阅读学习的有效互动，形成长效机制。

（3）合力打造机关阅读学习成果展现机制，强化认知能力反馈

学习有输入就必然有输出，这是学习生生不息的永动力。机关青年干部作为年轻的一代，更需要平台来展现风采。鉴于此，建议联合多个部门共同搭建阅读学习成效的展现平台。

一是主题活动分享。通过机关有关学习部门，组织开展"主题开讲""书香支部""青年阅读之星"等主题评选活动，彰显青年干部队伍的青春活力，充分调动大家的阅读学习积极性。推荐优秀的青年干部做阅读的主题分享、宣讲等活动，宣传青年干部阅读学习的价值感。

二是党建活动共振。把主题读书活动和建设学习型党组织、做学习型党员紧密结合，以支部为单位，将阅读与中心组学习、固定学习日、"三会一课"和党员集中学习日等有机结合，建立每周学习制度，引导大家阅读，畅谈读书感受。

三是主要会议联结。可以结合机关主要的中心组学习会等，将青年干部阅读学习的好方法、好成果有机融入主要工作中，既可以作为主要工作的有效补充，也可以展现青年干部的风采，具有良好的推动促进作用。

四是专项政策支持。给予一定的政策支持，引入内训师培养制度，培养青年内训师，作为机关阅读推广及培训的重要骨干力量。加大对青年员工的学习经费支持力度，可以根据兴趣爱好、专业特长、岗位知识和技能需求，给予专项的购书经费，为学习提供有力的保障。

2. 注重自我深化迭代的内驱力，促进学习认知能力的持续增强

学习认知的主体是自我，找准自身学习所处的阶段，分析自身存在的问题和短板，有针对性地开展阅读和学习提升，有意识地推动自我迭代进化，才是行稳致远的好方法、好路径。

（1）加强阅读学习意识的培养，构建更强的学习认知力

加强阅读学习意识的培养，推动形成浓厚的阅读学习氛围。加强常态化的学习价值观引导，定期开展交流讲座，深入讲述"学习是什么，为什么要学习，怎么开展学习"；加强思维方式的培养，引导形成积极、辩证看待问题、分析问题的思维，不断提高思维方式对学习成效的提升作用。

（2）加大对阅读学习资源的统筹，提升阅读学习的投入水平

广大机关青年干部要加大阅读学习时间的投入，做好时间的统筹规划，拿出更多集中化的时间用于学习，努力在输入环节加大投入力度。加大阅读学习的资金投资，在学习上投入更多的资金，购买更多有价值的书籍、付费知识产品、专业类学习课程等，不断提高学习成效。

（3）持续丰富阅读学习方式和内容，提高阅读学习效率

个人层面，构建更多的学习输入路径，从自己学到交流学，再拓展到网络学、平台学、专业学等更多路径中去，持续提升学习的有效输入，不断提升学习成效。机关单位层面，加强阅读学习的专业化指导培训，加强本单位中的内训师队伍建设，打造机关部门的学习培训体系。

（4）加快提升阅读学习成果转化，彰显阅读学习的成就感

学习成效的不断提升在于学习输入以后的转化和输出。青年干部要进一步加强学习转化，将学到的知识积极转化成自己的思考和观点，用以指导工作。进一步加强成果的输出，把学习到的知识做进一步的整理和总结，将分散的知识系统化、体系化，形成有见地的总结、文章等成果作品，为提升自身综合素质奠基。

参考文献:

［1］ 施静.四川省领导干部阅读推广研究［J］.四川图书馆学报,2020 (4).

［2］ 刘春.新时代如何面向公务人员做好阅读推广:以党校图书馆为例 ［J］.文化产业,2019(20).

［3］ 王宏.机关党员干部要做读书学习的模范［J］.前进,2017(7).

［4］ 中央国家机关"强素质·作表率"读书活动办公室.阅读推广品牌 工程:"强素质·作表率"读书活动［J］.出版参考,2014(8).

第三部分

区域实践探索研究

全民阅读，利在其便利性。全民阅读工作应坚持政府主导、社会参与的原则，以实现全民阅读资源共享和普惠大众为目标，既要保证公民对阅读基础设施使用的就近性，也要保证公民对阅读内容及服务获取的便捷性，科学规划布局覆盖城乡、实用便利、服务高效的全民阅读设施及服务。

这就决定了全民阅读工作必须坚持区域化、特色化推进，在遵循区域特点与实际的基础上策划、培育全民阅读服务及活动，这也是近年来全国各地全民阅读促进工作的基本着力点——注重本地特色文化的培育、推出特色化品牌活动。总结全民阅读典型实践，能够加强对"书香城市""书香社区"等典型的宣传推广；研究各地区全民阅读区域实践探索的经验做法与工作规律，能够为其他地区的全民阅读工作提供对策思路与经验样本。本部分呈现了北京市基于社区图书馆服务模式的全民阅读实践及四川省基于馆店融合的全民阅读推进实践，这两种当前全民阅读实践中的重要开展模式，可供其他区域全民阅读工作参考。

全民阅读有其工作的规律共性，不同城市之间、不同主体之间如何实现资源共享，全民阅读的多元主体如何实现协作，将在很大程度上决定着全民阅读工作的成效。研究报告《新时代全民阅读推广的图书馆区域协作研究》，以图书馆区域协作为切入点，对此进行了理论探讨与实践剖析，对这一问题做出了很好的回应和解答。

北京市基于社区图书馆服务模式的全民阅读实践

王世强[①]

　　编者按：立足社区打造公共阅读空间、开展阅读推广活动，就近满足社区居民的阅读需求，是推进全民阅读工作、保证全民阅读便利性的重要方式。建设社区图书馆，提供全民阅读服务就是当前全民阅读实践的一种重要模式。建设社区图书馆，是打通全民阅读"最后一公里"的主要途径。如何通过社区图书馆打造，连接居民、社区与文化机构，连接政府与非政府全民阅读资源，连接家庭、社区、学校等全民阅读开展的重要单元，是基于社区图书馆的全民阅读模式的关切点。全国各地社区图书馆建设模式"百花齐放"、各具特色，北京市作为全国政治、经济、文化中心，将书香京城建设作为全国文化中心建设重要目标，构建形成了全民阅读"一个组织机制、一个服务体系、一个扶持办法、一个项目工程、一个活动品牌、一个推广模式"的"六个一"工作格局，无论是北京市顺义区的图书馆总分馆制建设，还是海淀区的"书香飘海淀"等实践探索，在全国都具有一定的影响力和引领力。王世强完成的研究报告《北京市基于社区图书馆服务模式的全民阅读实践》，对北京市社区图书馆的实践探索，做了一定的经验总结和实证考察。当然，无论是北京市还是全国层面的社区图书馆建设，都还存在不少问题，需要未来进入社区基层、深入全民阅读体系中挖掘更翔实的材料，总结样本经验、发现问题症结。

---

① 王世强，首都经济贸易大学城市经济与公共管理学院副教授，硕士生导师。

摘　要：社区图书馆是公共图书馆体系的重要组成部分，是在基层推动全民阅读的直接力量。新时代如何发挥好北京市社区图书馆的服务功能，推动全民阅读深入开展，是本报告关注的重点问题。在分析北京市社区图书馆推动全民阅读作用、服务方式及存在问题的基础上，结合国外经验借鉴，提出加强顶层设计，建立科学管理机制；创新服务理念，加大阅读推广力度；发挥空间功能，提升社区服务水平；加大资源投入，培养专业运营团队等路径建议。

关键词：社区图书馆；全民阅读；公共空间；北京市；服务模式

近年来，全民阅读作为满足人民精神文化生活新期待的基本方式受到广泛关注，国家出台多份政策文件促进全民阅读发展，国内全民阅读推广活动进入蓬勃发展时期。全民阅读作为一项国家文化发展战略，是坚定国民文化自信、培育和践行社会主义文化价值观、优化社会风气的重要手段。[①] 新时代如何加强社区图书馆的建设，发挥其在推动全民阅读中的作用，已经日益成为学界关注的主题。从已有的研究文献来看，学术界对社区图书馆推动全民阅读的研究最早始于 2008 年 1 月。可以说，社区图书馆推动全民阅读起步较晚，社会关注度和重视度仍然不足。民众对阅读的巨大需求对国内社区图书馆参与全民阅读活动提出了迫切要求。2020 年 10 月中共中央宣传部印发的《关于促进全民阅读工作的意见》明确提出科学规划、合理布局，建好用好向公众提供阅读服务的公共图书馆、青少年宫、儿童之家、乡镇（街道）和村（社区）基层综合性文化服务中心、农家书屋、公共阅报栏（屏）等场所和设备，这为社区图书馆推动全民阅读开展提供了政策依据。

《北京市推进全国文化中心建设中长期规划（2019 年—2035 年）》提

---

① 谢梅，赵春岚，凡秦林，等．全民阅读研究的知识图谱：学术史、现状以及发展趋势［J］．西南民族大学学报（人文社会科学版），2021（9）：232 - 240.

出，构建以公共图书馆、综合书城、特色书店、社区书店等为支撑的 15 分钟现代公共阅读服务体系，使北京成为流淌着浓郁人文气息的"书香之城"。为持续推进北京市全民阅读工作，2020 年底，书香中国·北京阅读季领导小组办公室组织相关部门、专家学者、媒体记者，深入 16＋1 区街道（乡镇）社区（村），开展北京全民阅读"一区一品"调研活动①。作为社区居民阅读服务供给的主体，北京市社区图书馆在推动全民终身学习、增加阅读内容供给和打造公共文化空间上发挥了重要作用，新时代应该以推动全民阅读为契机，推进社区图书馆建设，满足人民群众更高水平的文化需求。

一、社区图书馆：全民阅读推广的重要主体

（一）社区图书馆及其全民阅读推广职能

图书馆在个人生活中发挥着重要作用。社区图书馆起源于 20 世纪 70 年代在边缘化地区中出现的替代性图书馆模式，通过向没有图书馆的地区提供公共资金支持，当地居民开始建立自己的图书馆，由于通常是由特定社区建设、拥有和管理的，因而被称为"社区图书馆"。随着我国文化惠民工程和社区文化建设的加快推进，社区图书馆的建设正在迎来新的发展机遇。

社区图书馆具有三个主要特征：首先，社区图书馆是社区居民主动或协作开办的；其次，社区图书馆为社区居民提供信息和阅读服务；第三，社区图书馆通过与学校相结合，提供基于社区需求的服务。社区图书馆具有图书馆设施和阅览室，其藏书可以供本社区成员使用，其经营不是为了盈利，而是致力于为社区所有成员提供免费和公平的信息获取服务，包括

---

① 朝阳：全民阅读融入社会治理 [EB/OL]．（2021-01-27）[2021-10-01]．北京阅读季，https：//www.sohu.com/a/447103627_210950.

纸质的、电子的等形式。

根据运营方式的不同，社区图书馆可以分为两种类型：一种是儿童图书馆。儿童是社区图书馆的最主要使用群体，某些社区图书馆只以儿童为服务对象。比如，北京市政协教文卫体委员会建议，社区图书馆至少投入1/3的空间用于少儿阅读空间建设，将图书馆建立成社区交流的重点区域，提高使用效率。① 一种是综合型图书馆，这是面向各年龄层次居民的社区图书馆。许多人之所以很少去图书馆，主要是由于花费时间成本较高，而社区图书馆可以有效降低这一成本，进而提高人们的到馆率。发展社区图书馆有助于提升群众生活品质、满足人民群众精神文化需求。

与普通图书馆相比，社区图书馆规模较小、资金有限。社区图书馆是由社区主导的服务提供者，其发展与社区成员和社区服务具有密切关系。社区图书馆服务于社区不同群体的需求，尤其重视满足外来务工人员和弱势群体的阅读需求，社区图书馆的服务重点是社区赋权、社区发展和终身学习。

为适应新时代全民阅读的新需求、新趋势，社区图书馆需要秉持新的思维方式。传统上，社区图书馆被设计为用于存储图书和阅读材料的空间。随着越来越多的图书馆将注意力集中在数字化建设上，图书馆的存储功能弱化，与此同时，居民参与活动的需求与日俱增，更加注重文化需求、休闲需求和社交需求。因此，社区图书馆应积极适应图书馆发展趋势与居民需求形式的变化，更新现有的阅读空间设计，升级现有的阅读服务体系。

阅读推广是社区图书馆的一项重要职能。随着时代的发展和社会的进步，人们对精神文明的需求逐步提升，社区图书馆的阅读推广工作也得到了快速发展，大批社区图书馆如雨后春笋般快速兴起。北京作为全国科教文化中心，在全民阅读推广方面走在了全国前列。但也应该看到，社区图

---

① 张璐．北京市政协为十四五规划编制建言：社区图书馆1/3空间留给儿童［N］．新京报，2020－12－04.

书馆在目标受众、宣传推广、经费运营及藏书迭代更新等方面还存在诸多问题亟待解决。尤其在新冠肺炎疫情背景下，社区图书馆运营也遭遇了严重冲击。

（二）资本增进视角下社区图书馆对全民阅读推广的作用

社区图书馆提供各种形式的服务以满足使用者的需求，这不局限于知识资源上的支持，还包括使用者所期望的其他的资源支持，这些资源往往被视为不同形式的资本。"资本"，意味着使用者拥有这些优势将得到社会结构更广泛的支持。社区图书馆作为一个平台，能够帮助社区居民学会利用知识和信息来提高自己的生产能力、创业能力和社会地位，从资本增进视角看，社区图书馆对社区的作用主要体现在以下方面：

首先，社区人力资本的增进。人力资本是指人的能力和生产力，可以通过职业教育、培训和经验中的知识技能以及环境促成。人力资本反映了一个人对组织和国家的价值，国家和企业组织都需要高水平的人力资本，利用他们的技能和知识来促进创新，提高生产力。北京市社区图书馆通过开展全民阅读，发展了人力资本，强化了其对经济社会的贡献。

其次，社区社会资本的增进。社会资本理论明确了社会资本的两个维度——结构性资本和认知性资本，结构性资本与群体内部的网络和联系有关，而认知性资本则涉及信任和影响沟通的社会规范。"信任"是发展社会资本的必要条件，也是图书馆工作人员与外部环境之间建立关系的关键。北京市社区图书馆动员读者参与他们的部分工作，如鼓励儿童及其家长利用社区图书馆的空间举办读书、游戏等活动；以书为主题，开展艺术、创作、工艺课程、家庭娱乐日等活动。在北京市社区图书馆的活动中，居民能够了解他们所在的社区发生了什么，社区成员能够共同分享资源和建立关系。对于低收入群体和其他弱势群体，社区图书馆提供了一个公共空间，在那里他们可以获得重要的资源并得到工作人员和其他社区成员的支持。

最后，社区文化资本的增进。文化资本的增进对居民具有重要意义。在知识经济中，重要的经济、社会和文化资源与图书的可获取性密切相关，社区图书馆是知识经济均等化的重要场所，社区文化资源多样性以及各种文化活动可及性的提高，有助于增进居民的文化资本。比如，成年人在拥有较高知识水平和较丰富经验之后，能够更好地开展亲子阅读活动；再如，社区内居民自发组织的阅读小组，能够提升居民的阅读素养与文化素质。

二、北京市社区图书馆推动全民阅读的主要方式

新时代全民阅读高质量发展，对公共图书馆等全民阅读公共服务体系建设提出了全新要求[①]。2015 年，中共中央办公厅、国务院办公厅印发《关于加快构建现代公共文化服务体系的意见》，城乡基本公共文化服务均等化被纳入国民经济和社会发展总体规划及城乡规划，城市和农村社区公共文化服务资源得以有效整合和贯通。2018 年 1 月 1 日起实施的《中华人民共和国公共图书馆法》提出，地方政府应利用社区综合服务设施设立图书室，建立以县级公共图书馆为总馆、社区图书馆为分馆或者基层服务点的总分馆制。由此，社区图书馆成为公共文化服务体系的基本组成部分，社区图书馆在全民阅读推进中迎来发展契机并呈加速化发展趋势。北京市社区图书馆的数量逐步增加，质量不断提升，地域分布更加广泛。北京市社区图书馆在完善阅读服务体系、提供社区公共空间和满足社区服务需求上具有优势，通过搭建居民之间的知识共享交流平台，有效推动了社区赋权、社区发展和终身学习。

（一）立足贴近性功能定位

社区图书馆是社区公共文化服务的基础设施，是社区中储存、传播和

---

① 徐升国. 全民阅读走向高质量发展路径探究 ［J］. 科技与出版，2020（7）：6 - 13.

使用信息的社会组织。社区图书馆作为公共图书馆在基层的延伸，不同于一般的公共图书馆，其特点在于扎根基层、贴近居民、服务社区。基于这样的功能定位，社区图书馆在推动全民阅读中具有独特作用。

相对而言，北京市区级以上公共图书馆由于距离居民社区较远，读者进行借阅存在诸多不便，居民的公共图书馆利用率往往并不理想。社区图书馆以为社区居民提供方便、舒适、快捷的阅读服务为目标，与社区单位和居民联系密切，注重服务过程的便捷性和人性化。北京市社区图书馆虽然规模小，但是服务功能全、居民进出方便，居民参与阅读活动的门槛较低。而且，北京市社区居民参与阅读时会提出自己的阅读需求或捐赠阅读材料，可以为社区全民阅读推广出谋献策。北京市社区图书馆的建设和普及，也极大地方便了居民的阅读需要，促进了社区居民的阅读氛围营造，助推了社区文化建设。

（二）提供特色化文献资源

北京市社区图书馆馆藏资源积累与提供逐渐从重"量"到重"质"转变①，注重为社区居民提供具有特色化的文献资源，成为社区文献信息服务提供的重要阵地。主要提供以下特色化文献资源：

第一，居民实用书报刊。北京市社区图书馆基本都订阅了实用性的报纸杂志，购置了与居民生活密切相关的各类实用图书，如生活类、传统文化类、科普类、技能类出版物，基本能够满足居民教育、文化、职业培训等方面的读书需求。

第二，本地特色文献。随着社会的发展，北京市社区对本地文献的需求日益增强，很多社区图书馆重视北京历史文化、民俗文化和革命传统的区域性文献资源建设，通过建立本区域经济社会文化发展的信息数据库，为北京市政府和社区部门的决策提供了信息资源库，也为居民了解本地区

---

① 许欢．城市社区阅读生态研究：以社区图书馆的建设和经营为例［J］．出版广角，2018（12）：14-17.

文化特色和历史传统创造了条件。比如，宛平记忆文化室是北京市首家实现与首都图书馆借阅系统联网的社区级图书室，拥有 4000 多册特色化藏书资源。

第三，社区资讯材料。北京市社区图书馆聚焦于社区发展实际，收集关于社区建设、社区服务、社会福利、政策规范、活动信息等专题信息，为居民提供特色鲜明的信息服务，带动居民参与社区文化建设，推进全民阅读。

第四，居民撰写文献。北京市社区居委会通常有定期的工作报告、调研报告，一些社区会定期收集居民意见、政策建议和"金点子"创意，以及居民产出的工艺品、回忆录和纪念品，这些都是社区图书馆所拥有的特色资源。

（三）构建多样化参与模式

随着居民文化需求的日益增强和基层文化服务体系的日渐完善，北京市社区图书馆也正在推动阅读推广参与模式向多样化方向发展，以凸显其独特的社会价值。

一是家庭参与模式。北京市很多社区图书馆以儿童为重点读者服务群体，以家庭为单位开展亲子阅读活动，通过有声读物、在线资源等内容资源引导亲子阅读，培养儿童良好的阅读习惯；通过互动交流活动促成家长和孩子之间的情感沟通。比如，北京市西城区广内街道办事处打造了全国首个公共图书馆改造运营的社区阅读品牌项目——甲骨文·悦读空间，通过定期开展观影会、读书会、儿童实践体验等活动，形成了社区图书馆文化。

二是单位共建模式。北京市通过政府购买、公益创投和志愿服务等方式，支持社区图书馆与实体书店、公益组织、驻区单位合作开展阅读活动，实现了多点发力全面开花，推动了北京市阅读活动向更深层次的创新与拓展。

三是外展服务模式。目前，北京市社区图书馆除了在场所内提供阅读服务以外，还针对社区弱势人群等的实际需求，与医院、敬老院和福利组织联合开展阅读活动，建立了为弱势群体提供阅读服务的机制，从而有效保障了弱势群体的文化权利。

（四）打造公共化阅读空间

北京市社区图书馆不仅具有资源馆藏及借阅功能，还具有作为公共空间的交流功能。北京市的社区图书馆是社区读者的重要活动场所，他们不仅可以从图书馆借书，还可以找到一个舒适的空间去享受阅读。社区图书馆通过提升居民生活品质和满足公共文化生活需求，创造了更具社会价值的公共空间。当前，北京市正在推动"书店与社区结对子"，鼓励每家书店对接周边 5 至 10 个社区，打造完善 15 分钟阅读圈，推动图书馆、书店、社区三者相互对接，创造多种多样的合作形式打造公共化的阅读空间。比如，北京市第一家社区图书馆英文阅览室落户朝阳区垡头文化中心，居民可进入阅读英文版书籍；北京阜四小院悦读馆作为社区的四点半课堂，为社区青少年提供服务，设有咖啡吧、茶道，可以举办小型读书沙龙及社区居民读报小组活动。

为强化公共空间属性，社区图书馆主动回应居民利益诉求，积极采纳民意，通过打破行政惰性思维、提倡主体平等、促进公众参与和实施开放运行，有效履行了自身的公共职责。一方面，北京市社区图书馆通过举行文化交流、热点讨论、文学研讨等活动，以社交化互动服务、人性化便民服务为目标，在社区中形成了以教育、休闲和交流为基础的居民阅读体验空间；另一方面，作为凝聚社区有机体的桥梁纽带，社区图书馆以有益于每个人的方式将社区成员联系起来。研究表明，拓展人际关系以及增加居民对社区图书馆的了解程度，对社区居民参与意愿具有较为显著的正向影响。① 北京市社区图书馆通过汇集和分享资源，提高了居民的社区归属感和认同感，并推动居民相互信任、合作关系的形成，进而聚集形成一种具有现代性的文化共同体。

三、北京市社区图书馆推动全民阅读的现状分析

为深入了解社区图书馆在全民阅读当中的作用、社区图书馆的发展与该社区居民的期望适应的程度，课题组采取了问卷调查及实地调查法来研究北京市社区图书馆推动全民阅读的现状。

（一）北京市社区图书馆全民阅读推广的实证调查

1. 调查说明

本次调查针对北京市居民，采取随机发放调查问卷的方式，于 2021 年5 月 14 日投放线上问卷若干，受访者线上扫码填写问卷，5 月 20 日收回问卷 366 份，有效问卷 100% 。

2. 社区图书馆的设立与认知：社区图书馆认知度低

调查显示，46.39% 的被调查对象反映其所在社区有社区图书馆或类似的公共阅读设施，反映其所在社区没有社区图书馆的为 53.61% 。由此可知，超过半数社区居民认为缺乏便利的图书借阅场所。

总体而言，社区居民对北京社区图书馆有一定了解，但是了解程度不高。如图 1 所示，被调查对象中，有 43% 表示对社区图书馆的了解程度为一般，表示了解和非常了解的均为 8% ，有 28% 表示不太了解，13% 表示非常不了解。

---

① 周永根，刘骁. 基于计划行为理论的城市社区图书馆居民参与意愿及影响因素实证研究：以长沙市为例［J］. 图书馆学研究，2021（5）：82－89.

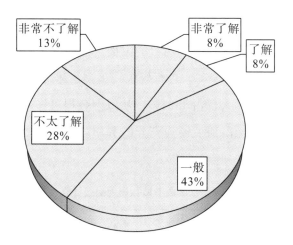

图1　社区居民对社区图书馆认知程度分布图

此外，被调查对象中，有11.45%的人表示对社区图书馆的远程借阅服务非常了解，10.84%的人表示比较了解，28.92%的人表示一般了解，30.12%的人表示不太了解，18.67%的人表示非常不了解。总体而言，社区居民对社区图书馆远程借阅服务的认知度偏低。社区图书馆在提供远程借阅服务的同时，加强宣传推广、指导使用，也十分重要。

3.社区图书馆利用意愿：轻资源重空间使用

调查发现，被调查对象对社区图书馆的使用意愿较高。如果开放社区图书馆，49.4%的人表示愿意每周去社区图书馆1—2次，15.66%的人愿意每周去3—5次，8.43%的人表示每周会去超过5次，但也有26.51%的受访者表示不会去。由此可知，大部分人愿意花费时间去社区图书馆，对社区图书馆表现出了较强的使用意愿，说明社区图书馆经过这些年的建设和发展在一定程度上还是取得了居民的好感与认同。

在社区图书馆提供服务的利用方面，呈现出轻资源利用、重活动参与的特点。从表1可知，有50%的受访者表示平时读书的来源渠道为公共图书馆借阅，选择自行购买图书的有82.53%，阅读网络资源也占有相当大的比重，69.28%的人从网络下载电子书阅读，使用微信公众号、微博、抖音等社交媒体阅读的为41.57%，31.93%的人选择朋友之间交换。从以上数据可以直观地看出，社区居民还是有相当一部分到公共图书馆借阅图书进行阅读的。在社区图书馆空间利用目的方面，前往社区图书馆的居民大部分是为了借阅图书、阅读学习，进行娱乐（上网、休息等）、与朋友会面的也有一定比例，不去的人仅占 1.81%。从以上数据可知，社区图书馆的公益性、教育性、休闲性得到了较为充分的利用。总体而言，对社区图书馆阅读资源的利用还可进一步强化提升。

表 1   社区图书馆利用情况统计表

使用	形式	占比
阅读资源使用来源	购买	82.53%
	借阅	50%
	交换	31.93%
	网络下载	69.28%
	社交媒体	41.57%
社区阅读空间利用	借阅	69.88%
	阅读学习	68.07%
	娱乐	30.72%
	社交	21.69%
	不去	1.81%

注：本调查选项为多选题。

4. 阅读停留时间及阅读偏好：停留时间不一，内容偏好大众休闲类

一是在社区图书馆阅读停留时间不尽相同。调查居民在社区图书馆阅读时的停留时间，发现 40.36% 的人在 1—2 小时内，停留 2 小时以上的有 22.89%，36.75% 的人停留时间为 1 小时以内。总体而言，居民在社区图书馆阅读的时间不尽相同，但整体停留时间较短，仍须破解留住读者的发展难题。

二是阅读内容偏好大众休闲类图书。其中，喜欢阅读小说散文类的占比较多，为 78.31%，喜欢阅读家庭生活类的有 16.87%，实用技术类的有

22.89%，杂志报纸类的有39.16%，国学历史类的仅有1.81%。可见，随着国家对社区图书馆资源投入的加大，社区图书馆的图书种类日渐丰富，但最受欢迎的还是小说散文类。

5. 认同度：高度认同社区图书馆的服务提供及其作用价值

在社区图书馆远程借阅服务认同度方面（见图2），67%以上的受访者表示认可当前社区图书馆提供的远程借阅服务，其中，有27.71%的人非常赞成这种服务，39.76%的人比较赞成，认为一般的占比30.72%，不赞成的比例不足2%。可见，虽然对远程借阅服务的认知度不高，但是对社区图书馆提供的远程借阅服务的价值，大部分人都表示认同。

在社区图书馆阅读推广活动提高阅读积极性的认同度方面，被调查对象中，超过七成的居民认为社区图书馆举办的图书漂流、读书讲座等活动可以提高其阅读积极性，表示一般的比例为24.17%，表示不认同的比例占3%左右（见图3）。同样，有将近七成的居民认为社区图书馆设立书友会、定期读书交流会可以提高其阅读积极性，表示一般的比例为27.11%，4.21%的居民对此表示不认同（见图4）。从以上数据可知，绝大部分居民认为社区图书馆的阅读推广活动可以提高其阅读积极性。

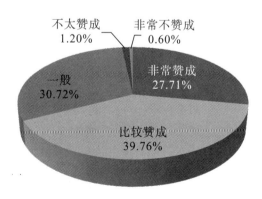

图2　社区居民对社区图书馆远程借阅服务认同度分布图

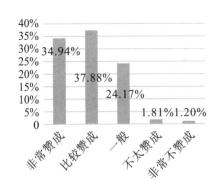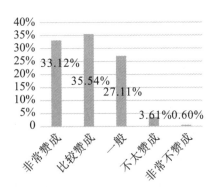

图3 社区居民对阅读推广活动的认同度分布图   图4 社区居民对书友会等的认同度分布图

在社区图书馆促进全民阅读的认同度方面，多数居民对社区图书馆在全民阅读中发挥的作用价值是比较认可的。如图5所示，38.55%的人对推广社区图书馆可以促进全民阅读表示非常赞成，表示比较赞成的占46.39%，赞成的占比将近85%，13.25%的人表示一般，不太赞成和非常不赞成的比例不足2%。由此可见，大部分人认同社区图书馆可以促进全民阅读，对社区图书馆抱有积极的态度。

总体来看，本次调研中，社区居民对北京市社区图书馆的满意度较高，表示满意和非常满意的比例分别为50%、19.28%，27.11%的人感觉一般，2.41%的人不太满意，1.2%的人非常不满意。对于如何提升社区图书馆建设，超过半数以上的被调查对象提出了增加藏书量和藏书种类、提高购书频率、组织多样性的推广活动的建议。

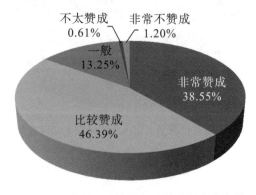

图5 社区图书馆促进全民阅读的认同度分布图

（二）北京市社区图书馆推动全民阅读的制约因素

调查发现，无论人们对社区图书馆了解与否，但如果开放社区图书馆，很多人都有到馆借阅的意愿。目前来看，北京市居民对其所在社区图书馆的认知度较低，但认可度、满意度较高，大部分居民认为社区图书馆有助于提高其阅读积极性。然而，调查也反映出很多地方还没有开设社区图书馆，宣传推广度不足；社区图书馆的服务较为单一，无法满足居民的多样化需求等。以上问题表明，北京市社区图书馆在推动全民阅读过程中也面临一些困难。

1. 法律制度亟待完善

社区图书馆是公共图书馆系统的组成部分，既具备公共图书馆的一般职能，也具有基层社区的文化特色。北京市社区图书馆的服务对象以本社区居民为主，因此其功能定位与其他公共图书馆有所不同。公共图书馆的政策法规已经较为完善，但在社区图书馆迅速增加和快速发展的背景下，专门针对社区图书馆的政策法规还存在缺位。法律法规不健全导致社区图书馆的发展缺乏制度保障，导致基层政府对社区图书馆的重视程度不高，在一定程度上影响了全民阅读活动在全国的推进。

2. 阅读服务理念有待提升

实地考察发现，北京市部分社区图书馆冷冷清清，不是因为社区居民缺乏读书需求，而是因为图书馆的服务跟不上人们阅读需求的发展。在服务形式上，北京市的一些社区图书馆只是"面子工程"，平时不主动向社区居民开放，即使开放也无任何阅读服务，影响了居民对图书馆阅读功能的认知。在服务提供上，由于图书管理指标在北京市社区文化工作考核中比重较低，加之服务观念较为保守，社区图书馆的服务存在被动性，仅能提供最基本的借阅服务，较少开展具有创新性、延展性的外宣活动、公益活动。在服务模式上，对居民的核心阅读需求挖掘不充分，既不能以需求为中心细分服务对象，又未能引入社会力量进行多方协同运营，社区居民无法获得个性化的阅读服务，居民的日常文化需求尚得不到充分满足。因此，传统被动式的阅读服务使北京市社区图书馆的资源无法得到充分利用，社区图书馆在公共服务供给中贡献有限，尚未能在全民阅读工程中发挥更大作用。

3. 馆藏资源存在不足

阅读资源的数量是否充足和结构是否合理对社区图书馆能否吸引居民前来阅读具有重要影响。在馆藏总量上，北京市部分社区图书馆图书资源匮乏、藏书总量过少，图书更新较为缓慢，不能满足居民日益增长的阅读需求。在馆藏结构上，存在图书种类单一、陈旧的问题，多数是文学、生活、养生类书籍，中华传统文化经典图书不足，电子文献较为匮乏，部分馆藏资源浅层化、娱乐化过重。在馆藏方式上，北京市部分社区图书馆的数字化程度较低，对计算机网络技术的使用不多，图书馆各项工作未入网，居民在查找文献时效率较低。在资源共享上，北京市部分社区图书馆的文献资源尚未实现共建共享，各图书馆"各自为政"，缺乏统一规划和资源整合，造成了文献资源的浪费。由于经费预算较少，北京市部分社区图书馆无购买图书经费，导致了居民看书难、看新书更难的局面，降低了馆藏资源对居民的吸引力，居民的借阅率总体还有待提升。

4. 资源投入仍须提高

北京市社区图书馆在资金、人员和设备投入上存在较大不足，图书馆建设发展缺乏总体规划和资源投入，社区图书馆的发展持续性不足。在资金投入上，北京市社区图书馆的收入来源相对单一，主要依靠财政经费支持，人员经费支出占比较大，由于没有相关的规划、措施、指标和考核，导致资金到位率低，业务活动经费得不到保障，设备与图书购置费用比较有限。在人员投入上，北京市社区图书馆多为兼职或临时招聘人员，基本上没有全职工作人员，存在一人多职等情况，很多时候工作人员从事着与社区文化建设无关的工作。在设备投入上，后续更新投入不足，设备设施老化较为严重，存在场地、设施被占用的问题。资源投入有限导致北京市社区图书馆在推进全民阅读中呈现无力之势，影响了全民阅读的持续开展。

综上所述，北京市社区图书馆在推动全民阅读上还处于起步阶段，面临着体制不完善、资源欠缺、管理不足、创新乏力等困境。

四、社区图书馆推动全民阅读的提升思路

社区图书馆承载着"打通阅读的最后一公里"的重任，基于本次的调研，课题组认为北京市的社区图书馆建设正在现有的基础上逐步完善。对此，政府需要加强图书馆规划建设，充分借鉴"他山之石"，让社区居民走进身边的图书馆，享受全民阅读与公共文化服务。

（一）国外社区图书馆推动全民阅读的经验借鉴

国外高度重视全民阅读的发展，很多国家将全民阅读作为一项国家战略，美国、英国、南非、印度等国在推动全民阅读方面进行了较多的实践探索。国外社区图书馆较早开展推动全民阅读的实践，在此方面具有丰富的经验。

1. 美国塞勒姆湖社区图书馆：Kids' Storytime

Kids' Storytime 是由位于美国马萨诸塞州的塞勒姆湖社区图书馆发起的，协同布莱顿小学、布里斯托尔小学、莱克伍德小学、兰德尔综合学校、江景小学、塞勒姆小学、特雷弗－威尔莫特小学等 10 所学校共同举办的针对学龄前儿童的全民阅读推广项目。该项目将阅读推广与故事分享有机结合起来，为儿童家庭创造了在欢欣愉悦气氛中进行阅读的环境。

塞勒姆湖社区图书馆成立于 1977 年，有 3000 册图书和一支专门的志愿者队伍，社区居民可以就近在图书馆中参与有趣的故事分享活动。塞勒姆湖社区图书馆主动开展的 Kids' Storytime 项目，为 0—2 岁、2—5 岁、5—8

岁三个年龄段的儿童提供阅读故事活动，这也是社区居民日常参与的基本活动之一。其中，"婴儿故事时间"由0—2岁婴儿及其家长共同参与，全家人可以在这里读到有益于婴儿身心健康的绘本故事。"秋季收获故事"让2—5岁儿童及家长参与听故事、做手工艺的活动，制作有关丰收果实的模型，居民可以从中感受阅读的乐趣。有意愿参与故事活动的居民可以根据图书馆网站上提供的日程表报名，选择相应年龄段的故事活动。值得关注的是，塞勒姆湖社区图书馆为成人、青少年及儿童提供的阅读故事活动内容是不同的，儿童及青少年主要以趣味性、启迪性的故事阅读体验为主，成年人则增加了家族历史访谈、自带书讨论、馆藏资源使用技巧等内容。

塞勒姆湖社区图书馆在社区、学校和家长资源的共同支持下开发全民阅读项目，在项目设计中体现不同年龄段读者的兴趣差异性，主要表现在：一是利用自身馆藏图书和信息素材上的优势，设计了三个不同年龄段居民的阅读故事活动，使阅读活动内容符合客户群体的特殊需求，凸显了图书馆服务的人性化、在地化；二是根据不同年龄段居民的阅读参与特征设计相应的服务流程，如针对儿童、青少年和成年人有不同的阅读内容和阅读时长，体现了项目设计的差别性原则；三是即使在同类阅读产品中，也会注意到不同年龄段读者基于阅读习惯、接受程度和兴趣爱好的差异，在阅读推广中有所区分，如在不同故事主题和阅读活动的限定下，根据不同年龄段居民的参与时间、内容和流程，对故事阅读中使用的大书、故事袋、故事手套、主题盒等辅助设备进行合理设计与选择。

2. 英国社区图书馆：Summer Reading Challenge

Summer Reading Challenge（SRC）是由2002年成立于英格兰的独立慈善机构英国阅读社（The Reading Agency）于2005年开始举办，并由众多公共图书馆协办的儿童阅读活动。英国4—11岁的儿童可以在家长帮助下登录SRC网站进行注册并创建自己的档案，完成一本书的阅读活动，以在暑假期间享受阅读带来的乐趣。这项挑战每年激励着 70 多万人参与阅读活动。①
英国很多优秀的社区图书馆都支持 SRC 项目，并为参与阅读挑战的居民提
供服务。

　　社区图书馆是 SRC 在基层的项目合作伙伴，可为居民参加阅读挑战活
动提供便利条件，图书馆很愿意为居民提供他们参赛使用的图书，鼓励儿
童和家长一起体验阅读的乐趣，图书馆成为家庭阅读活动的枢纽和协调点。
如伦敦市克罗夫顿公园社区图书馆在 2021 年组织了暑期阅读挑战赛，要求
参赛者阅读以"野生世界英雄"为主题的图书，为参赛者提供适合不同年
龄段的阅读书包，并且进行主题书籍的公开展示。② 英国很多社区图书馆为
参赛者提供了阅读指引服务、在线阅读服务和免费娱乐活动，如斯塔福德
郡库恩社区图书馆会邀请参赛者免费进入博斯沃思会战遗址参观等。③

　　英国社区图书馆还通过书籍展览、在线阅读和书籍推介等方式为参赛
者提供阅读的辅助工具和经验方法，主动在社区层面推广阅读挑战赛活动，
为社区居民参与 SRC 提供系统性的支持服务，并且提供主题故事阅读、阅
读书籍评级、阅读衍生品赠予、文化古迹参观及建立同伴联系等多项阅读
增值服务，丰富了参赛者的阅读过程体验。英国社区图书馆根据自身资源
情况从媒体网络搭建、文献阅读服务、阅读项目品牌化传播、阅读模式社
会化参与构建起了社区层面的阅读推广体系，使社区图书馆成为英国阅读
文化推广坚实的基础性支撑。以主动姿态对全国性阅读活动进行协同，这
为广大社区图书馆推动全民阅读提供了一种可以借鉴的实践方式。

① Summer Reading Challenge. About Our Programmes［EB/OL］.［2021 - 05 - 27］ht-
tps：//summerreadingchallenge. org. uk/about - the - challenge.
② Summer Reading Challenge Launch at Crofton. Summer Reading Challenge［EB/OL］.
［2021 - 07 - 27］https：//www. croftonparklibrary. org. uk/events/summer - reading -
challenge.
③ Summer Reading Challenge. Quorn Community Library［EB/OL］.［2021 - 07 - 08］ht-
tps：//quorncommunitylibrary. co. uk/2021/07/08/summer - reading - challenge - 4/.

3. 南非茨瓦内市社区图书馆：Developmental Outreach Programmes

茨瓦内市（原名比勒陀利亚）作为南非的行政首都，目前有 58 家社区图书馆，其中大多数图书馆在提供外展服务方面拥有丰富的实践经验①。茨瓦内市社区图书馆从找到读者并把他们吸引进来的角度出发，开发出了志愿服务、居家送书以及与医院、养老院、学校等机构合作的极具创意的外展阅读推广活动项目。

社区外展项目利用创造性的外联和思维方式，走出传统建筑空间的束缚，吸引更多人来图书馆阅读。外展服务作为一种"行动号召"，既能有效拓展社区图书馆经常被忽视的宣传推广渠道，也能为社区中行动不便的老年人、残疾人等提供图书馆的阅读服务。在茨瓦内市，大多数社区图书馆都配备了外展服务专员，与当地的医院、无家可归者收容机构建立了合作关系，扩大了社区图书馆在社区中的影响力。当一个新的社区图书馆建成后，外展图书馆员通常会推广他们的图书阅读服务。在外展过程中，外展服务专员向图书馆附近的潜在顾客赠送图书，发放宣传单，进行宣传推广。

南非茨瓦内市社区图书馆注重以外展服务项目拓展潜在顾客，以多样化的社会互动形式吸引他们到社区图书馆中来并参与阅读活动。在现代营销中，社区图书馆不能假定居民知道图书馆的任何服务，必须建立社区意识以加强自身的对外推广。茨瓦内市社区图书馆通过定期与社区服务设施进行图书交换，使通常不会去图书馆的居民能够开展图书阅读。外展服务人员在与居民进行有意义的互动和交谈过程中，向居民分享图书、图片和纪念品，传播最新的阅读理念。外展服务项目注重对老年痴呆症患者、失能失智老人进行记忆刺激，鼓励他们继续进行阅读，进而满足社区不同特殊群体对阅读的需求。茨瓦内市社区图书馆作为社会包容性机构，有效地将图书馆从静态空间转变为动态空间，立足于广泛的社会互动，满足了特

---

① Community Libraries. Welcome to City of Tshwane ［EB/OL］. ［2021 - 05 - 11］ https：//www. tshwane. gov. za/sites/residents/Services/Pages/Community - Libraries. aspx.

殊群体的阅读需求，也履行了社区图书馆的社会使命。

4. 印度新德里社区图书馆：Open Source Curriculum

Open Source Curriculum 是印度非营利组织社区图书馆工程（TCLP）为提高儿童及成年人的阅读能力、阅读流畅性而开发出的一套公益性阅读培训模式。在新德里市的社区图书馆，该课程资源分为阅读计划和图书俱乐部两类，其中，阅读计划包括"大声阅读""学会阅读""阅读启蒙""印地语流利阅读""英语流利阅读"等活动。

Open Source Curriculum 通常是由社区图书馆和周边学校合作实施，为弱势群体提供阅读资源和机会。该开源课程与在功能上识字（比如理解单词、填写表格或通过考试）是有区别的，在面向 4—6 岁儿童的"阅读启蒙"项目中，社区图书馆通过阅读、游戏、拼图、绘画等方式，培养年轻的图书阅读者，使他们能够适应书籍和图书馆空间。"大声阅读"活动取得了较好效果，一开始由成年志愿者为不同年龄段的居民大声朗读，在 2—3 年内，社区图书馆成员接受了培训，以便向年幼的阅读者提供阅读服务。[①] TCLP 开发了一些印地语和英语双语阅读资源，从大声朗读、深入思考、建立阅读文化、培养第二语言技能四个方面进行阅读资料准备。

印度社区图书馆在开发公益性阅读课程方面秉持系统性思维，早在 2010 年开始就由志愿者在新德里迪帕拉亚学习中心为社区居民举办了第一个朗读项目，通过多方面的阅读课程推广"阅读就是思考"的核心理念，支持新德里的社区居民参与阅读项目并进行阅读交流。系统课程的开发既满足了社区对儿童早期阅读能力培养的需求，也为儿童养成阅读兴趣并进入图书馆阅读奠定了基础，同时，通过为居民提供阅读所需的知识、技能和工具，凸显了社区图书馆的公益性和教育性，提高了社区图书馆在推动全民阅读中的影响力。此外，印度社区图书馆通过在线数字平台、作者访

---

① The Reading Project. The Community Library Project［EB/OL］.［2021 - 06 - 22］https：//www. thecommunitylibraryproject. org/the - reading - project/.

问计划、图书俱乐部等方式把阅读技术、阅读权利、阅读体验、阅读文化和无障碍阅读等融合起来，建立了以自我反省、自我意识和自我表达为特征的社区阅读文化，改变了社区居民原有的阅读方式和学习理念，以开源形式的网络化课程资源共享中心为手段助推全民阅读深入开展。

（二）社区图书馆推动全民阅读的路径

1. 加强顶层设计，建立科学管理机制

社区图书馆作为提供社区文化服务的主体力量，是构建社区教育平台和提升全民文化素质的重要支撑，也是推动全民阅读工程不可或缺的重要组织。文化建设是百年大计，在社区图书馆迅速增加、阅读推广蔚然成风、文化建设空前繁荣的背景下，规划分散的社区图书馆阅读推广的作用有限。为此，社区图书馆阅读推广应当完善顶层设计，以系统化思维和全局性视野，统筹社区图书馆相关各要素和主体关系，明确推进目标、思路和保障措施，为推进全民阅读的高质量发展提供制度支撑。

首先，建立健全法规体系。在国家层面尽快制定出台《社区图书馆条例》，完善保障社区图书馆持续稳定运营的法制规范体系，规定社区图书馆的属性、管理体制、建设标准、人员配置、经费来源等事项，统一规划、统一建设、统一标准，这样才能为社区图书馆在全民阅读中发挥作用奠定基础。

其次，注重公共图书馆网络体系建设。要通过整合各级别公共图书馆力量，建立以乡镇、社区图书馆为基础的公共图书馆网络体系，做到各级公共图书馆互联互通、资源共享。

最后，建立科学管理机制。要完善社区图书馆的内部治理机制，建立街道社区领导、专业管理人员、居民代表共同参与的理事会制度；健全政策执行考评体系，完善对社区图书馆及馆员的绩效管理机制、奖惩机制，引入社会评价机制，以居民满意度为关键指标加强对运营绩效的综合考评。

2. 创新服务理念，加大阅读推广力度

社区图书馆推动全民阅读要坚持开放包容的服务理念，社区图书馆在全民阅读中的作用不仅是单纯地为居民提供阅读场所，也不是将图书馆简单地向社区全体居民开放，而是要打造开放、包容、多元的社区空间。在社区内部建设图书馆，倡导优良的学习之风，有利于以社区为单位形成全民学习的风气。① 社区图书馆在推动全民阅读上具有扎根基层、贴近居民、服务灵活的优势，但发展理念滞后，服务意识、开放意识和创新意识存在不足，在推动全民阅读中面临的困难和问题较多。国内一些社区以创建"书香社区"为目标，通过完善社区图书馆的各项服务推动全民阅读，在促进阅读机会均等上取得显著成果，如杭州市西湖区北山街道上保社区打造了"党建＋图书角"共享图书的阅读形式，融入大时代共享理念②。

社区图书馆是与社区和谐共生的学习中心、社交中心、信息中心③，社区图书馆在全民阅读的背景下已不是单纯的纸质文献储存场所，而是提高居民阅读体验和增强居民阅读意识的重要推动力，是服务全民终身教育体系建设的基层服务平台。要拓宽服务群体范围，明确全民阅读的目标群体定位，充分考虑到老、中、青、儿童等各群体的核心需求，对生理性弱势群体和社会性弱势群体进行服务分析④，针对不同群体创设不同形式、深度的阅读活动，提供专属于各类群体的阅读资源，做到兼容并蓄、全体覆盖。

社区图书馆要提高阅读服务技术效能。要以集约、共享、开放为原则，在"智慧城市"理念驱动下，通过物联网、大数据创新阅读模式和阅读服

①　杨扬. 城市书屋：社区图书馆发展的新动态［J］. 图书馆工作与研究，2019（2）：82－87.
②　打造共享图书角　共建书香新社区［EB/OL］.（2019－05－28）［2021－10－01］. http：//www. hzxh. gov. cn/art/2019/5/28/art_ 1177934_ 34379836. html.
③　罗素洁，李烽平. 新型智慧城市视角下未来社区图书馆建设研究：以杭州市余杭区临平图书馆为例［J］. 图书馆工作与研究，2021（10）：83－88.
④　严贝妮，王子寒. 公共服务均等化视角下社区图书馆读者服务的调查与分析：以上海市徐汇区为例［J］. 图书馆理论与实践，2018（3）：81－86.

务，探索引入 RFID 图书管理系统，尝试无人化管理，通过信息化改革解决开放时间问题。① 比如，安贞文化服务中心是集文化馆、24 小时图书馆、美术馆、简史馆、非遗馆、艺术培训中心于一体的综合性文化服务中心，含18 个文体艺术服务空间，这里开设了朝阳区首家 24 小时无人值守图书馆。利用图书馆内的自助借还机，读者可自行办理图书借还手续，将喜欢的图书带回家，也可以在装修精美的图书馆来一次深夜阅读。②

社区图书馆要创新阅读推广服务方式。在全民阅读背景下，阅读推广策略作为提高社区图书馆阅读参与度的重要支撑受到广泛关注。要在精品化、常态化的阅读活动基础上，结合阅读服务需求和读者结构分析情况，提高阅读服务的个性化、标准化水平，设立积分制、奖励制、回馈制等阅读激励措施，不断激发社群参与活力，为全民阅读的持续推进提供动能。

3. 发挥空间功能，提升社区服务水平

在数字阅读对传统图书馆存在价值造成冲击的情况下，社区图书馆既要完善馆藏资源提供阅读条件，还要充分利用现有的空间和设施大力拓展服务职能、推动服务创新，助推全民阅读深入开展。

首先，营造适合阅读的环境氛围。合理规划社区图书馆的外部空间，提高建筑外部辨识度，创新拓展内部空间的功能布局，坚持分龄分众的空间建设原则，在文化性空间氛围、共鸣性情感氛围、平等性实践氛围三个层面进行营建③，结合沉浸式体验空间的设计理念，将社区图书馆打造成环保、亲民、舒适的现代文化空间。

其次，拓展服务领域范围。要完善现有阅读空间服务功能，延伸价值

---

① 韦祺. 社区图书馆在居民生活圈内的服务价值研究 ［J］. 图书馆理论与实践，2017（11）：65－67.

② 蒲长廷：北京社区有了 24 小时图书馆　无人值守自助借阅 ［N］. 法制晚报，2018－08－01.

③ 刘佳. 美国西雅图社区图书馆的场所精神构建及启示 ［J］. 图书馆学研究，2020（6）：88－94＋70.

链条，积极拓展社区教育、信息传播、文化建设、休闲交流等辅助功能，延伸图书馆提供社区服务的范围，关注区域文化挖掘、保护和传承，进而提升全民阅读在社区的影响力、传播力和接受度。

最后，主动融入社区服务建设体系。要发挥服务社区、凝聚社区的作用，社区图书馆应以居民文化需求为根本，调整和完善服务体系，利用信息资源帮助社区解决日常问题，提升与社区发展的关联性、契合性，在为社区提供服务的同时提高自身的信息服务能力，进而将社区成员的参与意识转化为阅读意识。

4. 加大资源投入，培养专业运营团队

新时代，国家高度重视全民阅读工程的推进和提升，要加大对社区图书馆的资源投入力度，完善硬件服务设施，整合各类社会资源投入社区图书馆发展中来，提升图书馆团队成员的专业能力，不断扩大社区图书馆的影响力，更好地推动全民阅读有序发展。

首先，将社区图书馆纳入社区建设基本配套设施。要通过政策规划、项目引导和资金支持等措施，保障社区图书馆在土地场馆、设施设备和人员配置上的持续稳定，为推动全民阅读的长效实施创造条件。

其次，整合社会资源参与投资。要摸清社区内外潜在的资源状况，积极整合学校、企业、志愿者组织、基金会等多元主体结构，探索多种办馆模式、项目机制和运营模式，明确社会资源对社会公共性构建、降低成本开支和弥补服务不足的绩效作用，推动文化项目建设、管理沟通协调和居民服务供给，进而完善现有的阅读环境和阅读方式，为居民提供多样化、系统化的阅读体验。

最后，加强人员赋能。要提高社区图书馆管理人员的能力素质，推动实施"团队赋能""人文赋能""技术赋能"，通过建立社区图书馆行业联盟开展图书专业培训和服务意识培训，调动图书馆馆员的积极性、创造性，优化馆员绩效考核，建立与新时代服务理念相适应的人才体系，进而提高社区图书馆在推动全民阅读中的服务能力。

四川省基于馆店融合的全民阅读推进实践

刘定国　李润权　邓禧　何佼佼　徐邦焱①

编者按：一个地区、一座城市的公共阅读文化空间，是其全民阅读的基石和底座，图书馆和实体书店作为两大典型的阅读文化空间，在全民阅读中承担着重要的角色，并在参与全民阅读促进工作的过程中，逐渐走向融合。"馆店融合"即"图书馆＋书店"的模式，成为当下全民阅读公共文化阅读空间建设与服务的新模式、新趋势。四川省成都市作为"2017 中国书店之都"，首创图书馆联手 20 家书店建立公共阅读空间，基于馆店融合的全民阅读实践在全国具有典型性与示范意义。本报告《四川省基于馆店融合的全民阅读推进实践》，通过对四川样本的解剖，重点探讨了"图书馆＋书店"的全民阅读新模式。馆店融合模式，重点是打造兼具图书馆与书店功能属性的城市阅读文化空间，属于图书馆建设、书店建设、城市规划建设等的交叉领域，本报告呈现了四川省的初步探索，如何多维度、多视角构建基于馆店融合的城市阅读文化空间体系，如何引入多元主体参与健全这一城市阅读文化空间体系，明晰多元主体及其主导下馆店融合模式阅读文化空间及其服务的建设路径，等等，尚期待更多的区域实践探索，发展形成新时代具有中国特色的馆店融合模式，加快推进全民阅读工作，推动学习型社会建设。

---

① 作者单位：新华文轩出版传媒股份有限公司。

摘　要： 馆店融合成为当前城市公共阅读空间建设的重要趋势。本报告基于对四川省全民阅读整体推进现状的调查，立足于馆店融合作为全民阅读活动开展新模式的认知前提，阐述馆店融合的内涵、馆店融合对全民阅读的推动意义及国内馆店融合的实践路径；梳理总结四川省基于馆店融合推进全民阅读的现状，从政策、团队、活动宣传、品牌建设、效果评价等方面剖析其存在的问题；以爱读 I DO 周末阅读分享会为个案，分析其馆店融合的运作特点及经验启示，从而为全国全民阅读馆店融合的创新发展提供参考。

关键词： 全民阅读；馆店融合；四川省；爱读 I DO 周末阅读分享会

近年来，全国各地公共图书馆纷纷尝试引入馆店合作和融合模式，影响较大的有内蒙古图书馆的"彩云"服务、南京图书馆的"陶风采"服务、杭州图书馆的"双悦"服务等。馆店融合，已经成为当前公共阅读文化空间建设与全民阅读服务活动开展的重要趋势。2018 年 5 月 28 日，"丝绸之路国际图书馆联盟成立暨'阅读·城市·文化'图书馆、书店融合发展学术研讨会"在四川省图书馆举行，会上发布了《图书馆、书店融合发展联盟宣言》，指出：图书馆和书店是城市阅读文化空间，是传播文化的载体和传承文明的平台，体现着一座城市的文化内涵，是城市文化的名片和精神象征，展现着城市的影响力和文化魅力。联盟将致力于加强沟通协作，开创图书馆、书店融合创新服务运行模式，建设智慧、开放、绿色、共享的阅读文化生态，使阅读成为一种生活态度。可以说，四川省馆店融合发展走在了前面，形成了一定特色，也得到了一定的认可。本报告是对四川省的馆店融合实践现状进行调查研究，以期为全国全民阅读促进工作提供参考。

一、馆店融合：推进全民阅读的新模式

馆店合作原指根据读者的实际需求进行采购的模式，随着馆店合作的发

展，图书馆与书店、馆配商、出版单位等逐步实现跨界合作，并不仅仅在物理空间上为广大群众提供看书、借书、买书的便捷服务，更是从服务理念、阅读推广上提供更深层次的融合服务，也就演变到如今的馆店融合模式。

因此，目前国内馆店融合的具体路径，大体上可以分为基于物理实体空间的融合和基于互联网的融合两类。在基于物理实体空间的融合方面，主要是在图书馆里建设书店，到馆读者可现场购买图书。这种方式可以充分利用图书馆的空间，提供一站式服务，并且易于馆店双方进行深度合作。但是需要对原有的图书馆空间进行一定程度的改造，由于大部分图书馆本身面积不大，打造的书店规模也受到了一定限制。在基于互联网的融合方面，主要是将部分图书馆的借阅功能授予实体书店，图书馆持证读者可以在书店选书借书，到期后归还图书馆即可。这种方式无须对图书馆的空间进行改造，且一家图书馆可以与多家书店进行合作，对合作书店的规模和数量限制较少，受众面较广，可供借阅的新书范围也比较大。但对网络技术提出了较高要求，需要打破馆店之间的数据壁垒，对接图书馆馆藏系统与书店管理系统、销售系统等。

（一）基于馆店融合的全民阅读开展背景

1. 馆藏利用率较低，读者满意度不高

近年来，随着新兴技术的飞速发展及新式阅读设备的大量出现，大众的阅读习惯发生了变化。图书馆作为文献信息的主要提供者，其功能正在逐年减弱，读者更倾向于随手可得的信息获取方式，不再依赖于到馆借阅，图书馆的馆藏利用率在逐年下降，大量图书无人问津，甚至零借阅。馆藏文献资源无法满足读者多样化、个性化阅读需求的问题越来越突出，图书馆陷入一种尴尬的境地。由此可见，馆员主导型的采购模式不能满足读者的多元化阅读需求，造成了资源浪费。

2. 受网络书店的冲击，实体书店经营困难

当当、亚马逊等图书网购平台的兴起，为民众购买图书提供了便利，同时也对实体书店造成了巨大的冲击。2011 年美国著名的连锁书店鲍德斯集团宣布破产，2012 年法国的村声书店宣布停业，美国最大的连锁书店巴诺书店近年来的销售量也急剧下滑，这就是在网络书店冲击下实体书店生存危机的真实写照。开卷的统计数据也显示，我国的图书零售市场近年来呈现出了严重"倒挂"趋势，2021 年线上渠道图书销售占比接近 80%①。

为了进一步坚守文化主阵地，建设好实体书店，全国各地出版发行集团制订了发展规划，打造了一些大型文化项目，积极促进实体书店与图书馆的融合发展。如辽宁出版集团打造的"盛文·北方新生活"项目，立足于推进全省实体书店转型升级，以推进文化供给侧结构性改革，提升文化供给服务水平。

3. 政府的政策支持提供了馆店融合发展保障

2015 年以来，国家相继印发了《关于加快构建现代公共文化服务体系的意见》《关于支持实体书店发展的指导意见》等政策文件，强调要鼓励和引导社会力量参与构建现代公共文化服务体系，支持实体书店在书香社会建设中积极发挥作用等。《公共文化服务保障法》和《公共图书馆法》的颁发出台，更是从法律层面为馆店合作提供了保障。这些陆续出台的政策法规，一方面鼓励社会力量进入公共文化服务领域，另一方面强调了公共图书馆和书店在文化服务中的重要地位，从顶层设计上为馆店融合提供了保障。

4. 图书馆和书店的相关性及互补性夯实了融合基础

图书馆和书店的相关性主要体现在：均是社会主义文化事业和产业的

---

① 北京开卷. 开卷发布《2022 上半年图书零售市场报告》［EB/OL］.（2022 - 07 - 08）［2022 - 10 - 30］. https：//mp. weixin. qq. com/s?＿＿biz = MzI0ODg1ODE3Nw == &mid = 2247514424&idx = 3&sn = 3b4dea6ee32ff3b57c93b49fbf0e92b4&chksm = e-998aa16deef23008f5c143a39aee07e6fa072bbd8e4f032517b22af8f2fa5998a0e54a0d72a&scene = 27.

重要组成部分，以满足广大人民群众的精神文化需求为宗旨，都是推广并实践全民阅读的核心力量。

图书馆和书店的互补性主要体现在：在图书的产品结构上，书店图书更新周期快，以新书和畅销书为主，但品种较为局限；公共图书馆的藏书较为系统，但新书上架周期较长，难以满足及时性的借阅需求。在网点分布和服务时长上，实体书店网点较多，大多分布在人流密集的商业区，交通便捷、营业时间长，可以满足不同读者的阅读需求；公共图书馆数量相对较少，在交通区位和开放时间上处于劣势。在阅读指导和推广上，书店以图书营销为主，缺乏专业人员提供参考咨询服务，虽然也会举办读书会、作者见面会等阅读推广活动，但在专业性上无法和图书馆相比。在多业态上，图书馆虽也开始引入文创等文化消费业态，但在很多项目的服务上不够专业，不如书店在增值服务运营上经验丰富。

（二）基于馆店融合的全民阅读开展的意义

1. 构建了多方参与机制，能有效促进文化事业与文化产业的协同发展

馆店融合是读者决策采购模式在我国的发展，基于馆店融合的全民阅读活动属于中国特色的文化活动创新典范，形成了政府指导、出版商支持、图书馆和实体书店共同参与建设书香社会的良好局面，为建设文化强国提供了新的活力，促进了全民阅读的持续开展。

一方面，通过馆店融合模式的全民阅读活动，图书馆能优化馆藏结构，最大限度地满足读者的多元化信息需求，进一步提高读者满意度和馆藏资源利用率，扩大自身的影响力；另一方面，实体书店、出版单位等通过馆店融合模式参与全民阅读，能够进一步拓宽生存空间，提升图书销售量、客户量及经济收益，还利于优化选题策划，培育新的增长点等。全民阅读推进基于馆店融合模式，在构建起多方参与机制的同时，也能有效促进文化事业与文化产业的协同发展。通过开展馆店融合的全民阅读活动，图书

馆与实体书店等多方机构的合作将不断走向更深层次的文化融合。

2. 打造了立体化的阅读服务体系，能有力提升文化服务效能

通过基于馆店融合的全民阅读活动，图书馆、书店等机构能够在空间利用、信息交互、文化活动举办等多个方面进行充分的融合，打通了相互之间的信息壁垒，成为共生共长的有机体，进一步实现了从资源和信息的共享到文化理念的渗透。同时，青莲读书会将服务重心从传统"图书"不断转移到"读者"，搭建作者与读者，专家学者、文化名人与读者，出版者与读者沟通交流互动分享的平台，构建起图书馆、书店和读者之间的立体化阅读服务体系，创造出了"1＋1＞2"的价值，最大限度地满足了读者的文化需求，有力提升了多方机构的文化服务效能。

3. 形成了融合发展新模式，能为全民阅读发展提供新的实践路径

图书馆、书店是开展和落实全民阅读的重要阵地，以往的图书馆和实体书店都是比较单一的服务主体，存在模式僵化、产品不全、层次较低、活动效果欠佳等问题。基于馆店融合的全民阅读，在探索和实践之中创建了三方合作新模式，不仅促进了图书馆、书店等传统服务模式的优化提升和转型升级，还为图书馆、书店等与其他行业的跨界合作提供了经验和借鉴。与此同时，通过这一创新合作模式，图书馆、书店等原有的服务优势得到了进一步放大，能够在渠道、品牌、资源等多方面丰富全民阅读的内容和形式，实现社会效益和经济效益的双丰收，也为地方打造全民阅读活动高地，建设具有地方特色的全民阅读样板提供了新的治理和发展路径。

（三）国内基于馆店融合的全民阅读实践路径

全国各地积极响应党和国家推动全民阅读的政策号召，创建了多种模式的阅读空间，并开展了形式多样的基于馆店融合的全民阅读推广活动。这其中产生了两种极具代表性的实践路径，一是馆店融合模式下城市阅读空间建设，二是多方参与的品牌读书会建设。

1. 馆店融合模式下城市阅读空间建设

随着互联网的发展，电子书、网上阅读的兴起，实体书店的生存难免受到一定的冲击。为了顺应未来阅读服务的发展趋势，各地纷纷探索城市阅读空间的馆店融合发展模式。所谓馆店融合模式下的城市阅读空间，是指同时赋予城市阅读空间图书馆和书店的功能，实现馆中有店、店中有馆，为公众提供看书、借书、买书的一站式便捷服务。

据课题组的调查统计，我国绝大部分省会城市已经建设了不同类型、不同规模的城市阅读空间。其中，至少有 8 座城市的城市阅读空间是以馆店融合模式建设的，分别是北京砖读空间、合肥市悦·书房、石家庄市春华书城城市书房、成都市城市阅读空间、长春市阅书房、兰州市读者小站、杭州市杭州书房、济南市泉城书房等。具体调查情况如表 1 所示。

表 1　馆店融合模式下城市阅读空间建设调查情况

城市	首家开办时间	名称	数量
北京	2014 年 4 月	北京砖读空间	西城区 47 家
合肥	2016 年 6 月	悦·书房	100 家
石家庄	2018 年 2 月	春华书城城市书房	1 家
成都	2018 年 4 月	城市阅读空间	20 家
长春	2018 年 4 月	阅书房	8 家
兰州	2018 年 12 月	读者小站	8 家
杭州	2019 年 12 月	杭州书房	94 家
济南	2019 年	泉城书房	42 家

从全国范围来看，我国以馆店融合模式建设运营的城市阅读空间主要是在 2018 年和 2019 年前后建设的，其中北京市开办时间较早，早在 2014 年便开办了馆店融合的北京砖读空间，随后全国其他城市也在推动馆店融合的阅读空间打造。

经统计，调查的 8 个城市的馆店融合阅读空间，主要开展的阅读推广活动类型有读书分享、亲子阅读、手工制作、课程培训、知识讲座、观影、文化展览等。各城市阅读空间所开展的阅读推广活动类型的具体情况见表 2。

表 2　馆店融合模式下城市阅读空间阅读推广活动开展情况调查统计表

项目	读书分享	亲子阅读	手工制作	课程培训	知识讲座	观影	文化展览
北京砖读空间	√	√	√	√	√	√	√
悦·书房	√	√	√	√	√	√	√
春华书城城市书房	√	√	√	√	√	√	√
城市阅读空间	√	√	√	√	√	√	√
阅书房	√	√	–	√	√	√	√
读者小站	√	√	–	–	√	√	–
杭州书房	√	√	√	√	√	√	√
泉城书房	√	√	√	√	√	–	√

上述 6 类活动中，开展最多的是读书分享、亲子阅读和知识讲座等活动。读书分享类、知识讲座类活动更能迎合城市阅读空间的服务定位，通过阅读分享的方式以书会友，进一步增添阅读乐趣。亲子阅读不仅可以提高孩子的阅读兴趣，提高其语言表达能力、听说读写能力，也能增加父母陪伴孩子的时间，让父母和孩子共同学习、共同成长。此外，课程培训类活动也是各类城市阅读空间经常举办的类型，这种活动一般会收取一定的费用，这样一方面能给读者带来所需要的课程辅导，另一方面也能增加城市阅读空间的收入，因此，各城市阅读空间也相对热衷于举办该类活动。

以馆店融合模式建设运营的城市阅读空间，不仅促成了图书馆与书店形式上的结合，也促进了二者本质上的融合和发展。图书馆提供海量的书籍资源供读者借阅，书店提供书籍销售，形成了集借书、购书、看书三种服务于一体的新型城市阅读空间。在服务形式上，双方也相互取长补短、资源共享，形成了形式多样、选择多元的全民阅读推广活动体系。

2. 多方参与的品牌读书会建设

随着国家对全民阅读支持力度的不断强化，专注于培养人们的阅读习惯、提升全民阅读素养的读书会组织在全国各地蓬勃发展，成为促进社会各界阅读风气养成的新鲜和活跃力量，为推进全民阅读、建设书香社会做出了巨大贡献。

由于读者面向、从属机构、发展定位等的不同，我国读书会的属性类型呈现多元样态。课题组通过调查研究，按组织主体的不同，梳理总结了几种常见的读书会类型：一是各地区公共图书馆为行为主体创办和负责运行的读书会，比如北京西城区第一图书馆的绿色阅读沙龙、角楼图书馆的读书会，深圳图书馆的南书房、浦东图书馆的盲人读书会等；二是各地区高等学校内部机构、教师或学生社团主导下的读书会，比如北京理工大学新烛读写社、青岛农业大学思享读书会、郑州大学读书会等；三是出版社或各个书店为主体创办和运行的读书会，比如地质出版社创办的大地读书会、海天出版社创办的大道行思读书会等；四是传统主流媒体或新兴媒体机构主导创办的读书会，比如《钱江晚报》主办的钱报读书会、凤凰网读书会、搜狐读书会等；五是国家各省市区的党政机关以及各类企业、事业单位（学校除外）主导和开办的读书会；六是个人行为主导的读书会，即所谓"民间读书会"，民间组织或个人主导的读书会，是我国当前读书会中体量最多的一种类型。

在种类繁多的读书会之中，有一部分读书会利用馆店融合的思维，将公共文化场馆、出版单位、实体书店、党政机关等各个方面的力量整合起来，充分发挥各方优势，形成了多方参与的品牌读书会，并取得了良好的社会反响。

（1）青莲读书会

2013 年 9 月，山西省青联委员、全民阅读推广人吴恺发起了青莲读书会。"青莲"谐音青联、清廉，由热爱生活、崇尚学习的青年自发组成，以读书为主要活动形式。自 2013 年 11 月开始活动以来，青莲读书会始终致力于团结求上进、有追求、爱读书、肯学习的青年朋友，以集中诵读经典著作、分享读书心得、感受优秀文化、共同学习进步为主题，增进了群众文化的交流互动，促进了广大青年的成长成才。同时，青莲读书会充分利用微博、微信等新媒体形式，每日坚持学习分享《习近平用典》《论语》《荀子》等著作，打造"青春党建"品牌，坚持传递正能量，已经成为广大青年的良师益友，受到广泛欢迎。

成立以来，青莲读书会始终以"一起读书、一起成长"为宗旨，定期开展丰富多彩的全民主题阅读推广活动，不断探索主题阅读的青春模式，得到社会的广泛认同。目前，青莲读书会共有分会 40 余家，还有右玉、平鲁、永和、长治县等县区的学习组等，开展活动 360 余场，建立"青莲农民书屋" 10 余个，影响人群近 50 万人，百度搜索结果超过 120 万条。为了满足大众需求，青莲读书会在阅读形式上下大功夫，探索青春模式，根据青年的特点，举办比赛、展会、快闪、论坛、沙龙、茶会等，开发了多种新型阅读服务。2016 年 8 月，共青团中央与团省委授予青莲读书会"青年之声"服务联盟称号；2017 年 4 月，荣获"山西省首批全民阅读示范基地"称号；2018 年 4 月，荣获全国"全民阅读十佳推广机构"称号；2018 年 5 月，荣获人民出版社"十佳阅读推广机构"称号；2019 年 9 月，荣获"2019 年度山西省十大阅读推广机构"称号。

多年的实践中，青莲读书会一直在坚持探索青春模式，实践青春创意，遵循受广大青年喜爱、有利于组织发展和个人成长的原则，尝试资源对接、内容搭配，赋予主题阅读更多的针对性、实践性、时代性，增强对年轻人的吸引力，逐步摸索出了一些经验。首先，坚持守初心、以人为本是开展主题阅读的关键；其次，坚持担使命、提供丰富多样的内容是开展主题阅读的核心；最后，坚持抓落实、永葆青春活力的形式是开展主题阅读的诀窍。

（2）人民出版社读书会

2011 年，人民出版社团委在中央国家机关团工委、原新闻出版总署机关党委指导下，开展了"书香行动——向中央国家机关青年干部推荐好书"活动。为深化"书香行动"，2014 年 8 月，在中央国家机关青年志愿者协会指导下，人民出版社青年志愿者协会联合中央和国家机关各部门以及所属企事业单位志愿服务组织共同发起成立了先进青年的自组织——读书会。2015 年 5 月 4 日，人民出版社成立数字阅读部（读书会办公室），专门负责读书会各项工作。

人民出版社读书会以推动全民阅读、建设书香中国为宗旨，立足出版行业、服务社会大众，为作者、读者、编者提供线上与线下交流、交际、交易的良性互动，向社会推荐优秀图书，致力于引导全民"多读书、读好书、善读书"。人民出版社读书会由线下活动和线上平台组成。

读书会线下活动以"读好书·做好事"为宗旨，已在全国各地、面向各类读者开展了近百场内容丰富的读书活动，成为助力全民阅读，倡导全民读书的重要阵地。

读书会线上平台由读书会社交平台（www.dushuhui423.com）和人民出版社读书会微信公众号组成。读书会社交平台以各大出版社、党政机关、企事业单位、高校科研院所、志愿服务组织和公益机构、新闻媒体、知名专家学者以及广大读者等为主体，以阅读为主题，以读书会为核心内容。人民出版社读书会微信公众号围绕读书会社交平台内容建设，为平台内容能够在移动端方便快捷传播提供了重要窗口。目前，读书会线上社交平台注册用户超过 82 万人，累计入驻名家、团体、出版社及兴趣读书会近千家；人民出版社读书会微信公众号总阅读量近 1000 万次，粉丝数近 6 万人。

2018 年 1 月，人民出版社读书会荣获由共青团中央办公厅、共青团中央网络影视中心颁发的 2017 年度团中央"青年之声"建设先进单位奖；2018 年 4 月，读书会办公室负责人刘江波在 2018 中国全民阅读年会组委会组织的"全民阅读优秀推广机构、推广人"推介活动中，荣获"全民阅读十佳推广人"荣誉称号；2018 年 4 月，人民出版社读书会在 2018 中国全民阅读年会组委会组织的"全民阅读优秀推广机构、推广人"推介活动中，荣获"全民阅读十佳推广机构"荣誉称号等。

（3）思南读书会

思南读书会由上海市新闻出版局、上海市作家协会、上海市黄浦区委宣传部主办，思南公馆承办。它从上海书展·上海国际文学周延伸而来，被誉为上海面向世界的"城市文学会客厅"，在过去的近十年间，举办了几百期读书会，迎来了数千位嘉宾与数万名读者。

2011 年，上海书展开始与各出版社合作，邀请全球不同国家和地区的作家、学者出席上海书展新设的国际文学周活动。2013 年，基于提高国际文学周活动效果的考虑，经思南公馆的领导钱军、刘申、李海宇安排，将文学周活动频次最密的作家对话放在了思南公馆举办。这是国有企业支持大型社会公共文学活动的有益尝试。上海市新闻出版局、上海市作家协会、上海市黄浦区委宣传部及思南公馆为活动专门设立了"思南文学之家"，为了使作家间的对话以及与读者的交流更加顺畅、深入，把大部分活动从热闹的书展现场搬到幽静的思南文学之家，不仅使来宾在上海炎热的夏季有了更好的交流场所，也使来自世界各地的作家对上海这座城市所给予作家、读者、出版人的礼遇印象深刻。

自此，思南公馆便与书籍、作家、读者、出版人结下了不解之缘。钱军等思南的领导，决心把书香留在思南。在他们的组织活动之下，上海市新闻出版局、上海市作家协会、上海市黄浦区委宣传部与思南公馆决定自 2014 年新春始每周六下午在思南公馆的思南文学之家举办思南读书会，把每年上海书展带来的阅读热情延续下去。如今，为了进一步拓展上海书展·上海国际文学周以及思南读书会的品牌建设，在上海市新闻出版局和上海市黄浦区委宣传部的关心支持下，以读书会、丛书、选刊、书单等为主要形式，思南阅读文化品牌矩阵日益扩大。

思南读书会不仅产生了全国性的影响力，还实现了"走出去"，在法兰克福书展举办专场，生发于上海的阅读故事走上了国际舞台。2019 年 10 月 17 日，由上海世纪出版集团和法兰克福书展组委会联手推出的"上海早晨"国际出版主题日活动亮相这一全球书业盛会，思南读书会作为第一个登陆国际主流书展的中国本土读书会品牌，举办了"从上海到法兰克福——全球视野下的文学交流和阅读推广"专场活动，作家孙甘露、德国汉学家、歌德学院（中国）原院长米歇尔·康·阿克曼等，共话当代中国和上海文学创作、出版、阅读的新潮流、新风向。

二、四川省基于馆店融合推进全民阅读的现状

2016 年 3 月 29 日，四川省出台了关于促进全民阅读的省级法规性决定《四川省人民代表大会常务委员会关于促进全民阅读的决定》，推动了四川省全民阅读从量变到质变。根据中国新闻出版研究院发布的《2021 年四川省全民阅读状况调查主要发现》，四川省公共阅读服务水平显著提升，2021 年四川省居民阅读总指数为 67.34，较上年增长 0.81；居民个人阅读指数为 72.21，较上年增长 0.28；公共阅读服务指数为 62.85，较上年增长 1.31。其中，基于馆店融合的全民阅读探索，是四川省全民阅读工作中的重要亮点，取得了一定的成效；同时，也还存在一定推进困境。

（一）四川省基于馆店融合推进全民阅读的实践特点

四川省基于馆店融合推进全民阅读的实践，在以下三个方面形成了一

定特色，取得了一定成效：

1. 新华文轩与省内图书馆的融合创新发展

新华文轩出版传媒股份有限公司是四川省内实体书店的主要建设者，旗下拥有 160 多家实体门店，同时新华文轩也是国内最早进行馆店融合探索的实体书店代表之一，在馆店融合方面与省内多家图书馆结为紧密合作伙伴关系。因此，四川省内基于馆店融合推进全民阅读，其中主要的参与主体便是新华文轩和省内各级图书馆。

近年来，新华文轩与省内各级公共图书馆竭力打造"图书馆就是书店，书店就是图书馆"的"四川模式"，更加高效地完善了省内图书馆的馆藏体系、提升了服务效能，进一步满足了读者个性化、多元化的阅读需求。在此基础上，2021 年，新华文轩和四川省图书馆携手推动全民阅读推广联动机制的建立，逐步形成省、市、县三级馆店融合战略合作格局，同时把合作范围扩大到大学图书馆，持续探索新的合作模式。2021 年 7 月，新华文轩与成都市图书馆、自贡市图书馆、四川大学图书馆等省内 9 家公共图书馆和高校图书馆签订了馆店融合战略合作协议。此外，新华文轩还和四川省图书馆打造了一些馆店融合的项目和活动，如新华文轩和四川省图书馆共建了"读读书吧"，打造了"爱读 I DO 周末阅读分享会"阅读推广品牌，共同举办了"丝绸之路国际图书馆联盟成立暨'阅读·城市·文化'图书馆、书店融合发展学术研讨会"等。

2. 天府书展馆店融合阅读活动成为发展焦点

经过近几年的发展，基于馆店融合推进全民阅读对于新华文轩和四川省内图书馆而言，可以说已经成为一个常态化现象。而在这其中，天府书展是一大亮点和焦点。在天府书展期间，四川省馆店融合在广度和深度上继续创新拓展。

2020 年，天府书展首次将全省公共图书馆作为分会场，新华文轩和四川省图书馆围绕"爱阅读·会生活"这一天府书展永久主题和"扶智扶贫共建小康"的年度主题，联合四川省各级公共图书馆、新华文轩实体书店共同开启了 2020 年天府书展馆店融合阅读活动，全省 200 余家公共图书馆都成为此次天府书展的平行线下展场。同时，在 2020 年天府书展期间，全省公共图书馆充分发挥推广全民阅读阵地作用，统一策划、统一设计、统一行动，举办"我心中的一本好书"推荐、"爱读周末"阅读分享会、"你选书，我买单"、"振兴四川出版"成果展示、《悬崖村》脱贫攻坚公益阅读分享会等馆店融合阅读活动 116 场，参与人数超 2 万人次。活动中，邀请到国内外著名作家和文化名家以及全省脱贫攻坚代表等嘉宾与读者近距离交流互动，搭建了作者与读者，专家学者、文化名人与读者，出版者与读者沟通交流、互动分享的平台。各图书馆集中展示的《习近平扶贫论述摘编》《精准扶贫的故事》《悬崖村》《古路之路》《小康中国》等与脱贫攻坚奔小康相关的主题图书深受广大读者喜爱。

2021 年的天府书展，新华文轩实现了四川全省的联动机制，四川省内的省、市、县三级公共图书馆和部分大学图书馆成为天府书展的分会场，各地公共图书馆馆长成为当地天府书展领导机构成员，省、市、县三级公共图书馆和实体书店协同开展若干文化活动。2021 年天府书展期间，新华文轩和四川省图书馆合作推出一系列阅读推广活动，如"馆店＋阅读推广"活动，由新华文轩和四川省图书馆共同组织 12 场讲座，同时四川省各级图书馆和当地新华文轩门店共同开展主题阅读推广活动，组织作家、文化名人到图书馆分会场和书店分展场开展文化活动；举办"书展小小护书员"活动，由新华文轩与图书馆共同组织 6—14 岁学生志愿者到图书馆或新华文轩门店参加社会实践活动，培养青少年爱书、护书、读书的好习惯。四川省图书馆馆店融合系列阅读活动，还因此被中共四川省委宣传部评为 2021年天府书展优秀活动项目。

天府书展的馆店融合活动在此基础上，也将部分高校的图书馆纳入配套活动场地当中。当前，新华文轩与四川省内公共图书馆的融合发展已经初见成效，但与高校图书馆的融合正在起步。长期以来，新华文轩与四川省内各高校图书馆虽然保持着良好的合作关系，但只停留在业务层面，还需要拓展深度与宽度。2021 年天府书展，新华文轩与两所大学图书馆携手，以落地运行"读读书吧"快闪店的方式，将品质精、时效新、市场反响好的图书和文创产品送到校园里，集中呈现在师生面前，让师生感受到书店就在身边，体验"我的阅读，我做主"。新华文轩推进与高校图书馆一起跨界创新，在为师生提供有品质的阅读产品和服务的同时，积极探索与大学图书馆在阅读资源输入和学术资源输出等方面的双向互动。

连续两年的天府书展活动，线上线下融合、全省各级联动、读者广泛参与、社会反响热烈，改变了传统的馆"借"、店"卖"的服务模式，大大激发了读者的阅读兴趣和参与意识，营造了更加浓厚的阅读氛围。这既是进一步推进四川省公共文化场馆与书店馆店融合发展战略、丰富馆店融合内涵、提高社会影响力的重要举措，也是促进文化事业与产业共同繁荣发展、推广全民阅读的创新实践，为构建由点及面、资源共享、全域覆盖的公共文化场馆和书店的融合发展生态奠定了坚实基础。

3. 成都市打造新型城市阅读文化空间

随着 2018 年《中华人民共和国公共图书馆法》的正式实施以及近年来图书馆对读者个性化需求的重视，共享书店的出现、"你借书，我买单"等阅读方式的盛行，馆店融合不断深化，新型城市阅读空间在全国遍地开花。

成都作为"书店之都"，实体书店数量位居全国前列，为了更好地让遍布全城的书店参与全民阅读，为广大市民提供多元化的阅读选择，成都市开展建设了"城市阅读空间"项目，成为成都公共文化创新性发展的一项崭新举措。城市阅读空间项目将在拓展阅读服务空间的同时，为市民提供更加多元化的阅读体验，让阅读服务惠及更多市民。

2018 年 4 月 23 日，在第 23 个"世界读书日"来临之际，成都市城市阅读空间建设仪式在杜甫草堂举行。成都市首批开放的 20 个城市阅读空间，是在成都市文化广电新闻出版局的指导下，由成都市图书馆携手方所成都店、光华财经书城、言几又成都店、三联韬奋成都店等20家实体书店共同打造的。在城市阅读空间里，书店向读者提供不少于20平方米、不少于10个座位的场所，图书馆则根据书店不同读者群的特点，提供2000册图书统一管理，每年开展不少于20场公益阅读活动。同时，这些城市阅读空间将与其他城市阅读空间以及公共图书馆实现通借通还，读者可就近享受到与公共图书馆一致的借阅服务，借书看书、查阅文献等，还可享受到实体书店24小时的延时服务，极大地方便了读者。图书馆还可根据空间人群的个性化需求，为书店量身配置图书，供读者借阅。

（二）四川省基于馆店融合推进全民阅读存在的问题

1. 阅读推广政策缺乏长期性与延续性

当前，四川省内各地很多阅读推广政策缺乏长期性与延续性，活动指导文件往往以通知形式发放，缺乏详细的行动指导，对活动后的经验交流和分享也缺乏有效和连贯的组织引导。馆店融合背景下，各参与单位的全民阅读推广工作获得的政策支持较少，基本以馆店自身宣传窗口和网站信息发布为主要宣传途径，多数依靠自有资金补贴为主要资金来源。但是由于馆店各方资金有限，以至于很多阅读推广活动往往在嘉年华式的热潮过后就陷入停滞状态，未能达到预期效果。

2. 缺少专业化的活动策划团队

阅读推广工作的高质量开展，需要专业化的阅读推广人才和活动策划团队。目前四川省内基于馆店融合的全民阅读活动，其前期活动方案制订、具体活动组织实施以及后期活动评价反馈都主要依赖于内部工作人员，而大多数工作人员专业性远远不足。现有的全民阅读推广工作人员仅能胜任维持店内或者馆内正常秩序以及书籍摆放的工作，很少对活动主题及内容进行创新，在合理有效开展阅读推广活动、提升读者阅读兴趣等方面的能力还有所欠缺，这就导致部分基于馆店融合的全民阅读活动内容较为固定单一，参与活动人数越来越少。

3. 活动宣传渠道及推广方式有限

四川省大部分基于馆店融合的全民阅读活动开办经验不足，活动宣传渠道较窄。基于馆店融合的阅读推广活动，主要通过发放宣传单或馆店内张贴海报的形式进行，这种方式虽更为方便，但传播力有限，且有些宣传海报过于重视艺术效果，不能直观清晰地让读者了解活动的具体内容和流程，也不能像网络媒体那样及时、全面地向读者传递活动信息。这就给很多读者获取活动信息设置了障碍，从而导致活动参与人员较为局限，难以扩大活动的覆盖面。

4. 持续性的品牌活动较少

目前，四川省内基于馆店融合的全民阅读活动主要集中在"世界读书日"或者天府书展等特殊时间节点，全民阅读活动呈现出明显的"运动式"特点，多地甚至出现了一天把全年的活动办完的现象。缺乏具有广泛影响力、持续性的全民阅读品牌活动，使得读者参与度和认同度低，活动效果难遂人愿，严重影响了阅读工作的持续性和长效性发展。

5. 活动效果评价体系不完善

在全民阅读活动评价体系缺失的情况下，更是缺少对基于馆店融合推进全民阅读的效果评价体系。目前，四川省内各个主体单位对基于馆店融合的全民阅读推广活动的考核和评价体系大范围缺失，少部分建立了考核评价体系的单位，其工作也主要集中在活动规模、参与人数、媒体关注度等方面，而忽视了读者对于阅读活动满意度的调查。各参与主体缺少系统的活动评价指标体系，活动结束后不能及时获取读者的建议和意见，这就造成活动组织者与参与者信息交流上存在明显脱节的现象，导致活动预期效果无法实现。

三、基于馆店融合的文轩探索：爱读 I DO 周末阅读分享会

为推动全民阅读活动深入开展，打造深受群众喜爱的全民阅读品牌活动，作为四川省大型省属国有文化企业的新华文轩出版传媒股份有限公司积极践行文化使命，勇担社会责任，从 2017 年 4 月开始，牵头联合四川省图书馆、四川电视台、读者报社等，精心策划、组织、实施了全民阅读——"爱读 I DO 周末阅读分享会"公益品牌活动。其目的是在成都这座"书店之都"试点打造一个每年从 4 月 23 日开始贯穿到年末的全民阅读品牌活动，让城市周末有一个相对固定的书友聚会处，也让广大读者有机会与文化名人、专家学者面对面，或通过现场的网络直播进行知识的交流与互动，从而不断营造浓厚的阅读文化氛围，助力四川书香社会建设，并为提升四川省全民阅读活动在全国的品牌影响力贡献力量。

（一）爱读 I DO 周末阅读分享会的运作特点

在四川文化强省建设和振兴四川出版、振兴四川实体书店的战略背景下，为推动全民阅读活动深入开展，新华文轩充分整合各方资源优势，积极与四川省图书馆、四川电视台等携手合作，共同搭建"爱读 I DO 周末阅读分享会"活动平台，为热爱阅读的大众提供一个以书会友、知识分享的场所，并通过线上线下相结合的传播方式，多渠道直播线下阅读活动，不断扩大爱读活动的影响力和辐射力，逐渐打造成为具有四川特色的全民阅读品牌和四川重要的文化名片。

1. 协作化的活动参与主体

在爱读 I DO 周末阅读分享会运营过程之中，将活动参与主体分为了主承办方和合作方，明确各方职责，共同推动活动的顺利开展。

活动主要由新华文轩主办，主要负责品牌活动 VI 设计、活动组织、联

络、沟通、设计活动方案、确定活动场地、推动活动落实、监督活动执行、收集活动评价反馈及预算管理等。

充分发挥新华文轩出版发行全产业链覆盖的优势，每次活动由其旗下各出版单位、业务机构、实体门店等独立承办或联合承办，主要职责是负责活动策划、报送活动计划方案、具体执行活动、评估活动效果等。

爱读 I DO 周末阅读分享会积极引入多元化的社会力量，为分享会运营开展提供支持。如，各类图书馆提供活动场地和场馆设施、设备等支持，这也是推进馆店融合的重要方面；再如，媒体平台提供活动现场直播和宣传推广支持，其中 2017—2018 年四川电视台就免费提供活动现场直播，2019 年在收取一定直播费用的基础上提供活动直播服务。

2. 类型化的阅读活动

爱读 I DO 周末阅读分享会坚持以阅读书目为基础，策划、设计类型化的阅读活动，通过打造不同主题类型的阅读活动，满足不同读者群体的阅读需求。爱读品牌活动确定的标准有三点：一是新华文轩旗下出版单位年度重点图书、活动；二是名家大咖的分享活动；三是围绕知识分享、大众科普开展的活动。

5 年多来，参与爱读活动的文化名人众多，中国当代著名作家马识途，北京师范大学文学院教授、中央电视台《百家讲坛》栏目主讲人李山，著名作家、"鲁迅文学奖"三连冠得主李鸣生，著名作家、编剧黄亚洲，著名巴蜀文化学者袁庭栋，四川省社会科学院杰出研究员、巴蜀文化学首席专家谭继和，著名作家马伯庸、马平、谭楷，著名摄影家、作家、资深教育工作者林强，四川省家庭教育研究会副会长吴晓鸣，四川大学外国语学院副院长池济敏，中华诗词学会副会长周啸天等众多文化名人和专家学者做客阅读分享会，带领大家一起享受阅读的乐趣。表 3 汇总统计了部分不同类型的代表性读书活动。

表 3　爱读 I DO 周末阅读分享会不同类型的代表性读书活动

活动类型	活动主题	分享人	活动时间
文化类分享活动	东迁西还——呈现抗战时期民族精英们的真实生活，讲述艰苦条件下的奋斗故事	龚静染	2017 年 4 月 22 日
	谈《马识途文集》——一部百岁文人的回忆录，中国革命文学、中国现当代文学史上的宝贵财富	樊希安、向宝云、李致、王火等	2018 年 6 月 24 日
	李山讲座——中国人的精神家园	李山	2018 年 9 月 9 日
	袁庭栋、姬勇带您在成都"走街串巷"	袁庭栋、姬勇	2017 年 8 月 19 日
	俄罗斯文化爱好者们与您一起邂逅金色俄罗斯	盛莉、吴晓鸣、池济敏等	2017 年 9 月 23 日
	"汉声故事爸爸"讲汉声中国童话	王成良	2019 年 6 月 2 日
	走进《山海岁时记》领略中国传统文化之美	毛岸羲	2020 年 4 月 18 日
教育类分享活动	"爱的教育"分享会	阿来	2017 年 9 月 10 日
	听曹文轩老师说语文	曹文轩	2019 年 6 月 18 日
	"大头儿子小头爸爸"妈妈郑春华告诉您小学生课外阅读读什么	刘晓军	2019 年 9 月 8 日
	作家李珊珊教你如何写作文	李珊珊	2021 年 7 月 4 日
	《中国诗词大会》擂主夏昆老师教你如何将诗词运用于作文中	夏昆	2020 年 7 月 19 日
	让我们为孩子们朗诵《讲给孩子的唐宋诗》吧	宫园源、周铁	2019 年 5 月 11 日

续表

活动类型	活动主题	分享人	活动时间
历史类分享活动	走近三星堆　与神对话	朱家可、刘采采	2018 年 10 月 27 日
	谭继和告诉您历史上四川的女人有多优秀	谭继和	2021 年 4 月 24 日
	古籍专家说川盐	王嘉陵	2020 年 7 月 19 日
	马伯庸跟您一起聊明朝	马伯庸	2019 年 5 月 3 日
	走近吐鲁番出土文书文字，领略汉字的神奇演变	张显成	2020 年 10 月 17 日
	历史名人与四川的渊源及传奇故事	远人、聂作平、凸凹	2020 年 10 月 18 日
	70 年后回望抗美援朝战争的意义	双石	2019 年 9 月 22 日
生活类分享活动	摄影师陈琪教您如何拍大片	陈琪	2021 年 12 月 4 日
	鹿雯立老师教您工作与生活中的沟通美学	鹿雯立	2020 年 5 月 16 日
纪实文学类分享活动	悬崖村的现状与背后的故事	帕查有格、伍立杨	2019 年 4 月 21 日
	奋战在抗"疫"前线的医务人员亲历了哪些故事	罗凤鸣、谭楷、基鹏等	2021 年 7 月 11 日
	抗震救灾英雄少年长大啦	王佳明、阳玉洁、梁强、薛枭、张兴成、韩加育、卿静文、林浩等	2018 年 5 月 6 日
	成都华西坝和它的故事	曾恋、邓长春、谭楷	2018 年 12 月 23 日
	脱贫攻坚中残障少年群体的成长之路	章泥	2020 年 6 月 6 日
科普类分享活动	两位作家与您聊聊想象力	陆杨、邱易东	2018 年 12 月 22 日
	点燃机器人之梦——"威震天"以及变形金刚流行文化	秦宏伟、仇勇植、秦晓朦	2020 年 4 月 26 日
多元化呈现分享活动	儿童剧教孩子们如何安全自救灾难逃生		2018 年 6 月 1 日
	儿童剧教孩子们如何安全自救灾难逃生		2020 年 10 月 18 日

3. 社交化的运营推广

基于社交媒体的传播特性及当下社交媒体的普及，爱读 I DO 周末阅读分享会的线上运营推广主要采取社交化的方式，重点通过直播和官方微信公众号两种方式开展。

直播方面，2017—2018 年与四川电视台金熊猫 App 合作，由其免费对活动进行直播，平均每场活动的观看人次在 8000—10000。2019 年与四川电视台四川观察 App 合作，由其对每场活动进行现场直播，平均每场活动的观看人次为 20 万左右。同时，2020 年与封面新闻合作，在其"封面开讲了·云讲座"进行直播，平均每场活动线上观看人次为 30 万左右。此外，2017—2018 年间，还与读者报合作在国际广播电台旗下看东方平台对活动进行直播，平均每场活动线上观看人次为 5000 左右；2019 年至今与读者报社合作在新华社旗下现场云平台对活动进行现场直播，平均每场活动的线上观看人次在 3—4 万。

官方微信公众号方面，2017 年爱读品牌活动创建"爱读 I DO 分享会"微信公众号，对每一期活动进行前期预告和活动结束后的宣传工作。

4. 标准化的活动实施

为保证爱读 I DO 周末阅读分享会活动的有序组织、持续运行，实行了标准化的运营管理，将活动分为以下几个主要实施流程：

活动申请策划。由活动承办方根据活动需要提前策划，并提交活动申请及其策划方案，方案内容包括活动主题、内容简介、活动亮点、预算管理及效果评估等，确保每次活动的效果。

馆店融合活动合作方邀请。活动确定后，根据承办方需求，与四川省图书馆等沟通确定活动时间与场地，将出版单位的活动与公共图书馆的活动实现有机对接。

活动筹备落实。包括主持人选择，活动组织、联络、沟通，活动视觉传播策划设计等。

活动预告宣传。承办方在活动举办前一周提供活动方案、图书简介和参与活动的嘉宾资料，由合作方对活动进行预告，同时联系相关媒体在其他新媒体平台上同步转发。

活动彩排确认。爱读品牌活动运营团队、活动承办方、直播单位在活动举办前提前演练，检查现场音响、话筒、投影、LED、网络信号、桌椅等设备与物料。

活动举办。主承办方、分享嘉宾及主持人、活动直播团队按照活动既定流程完成每一场爱读品牌活动的知识分享与传播，以及与现场读者、线上观众的互动。

活动宣传报道。活动结束后，合作方、邀请的媒体等对活动开展情况进行总结报道，并于当天在爱读品牌活动微信公众号"爱读 I DO 分享会"上发布活动推文。

活动效果评估。主承办方在每次活动结束一周内对活动进行评估分析，找出问题与不足，并提出解决方案，以期在下一次的活动中予以调整。

（二）爱读 I DO 周末阅读分享会的经验启示

爱读 I DO 周末阅读分享会这一本土文化公益品牌活动的打造，大力推动了全民阅读活动的模式创新、技术创新，为广大读者提供了一个时间持续大半年的全民阅读品牌活动，为打造全民阅读的"四川模式"，促进馆店融合提供了重要实践。

1. 主要经验

一是企业牵头整合内外资源，形成发展合力。作为爱读 I DO 周末阅读分享会活动的主要承办部门，新华文轩营销中心与新华文轩旗下各业务机构从活动开展形式、传播渠道、选题组织等方面着手，精心策划阅读分享活动，充分发挥新华文轩自身所具有的作家资源、内容资源和渠道资源优势，并整合四川省图书馆等公共文化场馆的场地资源，以及新华社、四川电视台、封面新闻等众多主流媒体的多渠道传播优势，使得爱读 I DO 周末阅读分享会的辐射力和影响力越来越大。

二是活动主题鲜明，通过专业作者与特定读者的结合，不断提升阅读活动成效。爱读 I DO 周末阅读分享会所举办的全民阅读活动均呈现出明显的主题特色，活动根据不同的主题分类，邀请该领域的专业作者、专家学者面向特定读者圈子进行宣传传播，使得全民阅读活动的成效不断提升。

三是通过线上线下传播的方式，不断扩大活动影响力，积极打造阅读服务品牌。与一般的读书分享会不同，爱读 I DO 周末阅读分享会除了线下的阅读分享活动之外，还通过新华社现场云平台、四川电视台四川观察、封面新闻和读者报社轩直播以及全民阅读公众号、新华文轩公众号、相关承办机构公众号等众多渠道对活动进行直播，单场活动通过线上直播观看的人数平均在 10 万人左右，最高达 40 余万。同时，广大读者在活动结束后仍可在直播网站回看全程活动视频，使得爱读活动的关注度和影响力呈现几何式增长。

四是关注各方诉求，增加活动的可持续性。在与各方合作的过程之中，爱读 I DO 周末阅读分享会并不是简单地通过"发号施令"或者"四处祈求"的方式来整合各方资源，而是时刻关注活动参与各方的诉求，通过合理的需求满足机制将各方紧密地联系在一起，从而不断增强活动的可持续性。如对于出版社和作者而言，积极满足其作品内容宣传需求；对于图书馆等公共文化场馆而言，积极满足其多元化阅读服务需求；对于媒体平台而言，积极满足其优质内容的传播需求等。

2. 发展启示

爱读 I DO 周末阅读分享会已经运营了 5 年，这 5 年来爱读品牌活动不断总结经验，试图通过形式和内容的创新来吸引更多读者的关注和加入。但是也不得不承认，在实际运行的过程中，还是存在包括资金不足、策划质量有待进一步提高、个别合作方重视程度不够、人力资源投入不足等问题和困难。对此，基于馆店融合推进全民阅读，课题组认为应从以下方面重点强化、提升：

一是引入多元化的合作伙伴。随着馆店融合的深化，馆店融合活动的开展，其合作对象需要突破传统的图书馆、书店等，与更广泛的文化场馆、阅读美学空间等开展深入合作，并进一步拓展到政府部门、科研单位、学校学院、企事业单位等多方机构，实现更大范围、更多层面的合作、融合，不断提高全民阅读活动的知名度和美誉度。

二是扩大活动覆盖范围。通过不断培育和巩固馆店融合全民阅读活动优势，吸引更多知名文化人士参与其中，并深入社会基层做好宣传推广，逐步扩大活动的覆盖面，实现覆盖不同年龄、不同地域的更多群体，提升活动品牌知名度与影响力，吸引更多读者参与到全民阅读活动中来，实现更高质量的知识分享。

三是提升活动策划的精细度。通过不断总结馆店融合推进全民阅读的相关经验，在广度、深度、精度上提升馆店融合阅读活动的策划能力，让每一场活动更具策划性，活跃度更高，与合作方和承办方的沟通协调更为顺畅，从而提高活动的整体运营能力及各方的工作效率，推动活动水平和质量迈上更高台阶，进而为不同文化消费需求的人提供更加多样化的阅读体验。

四是形成立体化传播渠道。面向媒体深度融合的发展趋势，基于馆店融合的全民阅读活动的宣传推广，需要不断利用科技赋能阅读新场景，面对不同的阅读群体，利用新兴传播手段和载体提升爱读活动的影响力和知名度，并可以适时根据不同传播渠道的需要，定制更具特色的阅读服务活动，激发广大党员、干部、青少年等群体的阅读兴趣，让全社会都参与到阅读中来。

参考文献：

［1］ 查璐 . "馆店合作"视域下公共图书馆的空间再造：基于南京图书馆"陶风采"项目的思考［J］. 图书情报导刊，2020（9）.

［2］ 段静焰 . "图书馆＋书店"新服务模式的探索：以成都图书馆"城市阅读空间"为例［J］. 四川图书馆学报，2018（4）.

［3］ 李湘，陆和建 . 馆店融合模式下城市阅读空间阅读推广典型案例研究［J］. 铜陵学院学报，2020（2）.

［4］ 卢婧，陆和建 . 馆店融合下中国公共图书馆服务模式创新探析［J］. 农业图书情报学报，2020，32（7）.

新时代全民阅读推广的图书馆区域协作研究

吕东霞　周颖乐　段也钰[①]

编者按：我国的全民阅读促进工作，坚持政府主导、社会力量参与的基本原则，究其原因，就在于全民阅读作为一种公共产品及服务，需要坚持政府供给与市场供给相结合，才能弥补单一供给机制带来的"供给失灵"。同样地，就单个区域的全民阅读基础设施及阅读服务供给而言，由于资源有限，仅依靠区域内的供给主体，也会产生"供给失灵"。这就需要发挥主体协同、城市联合、区域联动的效应，实现资源共享、优势互补，形成全民阅读供给的长效机制。吕东霞等人的研究报告《新时代全民阅读推广的图书馆区域协作研究》，以多元主体中的图书馆为例，探讨了区域图书馆协作机制问题，对全民阅读区域实践的探索与推进，提供了很好的思路和启发。

摘　要：进入新时代以来，全民阅读引起了国家的高度重视。如何加强推动全民阅读推广，以促进学习型社会建设，已经成为政府和社会各界所面临的一项重要课题。而区域协作作为全民阅读推广的一种重要方式，有助于将图书馆的现有文献资源盘活，将全民阅读的影响扩大，实现读者需求的信息共享。就其区域协作方式而言，既可以通过联盟推动区域图书馆之间的协作，也可以通过联网发挥网络推广全民阅读的独特优势，还可

---

① 作者单位：中共江西省委党校。

以通过"联姻"加强图书馆与书店、出版社、政府等之间的合作。然而，在全民阅读推广中进行区域协作还存在不少困境，如思想层面的内生动力不足、管理层面的行政区域分割壁垒、保障层面的资金投入渠道有限、操作层面的协作责任分担难等问题，针对这些难题，课题基于制度化的路径，着重从政策保障、资金筹措、责任分担、沟通协调等方面探讨了区域协作机制的构建。

关键词：全民阅读推广；图书馆区域协作；机制构建；新时代

馆际合作在欧美国家大概有一百多年的历史。19 世纪 70 年代，美国伍斯特公共图书馆馆长塞缪尔·格林建议图书馆间开展文献互借业务，这是开展馆际合作的重要标志。研究者麦维尔·杜威在 1886 年发表了《图书馆合作》；1901 年，美国国会图书馆开始实行馆际外借服务；1933 年，北卡罗来纳州的四所大学图书馆成立的"三角地研究图书馆网络"被认为是最早的大学图书馆联盟。1999 年，斯普林格通过研究分析，发现图书馆开展协作学习支持服务，对提高学习效率有很大帮助。20 世纪 90 年代，由美国引领形成了（图书馆）信息共享空间后，其他国家也纷纷加入图书馆共享空间的创新服务活动中。英国于 2000 年推动博物馆、档案馆和图书馆之间的合作；德国在 2001 年也联合了图书馆、博物馆和档案馆形成联盟组织，加强彼此在信息文化方面的合作交流；2005 年，欧盟推动"欧洲文化和科学内容数字化协作行动计划"，也加大了三馆数字化服务协作。哈佛大学图书馆馆长莎拉·托马斯肯定了开展协作学习支持服务能促进更多读者认同并且走进图书馆。

进入新时代以来，全民阅读引起了国家的高度重视，其中全民阅读推广问题也引起了学术界的高度关注。从对既有文献的梳理和分析来看，目前学术界关于阅读推广区域协作问题的研究取得了不少的进展，围绕阅读推广区域协作的重要性和必要性、功能、模式和路径等问题展开了深入的剖析。但是，在研究主题上，大部分研究侧重于区域协作的管理主体或服务内容，而对全民阅读推广中的区域协作机制构建问题研究较少；在研究目标上，大多研究立足于解决阅读推广的服务问题，而对影响阅读推广的区域协作问题关注不够。为此，需要重视对全民阅读推广区域协作机制的研究，加强对全民阅读推广区域协作面临的风险及区域协作实证等方面的研究。这也正是本报告的研究目的所在。

一、研究概述

（一）概念界定与研究视角

图书馆区域协作是指一定地域范围内的图书馆，对资源构建和信息服务等业务工作进行协商，形成相互学习、相互借鉴的合作模式。[①] 图书馆之间互利协作，通过将各馆文献资源优化配置，可使其利用程度最大化，有效提升服务水平。[②]

从主体上看，全民阅读推广协作主要涉及图书馆之间的协作、图书馆与其他机构之间的协作。一方面，有研究者从馆际联盟的角度来探讨，认为图书馆联盟是促进馆际交流、发展的平台，是全民阅读推广得以进行的基础。[③] 图书馆联盟成立阅读推广委员会，其目的是通过组织制订阅读方案，建立阅读推广活动行之有效的机制制度，从而推进阅读推广活动的开

---

① 杨思洛，王自洋. 区域图书馆资源共享模式研究：以长沙地区为例［J］. 国家图书馆学刊，2013，22（3）.
② 王俊. 公共图书馆区域协作标准化构建及实践［J］. 新世纪图书馆，2019（6）.
③ 孙琪. 基于安徽省公共图书馆阅读推广联盟的全民阅读策略研究［J］. 大学图书情报学刊，2015，33（6）.

展。① 另一方面，也有研究围绕图书馆与其他机构之间的协作问题展开，认为两者的协作具有节约建筑成本与空间资源、扩大全民阅读宣传推广的影响和带动更大的经济效益等优势。②

（二）研究思路与研究方法

1. 研究思路

首先，全面调查，掌握现实状况。通过查阅文献资料、实地调查和问卷调查等方式了解和掌握全民阅读推广中的图书馆区域协作状况。其次，比较研究，揭示内在关系。基于不同地区、不同行业的图书馆区域协作情况，揭示全民阅读推广中区域协作的内在规律性。最后，深入分析，提出对策。以全面调查和比较研究为基础，分析全民阅读推广中区域协作面临的主要困境以及进行区域协作的主要方式，并从制度层面来探讨新时代全民阅读推广区域协作机制的构建。

2. 研究方法

其一，文献分析法。一是查阅国内外关于全民阅读推广与图书馆区域协作方面的学术成果，汲取其理论营养成分，这是本课题开展研究的基石；二是通过网络、报刊、书籍、广播、电视等渠道收集近年来全国有关全民阅读推广图书馆区域协作的相关资料，进行整理和分析，为研究提供丰富的素材；三是收集有关全民阅读推广和图书馆区域协作的各种统计数据资料，并对既有统计资料进行二次分析。

其二，调查研究法。主要采用问卷调查和座谈法。一方面，针对图书馆的从业人员和读者开展一定的问卷调查，以获取课题所需要的相关数据

① 刘雪花. 基于图书馆联盟的公共图书馆全民阅读推广研究 ［J］. 广东广播电视大学学报，2013（6）.
② 顾启鹏. "全民阅读"宣传推广：图书馆与大型商场跨界合作模式的探索 ［A］. 2017 年全国中小型公共图书馆联合会研讨会论文集 ［C］. 2017.

资料；另一方面，召开若干次小型座谈会，邀请图书馆的相关负责人、读者进行座谈交流，了解他们对推广图书馆区域协作的意愿、想法。

其三，归纳分析法。对收集的材料和数据进行归纳分析，从而增强本研究结果的可行性。

二、新时代全民阅读推广中图书馆区域协作的功能与方式

（一）新时代全民阅读推广中图书馆区域协作的功能

图书馆区域协作在新时代全民阅读推广中具有重要的作用，具体表现在盘活利用文献资源、扩大全民阅读推广影响力、共享读者反馈信息等方面。

1. 区域协作有助于盘活现有的文献资源

目前，从图书馆实际使用情况来看，一方面，读者对纸质文献的需求在下降，纸质文献资料的借阅量逐年减少；另一方面，读者对电子文献资源的需求在上升。从课题组在江西省高校图书馆和省委党校图书馆的调查情况来看，无论是高校还是省委党校图书馆，都呈现出纸质文献使用减少和电子文献使用增多的趋势；电子资源中使用最多的是中国知网，其他电子资源的使用率并不高。究其原因，不少读者认为图书馆并未有效地将电子资源的推广、宣传以及用户培训工作落实到位。而通过区域协作，可以有效整合资源，把各种闲置的文献资源盘活，从而更好地发挥这些文献资源的作用。正如有研究者指出，区域图书馆联盟已被实践证明是促进图书馆合作、实现区域文献信息资源共享的最有活力、最具可行性的形式。①

---

① 吴正荆，孙成江. 区域图书馆联盟可持续发展研究：以吉林省图书馆联盟为例 [J]. 情报资料工作，2012（3）.

2. 区域协作有助于扩大全民阅读的影响力

首先，区域协作意味着更多的图书馆和相关部门参与其中。区域协作不仅仅涉及区域内的各个图书馆，也涉及政府相关部门及其他文化机构，如文化部门、科技部门、出版单位、书店、新闻媒体等，而区域协作的推进有赖于这些多元行为体之间的相互合作。这种频繁的合作互动不仅有利于各个图书馆间增进了解，也有助于整合区域内图书馆的各类文献资源，从而为阅读推广打下坚实的基础。其次，区域协作的加强意味着开展的活动会越来越多。随着活动的增加，各种网站、官方微博、微信公众号、宣传栏等关于阅读的宣传报道就会越来越多，从而有助于读者更好地了解全民阅读的信息，无形之中就扩大了全民阅读的影响力。例如，新华网、人民网、央视网等成立了全民阅读百网联盟，极大地促进了全民阅读的宣传推广。最后，区域协作意味着更多的读者参与其中。通过参加各种全民阅读活动，读者既能从中感受到阅读带来的乐趣，又能作为宣传者来扩大全民阅读的影响力。

3. 区域协作有助于共享读者反馈信息

毫无疑问，正确收集读者的反馈信息，是开展图书馆工作的一项重要任务，也是改进图书馆工作的主要依据。通常情况下，每个图书馆都会定期进行读者调查，从而及时掌握读者最新的阅读服务需求。每个图书馆都掌握着一定量的读者反馈信息，如若能够将这些信息整合并利用起来，就可以促进图书馆服务质量的提升。而区域图书馆开展协作，则可以更好地共享读者的需求和反馈信息，从而为读者提供更精准的阅读服务。

（二）新时代全民阅读推广中图书馆区域协作的主要方式

有效推进全民阅读推广中区域协作的方式是多种多样的，归纳而言，主要有如下三种方式：

1. 联盟——推动区域图书馆之间的协作

首先，倡导合作理念，激发区域协作的内生动力。推动图书馆区域协作要从解放思想入手，切实转变理念，走出"区域协作是额外责任"的认识误区，实现从"要我协作"到"我要协作"的思想转变，高度重视图书馆区域协作对全民阅读推广的作用，并采取各种有效措施来积极推动图书馆的区域协作。

其次，必要和足够的资金投入是区域协作得以正常开展的重要保障。为确保区域图书馆的有效协作，必须努力开拓多元资金筹措渠道，构建多元化的资金筹措机制。当前，国内外图书馆联盟的经费主要来源于政府的资金投入，社会捐赠也是图书馆区域协作的重要资金来源。因此，既要积极争取政府的资金投入，又要借助社会力量来筹措资金。

最后，在区域图书馆协作内，要破除行政区域分割的壁垒。一方面，政府作为推动图书馆区域协作的重要力量，应通过制定和出台地方性法规或政策来履行自身的角色职责、权利义务，构建跨越行政边界的区域协作协调机构，如全民阅读联席会议制度，明确区域协作的协作方式、成员结构、管理体制和具体的业务合作等；另一方面，需要处理好个体图书馆与联盟的关系，发展和维持有效的协作，形成统一的联盟文化。要形成区域图书馆协作的目标，驱动区域图书馆联盟协作的动力就来自追求资源共享、利益互惠的目标的一致性。

2. 联网——发挥网络推广全民阅读的独特优势

从方式上看，"智慧＋"有助于拓宽阅读推广的渠道。在互联网时代，智慧图书馆利用智慧平台和大数据将人、资源、空间连接成信息生态有机体，通过对读者行为的数据分析，为读者自动推荐"心仪"的图书，"打造善解人意的图书馆"。网络、自媒体和各类终端无疑应当成为全民阅读推广的重要载体，将"人"和"物"更好地结合起来，使阅读资源更加生动。通过互联网传播阅读内容，使阅读资源在互联网上延伸；通过新技术突破时空局限，用 VR、游戏和实景体验等还原内容背后的真实场景，使阅读更为鲜活。

从效果上看，"智慧＋"有助于提升阅读推广的服务质量。一方面，用好大数据收集读者需求信息。在图书馆阅读推广中，通过互联网数据指标，能够检测到读者的浏览量、浏览时间和浏览书目名称等，从而为全民阅读的推广提供一定的数据参考。因此，通过图书馆间的区域协作，并借助数据挖掘和分析工具，可以更好地了解读者的阅读行为，挖掘读者潜在的阅读需求，及时发现阅读推广活动中存在的问题并加以改正，从而为读者提供更加个性化的服务。另一方面，用好互联网为读者提供便捷的选书服务。随着电脑和智能手机的普及，越来越多的读者改变了固有的阅读模式，在联网环境下读者只需要使用掌上电脑或手机即可便捷地进行阅读和选书查询。在坚持以读者需求为中心的前提下注重需求信息的收集，并通过互联网将读者需求、资源以及图书馆进行有效连接，为读者精准推荐可选择的书目；通过网站、微信公众号等发布图书馆的最新动态，实现书目查询、公告查询等实用功能，为读者提供更便捷的选书服务。

3. 联姻——加强图书馆与书店、出版社、政府等之间的合作

一是要创新思维方式，主动作为。图书馆受人力、资金等的限制，自身很难满足读者的多元化需求，单靠图书馆来推广全民阅读是无法取得良好效果的。因此，图书馆要改变传统的工作思维与工作模式，摒弃"等、靠、要"思想，主动整合社会资源，与共建单位合力挖掘阅读推广的活动深度，让每一个读者都能在图书馆找到适合自己的读书空间。

二是要加强共建合作。图书馆、出版社、书店、咖啡厅、茶社等都是图书阅读的有效载体，推广阅读、传播知识、传承文化是馆、社、店共同的责任。可通过"联姻"的形式，由政府提供支持，出版界、书店、图书馆界加强沟通和合作实现改革创新，打造复合型文化共享空间，不断开拓新阅读体验和泛在知识服务，实现资源共享、技术共研、服务互补，打造

成为读者共享的书房、客厅、工作室。

三、新时代全民阅读推广中图书馆区域协作的推进困境

区域协作对推进全民阅读工作具有重要作用。但在现实中，要实现有效的图书馆区域协作还存在不少的难题亟待破解。本课题将从四个层面来剖析图书馆区域协作面临的主要困境：其一，从动力机制上分析区域协作的内生动力不足困境；其二，从管理机制上分析行政区域分割带来的壁垒困境；其三，从保障机制上分析区域协作资金的筹措困境；其四，从操作机制上分析协作责任的分担困境。

（一）思想层面：推动区域协作的内生动力不足

理念是行动的先导。从思想层面来看，图书馆和相关机构组织的内生动力不足，影响了区域图书馆协作的效果。

一是缺乏激励，"不愿"推动。当前，各图书馆开展阅读推广活动主要还是采取行政动员的方式，并不是区域内图书馆机构的主动作为。部分图书馆为了推广阅读而尝试的区域协作探索，由于缺乏相关的评价激励机制，工作人员的积极性和主动性并不高，协作成效也相对有限；更多的图书馆主要还是靠行政指令来推进，将其作为一项行政性事务来执行，其区域协作效果可想而知。

二是能力不足，"不会"推动。如若阅读推广的核心力量是图书馆，那么图书馆员则是阅读推广工作开展的实际操盘手。现实中，相当一部分图书馆管理者和图书馆员能力不足，制约甚至阻碍了阅读推广的发展。一方面，图书馆的相关管理人员理念跟不上，习惯于原有的工作方式，创新不足，不想去推动区域协作，更不想去探索新的工作方式；另一方面，图书馆的人员构成复杂，受年龄结构和自身素养等的影响，部分工作人员观念

更新慢、知识储备不足、能力跟不上形势的发展，不愿意也没有能力去推广阅读。

三是害怕担责，"不敢"推动。一些图书馆管理者认为，加强区域协作是图书馆业务工作之外的探索和创新，无疑会增加自己的工作职责，承担更多的责任，因而出现了不愿意推动区域协作的思想倾向。

（二）管理层面：行政区域分割带来的协作壁垒

当前，除了图书馆内部主观的思想意识淡薄之外，外部行政区域分割也极大地限制了区域协作的服务开展和阅读推广活动的实施。

一方面，受行政体制和经费来源的制约，各图书馆基本上是"各自为政"。在馆藏建设和信息化建设上，以上级领导的指示来开展具体工作，对区域馆际协作、资源共享态度较为消极，缺少协作的主观意愿。虽然图书馆区域协作的倡议在国外很早就提出来了，国内也有了一些实践尝试，但对具体协作行为没有行政法令约束，协作馆之间更无具体协作协议，区域合作基本上名不副实，全民阅读推广的区域协作功能便无从发挥。

另一方面，区域协作存在资金和人员严重不足的问题，缺乏专用的经费，各个区域协作馆之间没有资源的支撑，全民阅读推广的区域协作也就只能是纸上谈兵。同时，受我国经济发展不平衡的影响，图书馆之间地域信息化发展也是不平衡的，很多图书馆资源共享还在小范围、局部之间进行，没有实现东中西部地区的交流共享，也影响了全民阅读全国层面的整体推进。

（三）保障层面：区域协作资金的筹措难题

必要和足够的资金投入是区域协作得以正常开展的保障。国外图书馆阅读推广活动的一个显著特点是：图书馆只出力、不出资，资金来源渠道多元，主要来自出版商、基金会和感兴趣的其他公司等，较好地保障了区域协作的资金需要。例如，由美国国会图书馆主办的国家图书节，每年所需经费为 150 万—175 万美元，主要来自出版商。整体来看，出版商和基金会是国外图书馆阅读推广活动最重要的经济支撑。^① 然而，从国内来看，由于没有明确的政策规定，图书馆阅读推广活动经费来源比较单一，主要包括图书馆自身和图书馆服务商两个方面，经费也非常有限，难以覆盖区域协作所带来的额外费用。特别是对于一些中小型图书馆来说，要加强区域协作可能要占用本来就有限的采购经费，因此他们也就不愿意支持这种区域协作。也正是受经费的制约，区域图书馆协作的活动开展就很难得到有效保障。

（四）操作层面：协作责任分担难以清晰界定的问题

要实现区域内图书馆之间的协作，就必须确定区域协作体系内各主体的责任和分工，否则就难以长效维持和运转。但从实际的操作层面来看，区域协作责任分担存在以下几个方面的问题：首先，在政策法规上，没有国家的政策支持，无法规范各地区图书馆的分工权益和责任义务，容易造成责大权小或责小权大的不均衡状态，导致区域协作的分崩离析；其次，阅读推广活动区域协作机制的建立是一件非营利性公益事业，往往三年五载也未必看得到实际成效，这种不确定性使得各图书馆不愿意承担更多的责任。此外，协作期限越长，区域协作的责任也就越大，参与协作的图书馆的压力越大，这些都会极大地影响区域协作的推进。

四、新时代全民阅读推广中图书馆区域协作的制度化路径

在对全民阅读推广中图书馆区域协作的功能、方式和困境的分析基础

---

① 邓智斌．公共图书馆阅读推广活动的创新探究［J］．内蒙古科技与经济，2014（15）．

上，课题组提出从政策保障、资金筹措、责任分担和沟通协调四个方面来探讨全民阅读推广中图书馆区域协作的制度化构建。

（一）建立区域协作的政策保障机制

政府作为推动图书馆区域协作的重要力量，在全民阅读的推广过程中扮演着非常重要的角色。我国《公共图书馆法》第48条规定，国家支持公共图书馆加强与学校图书馆、科研机构图书馆以及其他类型图书馆的交流与合作，开展联合服务。但对于如何开展协作等问题，还需要制定和出台具体的政策。

图书馆全民阅读推广区域协作的政策，具体应做出以下几个方面的规定：一是要明晰区域协作的重要性，明确政府在其中的角色职责、权利义务；二是构建一个跨越行政边界的区域协作协调机构，以此来打破传统的行政边界，避免协作治理的分割化问题，有效提高跨系统信息资源共享水平，避免信息孤岛和重复建设，从而提高办事效率；三是要明确区域协作的协作方式、成员结构、管理体制和具体的业务合作，同时还要成立资金筹措工作组，负责区域协作资金的筹措和管理工作，为区域协作提供坚强的资金保障。

（二）构建多元化的资金来源机制

图书馆区域协作的运行需要稳定的资金支持，如何实现资金整合和筹措就成为影响区域协作发展的重要问题。必须努力开拓多种资金筹措渠道，构建起多元化的资金来源机制。首先，要积极争取政府的资金投入。纵观当前国内外图书馆联盟的实际情况，区域图书馆之间合作的经费主要来源于政府的资金投入，因此要通过各种方式积极争取政府的资金支持。其次，要借助社会力量来筹措区域协作的资金。社会力量的资源众多，也是推动图书馆区域协作的重要途径。因此，各地政府和图书馆要大力引导和鼓励社会以捐赠等方式来支持全民阅读推广事业，这也是图书馆区域协作的重要资金来源。各地图书馆推进区域协作时可以考虑建立协作发展基金，将其用于馆际互借补偿、联盟工作奖励、项目研究资助等方面，以调动参与机构的积极性。最后，要利用市场化的机制来筹措协作资金。利用好区域图书馆的各种文献资源和服务，通过提供信息资源服务来筹措资金，维持区域协作的基本运转。

（三）完善区域协作责任的分担机制

当前，影响区域图书馆协作的一个重要因素就是责任分担的难题。要有效破解"各自为政"的困局，就必须完善区域协作的责任分担机制。一是建立统一的服务管理模式，明确区域协作协调机构的职责，如协调机构具体是怎么产生的，由哪一级政府负责，以及如何开展沟通协调和管理服务等职责。二是明确区域内各图书馆的职责。例如，各图书馆究竟在区域协作中需要履行哪些职责，需要配合区域协作协调机构做好哪些方面的工作，以及最后问题出现后该如何来追责等，对这些问题都要有明确的制度规定，避免相互推诿。三是明确区域协作运作的资金分担责任，区域内图书馆按照怎样的比例来筹措区域协作资金，包括前期的建设以及后期的管理服务方面的投入，这些都必须事先协商好并形成规定，以此确保区域协作的长效运行。

（四）建立畅通有效的沟通协调机制

要实现区域图书馆的有效协作，除了需要设立相应的组织机构之外，还必须建立畅通的沟通协作机制。事实证明，单纯依靠各种形式的"协调会议"很难解决实际问题，必须通过制度设置来保障各种沟通协调的畅通，从而提高区域协作的效率。具体而言，要构建三个层面的沟通协调机制：一是区域协作协调机构与政府部门的协调机制。政府部门是区域图书馆协作的重要推动力，而区域行政壁垒的破解需要有效的协调机制，这是实现区域图书馆协调机构与政府部门之间有效沟通的重要桥梁和纽带。二是区域图书馆之间的协调机制。区域图书馆出于资金、管理和资源等因素，会存在各种顾虑，唯有通过畅通的协调机制来实现有效的沟通，才能消除各种顾虑。三是区域协作协调机构与读者间的协调机制。区域图书馆之间的协作可以为读者提供更为多元化的阅读服务，但也会带来一些难以预料的问题，需要利益相关者来共同协调解决，这就需要建立相应的机制来进行统筹协调。

参考文献：

[1]　杨思洛，王自洋. 区域图书馆资源共享模式研究：以长沙地区为例
　　　[J]. 国家图书馆学刊，2013，22（3）.

[2]　王俊. 公共图书馆区域协作标准化构建及实践[J]. 新世纪图书馆，
　　　2019（6）.

[3]　孙琪. 基于安徽省公共图书馆阅读推广联盟的全民阅读策略研究
　　　[J]. 大学图书情报学刊，2015，33（6）.

[4]　刘雪花. 基于图书馆联盟的公共图书馆全民阅读推广研究[J]. 广
　　　东广播电视大学学报，2013（6）.

[5]　顾启鹏. "全民阅读"宣传推广：图书馆与大型商场跨界合作模式
　　　的探索[A]. 2017年全国中小型公共图书馆联合会研讨会论文集
　　　[C]. 2017.

[6]　吴正荆，孙成江. 区域图书馆联盟可持续发展研究：以吉林省图书
　　　馆联盟为例[J]. 情报资料工作，2012（3）.

[7]　李新荣. 提高高校图书馆电子资源利用率探析[J]. 学理论，2012
　　　（15）.

[8]　邓智斌. 公共图书馆阅读推广活动的创新探究[J]. 内蒙古科技与

经济，2014（15）.

[9]　胡庆连.公共图书馆致力"社会阅读"推广的逻辑起点［J］.河南图书馆学刊，2009（2）.

[10]　谢蓉.数字时代图书馆阅读推广模式研究［J］.图书馆论坛，2012，32（3）.

[11]　张超.基于创新推广理论的青少年阅读网络资源建设［D］.山东师范大学，2012.

[12]　万行明.阅读推广：助推图书馆腾飞的另一只翅膀［J］.当代图书馆，2011（1）.

[13]　李萍.中小学图书馆馆际协作与资源共享的探索［J］.图书馆研究与工作，2013（4）.

[14]　朱纯洁.加强区域内馆际协作　促进图书馆事业的发展［J］.贵图学刊，1999（2）.

[15]　徐小红等.高师图书馆与地方中小学校阅读协作的实践探索：以上饶师范学院图书馆为例［J］.上饶师范学院学报，2017，37（5）.

[16]　丁若虹，杨洪江.京津冀图书馆发展现状与区域协作可行性分析［J］.图书馆工作与研究，2017（11）.

[17]　赵俊英.融媒体背景下高校图书馆协作式学习共享空间建设研究［J］.图书馆学刊，2018，40（4）.

[18]　薛大为.中小城市图书馆区域协作刍议［J］.现代情报，2001（4）.

[19]　郭淑红.探析区域图书馆联合服务协作模式：以东莞地区为例［J］.河南图书馆学刊，2017，37（6）.

[20]　黄秀德.欠发达地区高校图书馆馆际协作的障碍与对策：以广西现代职业技术学院为例［J］.广西教育，2017（31）.

后　记

古人有云，"书到用时方恨少""读书破万卷，下笔如有神"，道出了阅读的重要意义。当今社会，互联网、数字技术的兴起与普及，带来了阅读方式的重要嬗变，快餐式、碎片化、读图式的"浅阅读"成为新的阅读风向。如何让阅读回归经典、回归纯粹，培养人们的"阅读力"，受到广泛关注。自 2014 年以来，"全民阅读"被连续写入政府工作报告，全民阅读工作业已成为我国一项重要的国家战略，对提高国民素质和社会文明程度、加快建设学习型社会具有重要意义。

2016 年 11 月，四川新华出版发行集团有限公司（原四川新华发行集团有限公司），联合四川大学等申办了由原国家新闻出版广电总局批准成立，现由国家新闻出版署主管的国家出版融合发展（四川新华）重点实验室，这也是全国 20 家实验室中唯一的发行企业集团出版融合发展重点实验室。实验室以全民阅读等领域为主攻方向，从 2018 年起立项资助了一批全民阅读研究开放课题。2020 年，韬奋基金会全民阅读促进会和四川新华出版发行集团联合多家单位成立了"全民阅读研究基地"，同时在成都召开了第一届全民阅读研究年会。

为推进全民阅读基地建设，充分发挥全民阅读智库平台作用，同时做好四川新华出版发行集团与成都市委宣传部关于共建全民阅读研究高地战略协议的具体落地实施，加强产学研互动，国家新闻出版署出版融合发展（四川新华）重点实验室联合四川大学出版学院，对 2018—2020 年实验室立项的全民阅读研究开放课题形成的一批优秀研究成果汇编出版，并在第三届全民阅读研究年会上发布。

对 2018—2020 年国家新闻出版署出版融合发展（四川新华）重点实验室立项的全民阅读研究开放课题的结题成果，四川大学出版学院组织专家团队进行严格评审遴选，最终选入 10 项结题成果，共计 12 篇文章，并根据成果内容分为专题研究、全民阅读"七进"研究、区域实践探索研究三部分，包含了新冠肺炎疫情下的全民阅读实践、全民阅读专业人才培养、乡村阅读推广志愿服务人才培养、全民阅读内容建设，全民阅读进乡村、进社区、进机关，以及全民阅读区域实践等内容。收录的内容，既有对乡村振兴等国家重要战略背景下全民阅读工作何以为的研究思考，也有对新冠肺炎疫情等重要社会事件背景下全民阅读以何为的辨思回应；不仅有对全民阅读人才培养、优质内容建设等共性问题的理论探讨，也有对重点人群、典型组织、典型区域全民阅读实践等个性问题的经验总结；既尝试对全民阅读诸多工作做出理论性的规律解释，也力图对全民阅读实践性路径给出个案参考。

本书是全民阅读研究开放课题各课题组智慧成果的汇集，各课题组对全民阅读某一面向、某一领域、某一区域的特定问题进行了较为深入的调查研究，兼具理论性阐释与实践性回答的特点，对推动全民阅读工作的深入具有现实指导意义。

在汇编过程中，为与各课题组形成互动，回应全民阅读的一些现实问题，三部分各有一段导言，每项课题收录的研究成果也有"编者按"。

本书的出版过程中，国家新闻出版署出版融合发展（四川新华）重点实验室的张欣女士、潘凤瑞女士，以及四川人民出版社的李京京编辑，付出了辛勤劳动，没有她们的大力支持，本书恐怕难以面市。在此，对本书出版给予支持的所有人员一并表示由衷的谢意！

本书是全民阅读研究课题成果的汇编，由于时间紧、汇编成果多，收录

的各项课题研究成果情况不尽相同，因此在体系结构和内容上都还存在很多
不足之处，恳请读者批评指正，以期今后不断改进完善。

编者

2022 年 11 月于成都